Messmer

Ihr Baby kann's!

Die Autorin:
Rita Messmer ist Therapeutin spezialisiert auf Babys, Pädagogin, Gründerin der EPM-Schule und Erwachsenenbildnerin. Seit mehr als dreißig Jahren gibt sie Seminare, Kurse und hält Vorträge zu allgemeinen Erziehungsfragen. Mit der »hello nappy«-Windelfrei-Bewegung hat sie einen Ansatz entwickelt, der weltweit immer mehr Anhänger findet. Rita Messmer ist Mutter von drei Kindern und lebt mit ihrer Familie in der Nähe von Bern am Murtensee.

Rita Messmer

Ihr Baby kann's!

Selbstbewusstsein und Selbstständigkeit von Kindern fördern

BELTZ

FSC
www.fsc.org
MIX
Papier | Fördert gute Waldnutzung
FSC® C089473

Dieses Buch ist erhältlich als
ISBN 978-3-407-86790-2 Print
ISBN 978-3-407-86787-2 E-Book (EPUB)

8 Auflage 2026

Werderstraße 10, 69469 Weinheim
service@beltz.de

Umschlaggestaltung: www.anjagrimmgestaltung.de,
Stephan Engelke (Beratung)
Umschlagabbildung: © KidStock/Blend Images/Corbis

Herstellung: Sonja Droste
Druck und Bindung: Beltz Grafische Betriebe, Bad Langensalza
Beltz Grafische Betriebe ist ein Unternehmen mit finanziellem Klimabeitrag (ID 15985-2104-1001)
Printed in Germany

Weitere Informationen zu unseren Autor:innen und Titeln finden Sie unter: www.beltz.de

Inhalt

Geleitwort

Dieses Buch handelt von Eltern und Kind. Ist es darum ein Erziehungsbuch? – Gewiss, wer es auf Ratschläge hin durchforscht, wird fündig. Nicht simple Rezepte gibt es für dies und das, aber Rat und Hilfe für das Ganze. Und noch mehr als Rat und Hilfe: Einsicht.

Darum ist es nicht nur ein Erziehungsbuch, sondern auch ein Erkenntnisbuch über Beziehungen zwischen Erwachsenen und Kindern und auch über Beziehungen unter Erwachsenen. Es weckt Erinnerungen, provoziert Bilder, lässt uns die eigene Kindheit nachvollziehen, ruft Schönes und Schmerzliches aus vielerlei Begegnungen ins Gedächtnis zurück – und selbst dort, wo ich erkenne, in der Erziehung meiner Kinder oder in Beziehungen »falsch« gehandelt zu haben, muss ich mich nicht schuldig fühlen.

So lese ich es als ein »leichtes« Buch, meine ich. Kein »leichtgewichtiges«, sondern eines, das mir ein Angebot macht im Sinne von: »Sprechen wir für einmal nicht über ›Probleme‹, sondern über uns.«

Rat und Hilfe für das Ganze: Dieses Ganze, so meint die Autorin, ist nicht der aufgehäufte Schutt sämtlicher »Probleme«, die uns das Leben heute so schwer machen – das Ganze sind wir selbst mit unseren Erfahrungen und Beziehungen. Und wer nicht zunächst die Probleme anspricht, sondern den Menschen, entdeckt die Freiheit: jene Freiheit, die Beziehungen – zunächst einmal die zwischen jungen Müttern, Vätern und Kleinkindern – selbst beeinflussen zu können: Wir sind nicht nur Opfer unserer Kultur, unserer Zivilisation, unserer Sozialisation – wir können, was uns geprägt hat, auch einmal überwinden und unsere Beziehungen autonom neu gestalten.

Das ist für mich die Botschaft dieses leidenschaftlichen Buches einer leidenschaftlichen Mutter!

Das Buch ist eine Provokation. Nicht nur, weil es aus Alltagserfahrungen heraus und nicht aus der wissenschaftlichen Beschäftigung mit Erziehungsliteratur herausgeschrieben ist. Sondern weil es eine ganze Zahl von Erziehungs- und Verhaltensmaximen unserer Voreltern, die wir heute ganz selbstverständlich übernommen haben, infrage stellt; weil es Eltern dazu ermuntert, eigene Wege zu gehen mit ihren Kindern, statt sich den herrschenden Normen und Vorstellungen (die oft genug von kommerziellen Überlegungen geprägt sind) unterzuordnen.

Das ist die Freiheit, die das Buch von Rita Messmer vermittelt. Eine Freiheit, die sich auf unsere Kinder übertragen wird, wenn wir sie für uns nutzen.

Wenn wir jetzt finden, es sei trotzdem ein »Erziehungsbuch«, so haben wir den Begriff »Erziehung« neu verstanden – nicht als die Lehre rigoroser Bändigungsmaßnahmen, sondern als Weg gegenseitigen Umgangs in Respekt, Liebe und Zärtlichkeit.

Ruedi Welten

Einleitung

Vor dir, mein Kind, kann ich nur ehrfürchtig staunen. Damit wir das Staunen nie verlernen und uns die Ehrfurcht, die die meisten Eltern in Anbetracht ihres Kindes bei der Geburt haben, nicht abhandenkommt, habe ich dieses Buch geschrieben. Es ist ein Plädoyer für die Liebe und das Verständnis für unsere Kinder und für Wege, die zu einer besseren Kommunikation, zu einer besseren Verständigung zwischen den Generationen führen.

Dieses Buch handelt davon, inwiefern das erste Lebensjahr entscheidende Bedeutung für die körperliche und seelische Entwicklung eines Kindes hat. Mit der heutigen Babybetreuung verhindern wir, vielfach unbewusst, eine natürlich angelegte Entwicklung, sodass später in der Erziehung oft Machtkämpfe entstehen, die nicht nötig wären. Ich will aufzeigen, dass ein Baby von Natur aus alle Anlagen hat, um sich gut zu entwickeln, wenn wir diese Anlagen nur zu nützen und zu wecken wissen. Somit können wir als Eltern Entscheidendes zur Entwicklung unseres Kindes beitragen oder sie auch behindern.

Wenn ich mich heute umsehe, dann finde ich es an der Zeit, dass sich etwas ändert. Die zunehmende Gewalt unter Jugendlichen, Macht, Interesselosigkeit, Umsturz von Werten, Konsumverhalten, Markengeilheit, all das sind Zeiterscheinungen, die uns aufhorchen und nach einem Neuanfang suchen lassen sollten.

In meinen Kursen begegne ich immer wieder jungen Eltern, die ihr Wunschkind liebevoll auf die Welt gebracht und sich nur das Beste vorgenommen haben, aber schon bald einmal erstaunt dastehen und nicht mehr weiterwissen. Die Zeit der autoritären Erziehung ist vorbei, die antiautoritäre Erziehung hat auch nicht getaugt – was nun?

Vielfach wird eine partnerschaftliche Erziehung angestrebt, die dem Kind keine klaren Grenzen setzt und so auch in Ärger und Frustration endet.

Oft machen die Eltern dann in ihrer Liebe so ziemlich alles falsch, und wenn sie dann frustriert, erschöpft und kraftlos dastehen, dann fallen sie in die alten Muster zurück, beherzigen Ratschläge von Großeltern, -tanten und -onkeln: (»Wir haben ja schon immer gesagt …«), dann werden Macht, Zwang und Schläge eingesetzt, womit der Kreislauf sich wieder schließt und wir dem Teufel in die Arme laufen.

Heutzutage wird sehr oft den Müttern die Schuld an den Problemen ihrer Kinder oder sogar am Zustand der Jugend im Allgemeinen gegeben. Das ist unsinnig und falsch. Elterliche Erziehung ist nur ein Faktor unter vielen, welche die Kinder und Jugendlichen im Laufe ihres Heranwachsens beeinflussen. Eltern können versuchen, ihrem Kind einen guten Start zu ermöglichen. Sie sind aber mit vielen Bedingungen und Zwängen konfrontiert, auf die sie wenig oder gar keinen Einfluss haben und die ihre Kinder dennoch prägen. Schon der Umstand, ob ihr Kind in einer Stadtwohnung oder in einem Haus mit Garten aufwächst, wird es nachhaltig beeinflussen, ebenso wie seine Position in der Geschwisterreihe oder das Glück oder Pech, gute oder schlechte Lehrer zu haben.

Auch das kindliche Temperament gehört zu diesen Faktoren außerhalb des elterlichen Einflusses. Jedes Kind hat von Anfang an einen eigenen Willen und Charakter, den wir respektieren und in unsere Erziehung einbeziehen müssen.

Ein sensibles Kind wird ganz anders auf Einflüsse von außen reagieren und diese verarbeiten als ein robustes. Als Eltern können wir dabei eine stützende Funktion übernehmen, indem wir versuchen, dem Kind mit Verständnis und Liebe zu begegnen. Direkten Einfluss können wir aber nicht nehmen, seinen Weg wird das Kind letztlich selbst bestimmen müssen.

Dieses Buch beschränkt sich bewusst auf einen Aspekt – den wichtigen Faktor Elternhaus. Es zeigt, welche Möglichkeiten wir als Eltern haben, das Heranwachsen unserer Kinder vor allem im ersten Lebensjahr günstig zu beeinflussen und ihnen möglichst viel mitzugeben, was ihnen später im Umgang mit anderen Einflüssen helfen kann. Die anderen Faktoren, die auf unsere Kinder einwirken und unsere Arbeit oft sehr schwierig machen, sind hier weitestgehend ausgespart, ohne dass damit ihre Wichtigkeit bestritten werden soll.

Dieses Buch möchte Müttern Mut machen. Es will sie auch ermuntern, zu ihren Gefühlen zu stehen. Mit der Geburt des ersten Kindes wechselt der Lebensrhythmus einer Mutter drastisch. Nicht jede Mutter verkraftet diesen Wechsel ohne Probleme. Viele spüren, wie sie plötzlich an ihre Grenzen stoßen: Das Kind gönnt der Mutter oft keine Atempause mehr, es fordert sie unausweichlich, steht immer an erster Stelle. Dieses Ausgesetztsein, das Gefühl, »aufgefressen« zu werden, ist manchmal nicht leicht zu ertragen. Es ist daher nur natürlich, dass eine Mutter ihrem Kind gegenüber manchmal auch ablehnende Gefühle hat, und auch dazu darf sie stehen. Sie ist deshalb keine schlechtere Mutter.

Wenn im Folgenden oft von einer Mutter die Rede ist, die sich ganztags um ihre Kinder kümmert, bedeutet das nicht, dass ich gegen die Berufstätigkeit von Müttern bin. Im Gegenteil: In meinen Kursen versuche ich immer die Mütter, die weiterhin berufstätig sein wollen oder eine Teilberufstätigkeit anstreben, in ihrem Vorhaben zu unterstützen. Ich sehe immer wieder, wie gut es Müttern und Kindern tut, wenn eine Frau neben Haushalt und Kindern noch anderes macht, und Kinder nehmen keinen Schaden, wenn sie von anderen Menschen liebevoll versorgt werden. In den meisten Fällen ist das sogar eine Bereicherung für sie.

Wenn also im Folgenden vor allem von Müttern die Rede ist, so ist das vor allem der Einfachheit halber. Andere Bezugspersonen sind damit genauso gemeint – insbesondere die Väter, aber auch Tanten, Großeltern, Tagesmütter oder wer immer ein Kind betreut.

Ich befürworte im Übrigen auch sehr, dass Mütter oder auch Väter ihre Kinder vermehrt an den Arbeitsplatz mitnehmen dürften. Oft ist das nur eine Frage der Toleranz, seltener der Umsetzbarkeit. Allerdings ist mir bewusst, dass viele Eltern auch ganz froh sind, zwischendurch ohne Kinder zu sein und etwas ganz anderes zu machen.

Manche meiner Vorschläge lassen sich möglicherweise schwerer umsetzen, wenn das Kind von mehreren Personen betreut wird. Kinder lernen aber sehr schnell, zwischen verschiedenen Betreuungspersonen zu differenzieren, und stellen sich darauf ein. Wenn die Großmutter Bedenken hat, das Kleinkind Gefahren auszusetzen, wie es die Mutter vorschlägt, muss man die Großmutter mit ihren Gefühlen auch ernst nehmen. Das Kind wird das Verpasste bei der Mutter zu Hause lernen und keinen Schaden nehmen.

Zu guter Letzt möchte ich noch einen einfachen, aber wirksamen Rat geben: Vergessen Sie in der Erziehung nie ein Quäntchen Humor beizubehalten. Wenn Sie es fertigbringen, dem Kind mit Humor etwas zu vermitteln, haben Sie nicht nur sein Lachen verdient, sondern einen Schritt zu einer glücklicheren Welt getan.

Fünf Voraussetzungen und ein Problem

1. Naturnahe Erziehung

In einem Baby ist alles angelegt, was es zum Überleben braucht. Seine Anlagen müssen nur geweckt oder stimuliert werden, damit sie sich entwickeln. Deshalb wird in diesem Buch auch von Verhaltensforschern und so genannten Naturvölkern (indigenen Völkern) die Rede sein, insbesondere von Indianern, die teilweise immer noch ein ungestörtes und gutes Verhältnis zur Natur und ganz besonders auch zu ihren Kindern haben. Aber auch Eskimos, Aborigines, kurz: Ureinwohner rund um unseren Planeten pflegen – soweit sie nicht den Errungenschaften der westlichen Welt zum Opfer gefallen sind – ein gutes und ungetrübtes Verhältnis mit ihren Kindern, das sich im Übrigen auffallend ähnelt. Verallgemeinernd kann man sagen, dass sie ihren Kindern große Toleranz, Akzeptanz und viel Verständnis und Liebe entgegenbringen. Macht und autoritäres Gebaren sind ihnen fremd. Wir können bei ihnen sehen, dass die Anlagen zu einem kooperativen, gesellschaftsfähigen Wesen im Menschenkind vorhanden sind und allein durch das Vorbild und eine natürliche und liebevolle Erziehung geweckt werden können.

Informationen und Lektüre über das unproblematische Heranwachsen dieser Kinder haben mich zu grundlegenden Überlegungen und einer kritischen Haltung unserer herkömmlichen Erziehung gegenüber angeregt und mich zu der Frage geführt, inwiefern sich diese Erziehungsformen auch auf unsere Gesellschaft übertragen lassen. Sehr eindrücklich war für mich in diesem Zusammenhang der Bericht der Psychotherapeutin Jean Liedloff über die Yequana-Indianer, dem ich viele Anregungen verdanke (»Auf der Suche nach dem verlorenen Glück«, genauere Angaben finden sich im Literaturverzeichnis am Schluss des Buches).

Erziehung beginnt mit der Geburt. Viele Eltern machen sich erst dann Gedanken über Erziehung, wenn der erste Wut- oder Trotzanfall ihres Sprösslings kommt. Schade. Die Grundlagen für unser Verhalten werden aber sehr viel früher gelegt. Wie wir sehen, hören, fühlen: das alles ist ein Zusammenspiel von Milliarden an Informationen, die das Gehirn empfangen und eingeordnet hat. Damit ein soziales System funktioniert, braucht das Gehirn die entsprechenden Stimulationen. Und dies schon ganz zu Beginn des Lebens. Von unseren Bedürfnissen ist jenes der Zugehörigkeit das wichtigste. Allein können wir nicht überleben. Folglich braucht das Gehirn verlässliche Informationen, wie dieses Zusammenleben am besten funktioniert, und dies vom ersten Lebenstag an. Die Natur wertet nicht – sie schafft aber ein Gleichgewicht.

2. Selbstverantwortung

Unsere Gesellschaft krankt daran, dass jeder die Verantwortung von sich weg- und anderen zuschiebt. Sehen wir beispielsweise das Gesundheitswesen an: Die meisten Menschen überlassen ihre Gesundheit lieber Ärzten, Spitälern, Heilpraktikern oder Gesundbetern, anstatt selbst die Verantwortung dafür zu übernehmen.

Und auch unsere Kinder bekommen fast keine Verantwortung mehr übertragen. Selbstverantwortung macht uns unabhängig, lehrt uns, eigenständige Wesen zu werden, Verantwortung für uns und unsere Umwelt zu übernehmen und so wieder verantwortlich in einem Netzwerk von verantwortlichen Wesen zu handeln.

Wir sollten daher unseren Kindern von klein auf beibringen, Verantwortung für sich und ihr Tun zu übernehmen, damit sie als selbstbewusste Wesen ihr Leben meistern. Sie selbst sollen über ihr Leben entscheiden und nicht irgendwelchen Institutionen oder Autoritäten folgen, weil immer Eltern, Lehrer, Vorgesetzte da waren, die ihnen diktierten, was zu tun sei. Ein selbstständig erzogenes Kind wird bald lernen, dass das Leben aus Geben und Nehmen besteht. Es wird seinen Lebensweg verantwortlich und bewusst gehen. Es wird freiwillig wieder zurückgeben, was es empfangen durfte, und nicht aus anerzogenem schlechtem Gewissen handeln. Dieses Kind lernt auch, für sich und seine Umwelt Verantwortung zu übernehmen und sorgfältig damit umzugehen.

Ich werde im Folgenden immer wieder darauf hinweisen, wie wir durch unser Verhalten die Eigenverantwortlichkeit unserer Kinder fördern können. Eltern sollten dem Kind vermitteln: Du kannst das selber

Was machen Entenküken, wenn die Mutter aufsteht? Sie folgen ihr unverzüglich. Eine Mutter in einem indigenen Stamm in Südamerika liebt ihr Kind genauso wie wir. Dennoch käme es ihr nie in den Sinn, sich nach ihrem Kind umzusehen, wenn sie durch den Urwald geht. Weil sie mit dem Sich-Umdrehen dem Kind zu verstehen gäbe, dass sie es ist, die will, dass das Kind mitkommt. Aber genau dieses Signal wäre auf dem biologischen Entwicklungsplan falsch. Mit ihrem Verhalten stimuliert sie den angelegten Willen im Kind, ihr nachzufolgen. Sie weiß haargenau, wie schnell und wie gut es das kann. Daher passt sie ihr Gehen, ihre Geschwindigkeit so an, dass es ihr Kind schafft. Falls es die Situation erfordert, würde sie sofort einschreiten. Die Botschaft an das Gehirn des Sprösslings lautet also: Du bist stark, fähig und voller Eigeninitiative. Im Gegensatz zu: Ich traue es dir nicht zu, du bist schwach und bedürftig, ich muss ständig nachschauen, mich versichern.

3. Verständnis

Wenn Kinder wüten, schreien und trotzen, fühlen sich die meisten Erziehenden angegriffen und gehen zum Gegenangriff über oder nehmen eine Abwehrhaltung ein. In der bei uns üblichen Erziehung gibt es viel zu oft einen Gewinner und einen Verlierer. Anstatt unsere Energie in solchen Auseinandersetzungen zu vergeuden, sollten wir sie in die Suche nach Lösungen stecken. Durch eine anders verstandene Erziehung geben wir unseren Kindern Mittel in die Hand, die sie befähigen, sich aktiv an der Lösung ihrer Probleme zu beteiligen – nicht nur in Bezug auf häusliche Schwierigkeiten, sondern vor allem auch in Bezug auf die Zukunft, auf die schwierige und komplexe Welt von morgen.

»Fehlverhalten« von Kindern liegen in der Regel vorangegangene Seelenverletzungen zu Grunde. Kinder brauchen in einem solchen Moment Hilfe, ihr Verhalten ist ein Schrei nach Liebe und Verständnis. Wenn wir dann Maßnahmen gegen das Verhalten des Kindes ergreifen, verstärken wir oft genug die Probleme. Nicht selten wäre genau das Gegenteil der herkömmlichen Reaktionsweisen, der herkömmlichen Denkweisen richtig: den Gefühlen Ausdruck zu verleihen, sie zuzulassen, um sie abbauen zu können, anstatt sie zu unterdrücken; dem Kind Liebe und Verständnis entgegenzubringen, es Eigenverantwortung übernehmen zu lassen, anstatt immer alles vorzugeben, zu korrigieren, zu befehlen; das Kind als eigenständige Persönlichkeit mit eigenem Willen zu akzeptieren und lieben zu lernen.

Kinder, die so aufgezogen und nicht erzogen werden, spüren instinktiv, was erwünscht ist und was nicht. Sie werden Sie erst gar nicht ärgern, denn Kinder sind von sich aus gut und kooperativ und werden erst durch widrige Umstände zu Rebellen. Erst unsachgemäße Erziehung weckt den Widerstand im Kind. Dass daraus ein Teufelskreis werden kann, versuche ich in diesem Buch zu erläutern. Und ich werde auch zeigen, wie der Teufelskreis aufgelöst werden kann.

Allerdings sind Trotz und Widerstand nicht grundsätzlich Ergebnis von »Erziehungsfehlern«. Im Trotz suchen Kinder, auch liebevoll erzogene, ihre Grenzen. Diese Gefühlsregungen entstehen viel eher aus dem eigenen Unvermögen und sind nicht gegen die Eltern gerichtet. Deshalb sind sie normal und notwendig für den Reifungsprozess des Kindes. Aber wenn wir den biologischen Entwicklungsplan kennen, dem indigene Kulturen folgen, dann entfällt auch das bei uns so bekannte heftige Wüten und Trotzen. Dass Kinder sich gegen die eigenen Eltern richten, macht biologisch gesehen keinen Sinn. Es ist unnötig verschwendete Energie. Die Natur kennt für soziale Systeme einen klaren Entwicklungsplan, damit diese funktionieren. Dem gehen wir hier auf die Spur. Wir erkennen: Weniger ist oft mehr. Lasst die Kinder selber lernen!

Gönnen wir unseren Kindern die Stolpersteine auf ihrem Lebensweg! Warum? Wir bewerten alles. Zum Beispiel: Das ist lieb, das ist böse. Wir meinen, möglichst viel Aufmerksamkeit, Zuwendung, Hilfe, mache gute Eltern aus. Diese Bewertungen kennt die Natur nicht. Wenn wir Kinder erziehen, sollten wir mit unseren Bewertungen vorsichtig sein. Alle Eltern wollen, dass es ihren Kindern gut geht. Aber geht es den Kindern besser, wenn wir ihnen alle Stolpersteine aus dem Weg räumen? Lehren wir sie doch besser, auf den Stolpersteinen zu tanzen. Ein flacher, gesäuberter Weg ist langweilig, regt nicht an, macht träge und dick. Das ist nicht, was die Kinder von uns wollen. Wir sollen nicht ihr Leben leben, sondern wir sollen der Fels in der Brandung sein und sie das sprudelnde Wasser um uns herum. Machen wir die Kinder lebensfähig und stark, damit sie die Aufgaben selber lösen. Lassen wir das Kind auf uns zugehen. Wenn es Hilfe sucht, weiß es, wo es diese findet. Lassen wir das Kind auf uns zukommen!

4. Vertrauen

Es ist mir ganz besonders wichtig, das Vertrauen in die Fähigkeiten unserer Babys zu wecken. Babys können und verstehen viel mehr, als gewöhnlich angenommen wird. Wenn wir ihre Entwicklung im ersten Lebensjahr nicht geradezu systematisch verhindern würden, könnten wir einerseits das Leben ein bisschen gelassener nehmen und müssten andererseits nicht mit erzieherischen Maßnahmen nachher korrigierend eingreifen.

Wir vertrauen beispielsweise fest darauf, dass ein Baby kurz nach der Geburt, wenn es auf dem Bauch der Mutter liegt, mit dem Mund die Brust erfasst und zu saugen anfängt. Woher weiß es, dass es da trinken kann und soll? Niemand hat es ihm gezeigt oder gesagt, und trotzdem weiß es, wie es sich verhalten muss. Es braucht einzig die Stimulation: die Mutter und die Nähe der Brust.

Genauso wird sich das Baby im ersten Jahr immer wieder naturgemäß verhalten, wenn es die Stimulation dazu erhält.

Vertrauen wir also dem Baby, dass es viel weiß und sich instinktiv richtig verhält, wenn wir ihm nur die Möglichkeit dazu bieten.

Es ist mir bewusst, dass sich ein solches Vertrauen nicht von heute auf morgen herbeireden lässt, dass uns zu viele alte gewohnte Muster noch in die Quere kommen. Auch lassen sich Mutter- und Vaterängste nicht einfach ablegen. Es ist jedoch nie zu spät, etwas Neues anzufangen oder auszuprobieren. Lassen Sie also das Vertrauen in die Selbstständigkeit Ihres Kindes langsam wachsen – in dem Tempo, das Ihnen beiden entspricht.

Sicherheit findet das Kind im Familiensystem. Wenn ein Wolfsrudel jagt, nimmt jeder genau den richtigen Platz ein. Warum? Im Wort Vertrauen steckt: Ich traue dir – traue dir etwas zu. Du schaffst es, du willst ein Teil der Gemeinschaft sein. Das liegt in deinem eigenen Interesse, denn die Gemeinschaft gibt dir Schutz, Nahrung und Sicherheit. Du hast Kopf, Rumpf, Arme und Beine, das sind alles Teile von dir. Jeden Teil brauchst du; sie sind alle wichtig. Ohne Kopf sind Arme und Beine nichts. Aber Kopf ohne Arme und Beine ist auch nichts. Im gleichen Sinne sieht es die Biologie mit der Familie. Es soll allen gut gehen und jeder arbeitet daran. Jeder ist wichtig und jeder erkennt seinen Platz, damit dieses System funktioniert. Nicht die Eltern müssen sich bemühen, das Kind will sich diesen Platz erobern. Es ist glücklich, wenn es ein Teil dieser Gemeinschaft wird. Sein Glück besteht darin, hier Sicherheit, Geborgenheit und Nahrung zu finden – es fühlt sich als ein Teil des Ganzen, der Familie.

Wenn wir unseren Kindern wieder das geben, dessen sie bedürfen, legen wir den Grundstein für eine bessere Welt. Ich wünsche allen dabei ein gutes Gelingen!

5. Sicherheit

Sicherheit ist der Biologie oberstes Gebot! In der ganzen Natur ist niemand so verletzlich wie die Neugeborenen. Viele Eltern wollen es heute besonders gut machen und haben Angst, ihr Baby könnte Schaden nehmen, wenn sie nicht alles tun, um ihm den höchstmöglichen Komfort zu bieten. Sie wollen perfekt sein. Mütter sind davon meistens mehr betroffen als Väter. Sie versuchen alles, um das Baby ruhigzustellen: hochnehmen, herumtragen, an die Brust nehmen (obwohl es gerade erst getrunken hat), hopsen, den Föhn laufen lassen, im Auto herumfahren und vieles mehr. Der Maßnahmenkatalog scheint hier schier unbegrenzt. Dies deutet auf große Unsicherheit und eine noch größere Hilflosigkeit hin. In dem Sinne wird dem Baby alles andere als Vertrauen und Sicherheit vermittelt. Denn so spürt es instinktiv, dass die Eltern nicht wissen, was zu tun ist. Und das setzt erst recht einen Teufelskreis in Bewegung. Wenn sich Eltern unsicher sind, produziert ihr Körper entsprechende Botenstoffe. Dafür sind Babys hoch empfänglich, ihr Leben hängt ja vollkommen von den Eltern ab. Sie können diese Botenstoffe sogar riechen. Was passiert? Das Baby interpretiert diese Stresshormone so: Jetzt ist das Leben deiner Eltern bedroht, und wenn deren Leben bedroht ist, dann ist es das meine erst recht. Die Folge: es schreit! Viele Eltern haben aber Angst, ihr Säugling nehme Schaden, wenn er mal kurz weint. Er müsse immer sofort getröstet werden – und dies auch noch lange nach den ersten drei Monaten. Sie fühlen sich für seine Stimmungen verantwortlich, trauen und muten ihm nichts mehr zu. Denn sofort kommen Schuldgefühle auf, man sei eine schlechte Mutter: Man könne das Baby nicht beruhigen; es nehme Schaden. Es soll doch alles gut, schön, harmonisch, wunderbar sein. Aber Babys weinen schnell. Bei Unsicherheit weinen, dieser Weisung folgt der kleine Homo sapiens wie einem Verkehrssignal. Bei jeder kleinsten Verunsicherung – dies kann eine fremde Person, ein anderer Raum, das Aus- und Anziehen, eine Männerstimme, ja alles Mögliche sein – fängt er an zu weinen. Das ist ein völlig normales, von der Biologie her angeordnetes Verhalten. Es ist einfach sein Zeichen, um nachzufragen: »Ist noch alles okay? – Ich kann es nicht einordnen – Hilf mir, gib mir ein Zeichen.« Mit dem Weinen zeigt er das an. Und wir müssen ihm dann nur versichern: »Alles bestens – keine Ursache für Unruhe – es gibt keinen Grund – dein Leben ist in sicherer und in bester Hand – vertraue!« In den meisten Fällen ist eine ordentliche Portion Gelassenheit die beste Medizin. Das Meiste ergibt sich dann von selbst, wir müssen oft gar nicht mehr tun. Auch gutes Zureden nutzt nichts, wenn ich selbst innerlich unsicher bin. Nicht die Aussage des Gesagten ist für das Baby wegweisend, sondern der Ton, der Klang, der viel mehr über dich und dein Gefühl verrät – Ihr Kind spürt das.

Das Kind ist nicht Mittelpunkt des Universums

Was machen junge Füchse, wenn ihre Mutter pfeift? Sie verschwinden blitzartig im Bau. Sicherheit ist der Natur oberstes Gebot. Niemand ist so verletzlich wie der Nachwuchs. Fehlt die Mutter, hat das Junge keine Überlebenschance. Naturgemäß tun alle Mütter alles Erforderliche zum Überleben des Nachwuchses. Folglich ist das Junge auf die Mutter geeicht. Ihre Signale sind überlebenswichtig. Das erfordert aber, dass das Gehirn in dieser frühen Zeit die richtige Stimulation bekommt. Das Junge ist es, das auf unsere Aufmerksamkeit angewiesen ist, deshalb sucht es diese. Wir aber geben sie nur da, wo es notwendig ist. Das Kind sollte nicht Mittelpunkt sein. Wenn wir dann zusätzlich den Blick abwenden, wenn ein Verhalten unerwünscht ist, ist das fürs Gehirn des Kleinkindes ein klares und unmissverständliches Signal, dieses Tun zu unterlassen – ganz ähnlich dem Pfeifen der Fuchsmutter. Das Kind erfährt dadurch Führung und damit Sicherheit. Zu viel Aufmerksamkeit der Eltern macht Kinder abhängig.

Überlieferte Muster

Wir alle tragen Muster in uns, die wir so sicher gespeichert haben, wie die Erde sich um die Sonne dreht. Die eigene Erziehung hat jeden Menschen nachhaltig geprägt. Ich trage also Erziehungsmuster in mir, die ich, ob ich will oder nicht, auf meine Kinder übertragen werde. Je mehr ich gefühlsmäßig agiere, desto mehr werden diese zum Teil ungewollten Muster hervorkommen. Auch bei Stress, Wut oder Aggressionen werde ich ganz sicher auf diese Muster zurückfallen. In solchen Situationen ist das Gehirn ausgeschaltet, man greift also nach den Antworten, die einem das tiefere Bewusstsein ungefragt liefert. Die Natur hat da in gewissem Sinne gut vorgesorgt: Sie hat vorgesehen, dass Erfahrungen nicht verlorengehen und dass eine gewisse Kontinuität entsteht. Leider wirken diese Prägungen oftmals vor allem negativ.

In all den Jahren, in denen wir dem Elternhaus entwachsen sind, einen Beruf erlernt, uns gebildet, gearbeitet haben, gereist sind oder anderes gemacht haben, haben diese Muster in uns geschlummert. Dann haben wir geheiratet oder auch nicht, haben vielleicht jahrelang mit unserem Partner zusammengelebt und schließlich unser erstes Kind bekommen. Und dann ereignet sich ein Phänomen: Plötzlich bekommt man vom Partner völlig neue Ausdrücke zu hören: »Aber ich sag dir deutsch und deutlich ...«, »Nimm dich in Acht ...«, »Das wirst du mir büßen ...«, »Ich warne dich ...«, »Wart, ich nehm dich an den Ohren ...«, »Ich versohl dir den Hintern ...«, um nur ein paar zu nennen.

Der Gesichtsausdruck, die Augen der vertrauten Person wirken plötzlich fremd und feindselig. Diese Fremdheit und die ungewohnten Äußerungen eines sonst friedlichen Partners können schockierend und erstaunlich sein. Und auch von sich selbst hört man plötzlich Äußerungen, die einem zuvor ganz und gar fremd waren: gespeicherte Überbleibsel aus der eigenen Kindheit. Mich selbst traf es eines Tages wie der Blitz aus heiterem Himmel, als ich meinen Mann hörte und feststellte: Das sind seine Eltern, die durch seine erstarrten Augen und seinen erstarrten Körper reden; die wiederum haben es von ihren Eltern und die wieder von ihren Eltern und so fort.

Solche Muster zu erkennen hat nun wiederum etwas Gutes: Wenn man etwas erkannt hat, kann man versuchen, es zu ändern. Nur wer unbesehen die alten Floskeln übernimmt, geht weiter im alten Trott. Wer selbst mit Schlägen und abgedroschenen Sätzen erzogen wurde, wird natürlich schwer an dieser Hypothek tragen, wie auch an anderen Sünden, die ihm oder ihr in der Kindheit angetan wurden: sei es, dass man den Teller leer essen musste, dass mit dem Nikolaus oder dem schwarzen Mann gedroht wurde, weil die Eltern nicht fähig waren, selbst Grenzen zu ziehen und sie durchzusetzen, sei es, dass man mit Liebes- oder Essensentzug bedroht oder in kalte oder dunkle Räume eingesperrt wurde, um nur einige der verbreiteten Grausamkeiten gegenüber Kindern zu nennen.

Wenn also Eltern ihr Kind misshandeln, sind sie in vielen Fällen selbst Opfer misshandelnder Eltern gewesen. Sie brauchen Hilfe, damit sie ihre Muster bewältigen können und fähig werden, ihre Kinder zu friedlichen Menschen zu erziehen.

Es ist also wichtig, dass wir uns unserer eigenen Kindheit bewusst werden; dass wir uns fragen, wie wir erzogen wurden und welche Erziehungsmuster uns geprägt haben. Welche stereotypen Sätze habe ich immer wieder gehört? Bin ich angeschrien worden? Wo, wie und warum wurde ich geschlagen? Wir sollten nicht einfach gefühlsmäßig agieren, sondern uns bewusst kontrollieren, bewusst handeln, bewusst sprechen und uns über unseren Erziehungsstil Gedanken machen.

Wenn wir solche Muster bei uns entdecken, sollten wir sie eingehend prüfen. Zudem bedarf es sehr viel Selbstdisziplin und Charakter, um wieder loszuwerden, was wir als Kinder wie ein Schwamm aufgesogen haben und jetzt als Ballast wieder über Bord werfen möchten. Es lohnt sich aber, damit wir Hand in Hand das Wegstück, das wir unsere Kinder begleiten dürfen, gehen können und nicht diese so kostbare und beglükkende Zeit mit Streitereien und familiären Kriegen vergeuden.

Die Natur hat vorgesorgt

Ohne unser Zutun reift der Fötus in uns heran, er hilft aktiv bei der Geburt mit, nach der Geburt entfalten sich die Lungen, das Kind fängt zu atmen an, der Lungenkreislauf ist aktiviert. Das Neugeborene sucht sofort nach der Brustwarze und fängt zu saugen an. Auf diese Aktionen des Neugeborenen reagiert wiederum die Mutter: Das Kolostrum, die Vormilch, ist schon bereit. Sie ist nahrhaft und gibt dem Baby Widerstandskräfte. Bald schon kommt der Milcheinschuss, die Milch ist in ihrer Zusammensetzung optimal auf das Neugeborene abgestimmt. Mutter und Kind spielen sich aufeinander ein. Die Mutter produziert gerade so viel Milch, wie das Baby braucht; je nach Bedarf reduziert oder vergrößert sie die Menge. Wenn das Baby Hunger hat und schreit, vollzieht sich bei der Mutter der »Let down reflex«: Hormone steuern, dass die Milch zu fließen beginnt. Sehr sensible Mütter spüren sogar in einem anderen Raum, wenn ihr Kleines Hunger hat, denn dann fängt ihre Brust zu fließen an. Für den Milchfluss ist es wichtig, dass Mutter und Kind in engem Kontakt sind. Man weiß zum Beispiel, dass bei Frühgeburten, wenn die Mutter die Milch abpumpen muss, die Milch reichlicher und besser fließt, wenn sie ihr Kind dabei anschaut. Wie peinlich genau die Natur dabei vorgeht, zeigt auch folgende Erkenntnis: Man hat Zwillinge jeweils immer an derselben Brust trinken lassen. Daraufhin analysiert man die Muttermilch und konnte feststellen, dass deren Zusammensetzung unterschiedlich war. Sie war jeweils genau auf den Bedarf des jeweiligen Säuglings abgestimmt. Die dazu benötigte Information lieferte der Speichel über die Brustwarze der Mutter.

Der berühmte schwedische Fotograf Lennart Nilsson beschreibt in seinem wunderbar illustrierten Buch »Ein Kind entsteht«, wie ein neugeborenes Kind innerhalb einer halben Stunde zur Brust findet, selbst wenn es tief unten auf dem Bauch der Mutter liegt. Es kämpft sich energisch vorwärts und fängt schließlich die Brustwarze mit seinen Blicken ein, es gibt nicht auf, bis es die Brustwarze mit dem Mund erreicht hat, und fängt sofort zu saugen an.

Beim Stillen produziert die Mutter ein so genanntes Mutterschaftshormon, das Prolaktin. Es sorgt dafür, dass die Mutter sich auch an ihr Kleines bindet, es lieb hat und für seine Bedürfnisse sorgt. So ist Stillen nicht nur unter dem Aspekt der Ernährung wichtig, sondern fördert auch die mütterliche Fürsorge, auf die das Kind angewiesen ist. Es ist also nicht erstaunlich, dass vergangene Generationen schlecht stillen konnten, da ihnen die Babys bei der Geburt weggenommen, in ein Säuglingszimmer gebracht und der Mutter nur alle vier Stunden zum Stillen gereicht wurden. Die Milch musste bei diesen Müttern nach kurzer Zeit versiegen, da sich ein harmonisches Zusammenspiel gar nicht erst einpendeln konnte. Es entsteht eine so genannte Wechselbeziehung: Je mehr sich die Mutter um das Kind kümmert, desto mehr nimmt der Säugling Kontakt zur Mutter auf, schaut sie an und baut Urvertrauen auf. Auf der anderen Seite werden bei der Mutter, wenn sie ihren Säugling anschaut und sich um ihn kümmert, Oxytocin und Prolaktin ausgeschüttet, was wiederum den Milchfluss fördert und das bemutternde Verhalten. Auf diese Weise wächst die emotionale Bindung der Mutter an das Kind. Ein wahrer Engelskreis!

So werden Säuglinge einmal zu Kindern mit sicherer Bindung. Wird dieses Bindungsverhalten missachtet, fördert das eher einen unsicher-vermeidenden Bindungsstil. Dies lässt sich eindeutig belegen: Wenn die Mutter sich entfernt, steigt bei Einjährigen im Speichel die Konzentration des Stresshormons Cortisol stark an und bleibt auch nach ihrer Rückkehr länger erhöht, als wenn das Kind eine sichere Bindung erfährt. Der Mediziner und Privatdozent Karl Heinz Brisch von der Universität München sagt: »Das Bindungssystem, das wir in der eigenen Kindheit im Lauf des ersten Lebensjahres entwickeln, bleibt während des gesamten Lebens aktiv. Viele Langzeituntersuchungen belegen, dass ein ursprünglich ungünstiges Bindungsmuster sehr oft beibehalten wird.«

Leider haben die meisten Menschen immer noch das Gefühl, die Babyzeit sei einfach und Probleme würden erst später entstehen. Viele Keime dieser Probleme werden aber schon in der Babyzeit gelegt und tragen erst später Früchte. Im ersten Jahr macht das Kind entscheidende Erfahrungen. In dieser Zeit prägt sich der Säugling unsere Welt, unsere Muster ein, und wir prägen ihn. In seinem Zentrum, ob das nun die Seele, das Herz, das Gehirn oder gar alles zusammen ist, macht der neue Mensch sich ein Bild von unserer Welt und speichert es. Das Bild, das wir als Babys von unserer Welt und unseren Mitmenschen erhalten haben, begleitet uns ein Leben lang. Je nachdem kommt es uns immer wieder in die Quere oder gibt uns Stärke. Die Muster, die wir damals gespeichert haben, sind jederzeit durch unser Unterbewusstsein abrufbar. Jedes Mal, wenn wir gedankenlos, impulsiv, intuitiv, spontan oder im Stress reagieren, wird unser Unterbewusstsein uns diese »hard disc« zur Verfügung stellen. Natürlich können daran später noch Korrekturen vorgenommen werden, aber es werden immer Korrekturen bleiben, das Original ist geprägt.

Erziehung beginnt bei der Geburt

Erziehung ist alles, was wir mit unseren Kindern tun und lassen. Sie beginnt also bei der Geburt.

Beginnen wir ganz am Anfang! Meistens sind Kinder heutzutage erwünscht. Man stellt sich bewusst auf das Kind ein, besucht einen Säuglingskurs. Die werdende Mutter achtet auf ihre Gesundheit, auf vitaminreiches Essen, Bewegung an der frischen Luft, verzichtet weitgehend auf Alkohol und Nikotin. Sie besucht die Vorsorgeuntersuchungen, sucht sich das Krankenhaus aus, lässt sich alles erklären, macht sich vertraut mit Gebärsaal und Hebammen oder entschließt sich zu einer Hausgeburt. Der Partner geht mit in den Geburtsvorbereitungskurs, hilft wacker atmen und entspannen. Zusammen freut man sich an den Rundungen, erspürt Kopf, Füßchen und Händchen, freut sich, wenn das Kleine den Schluckauf hat oder ein anderes Lebenszeichen von sich gibt. Auch Hiebe in die Rippen erträgt man gelassen, schließlich sieht man dem Ankömmling freudig entgegen. Die Kindererstausstattung hat man schon längst und mit viel Liebe ausgesucht. Alles ist bereit – nun darf es kommen!

Man hat sich also mit dem Baby befasst, man hat sich auf die Geburt vorbereitet, aber wie viel weiß man über den Ankömmling? Was spürt es, wie hört es mich? Es hört mein Reden, mein Singen, es hört, wenn ich mit ihm spreche, und es versteht mich. Es spürt meine Launen, meine Bewegungen, mein Liegen, meine Unruhe, meine Befürchtungen, aber auch meinen Frieden, meine Zuversicht, und vor allem spürt es meine Liebe, aber auch meine Abneigung.

Schon das ungeborene Kind fängt an, Vertrauen in seine Mutter zu haben und eine Beziehung aufzubauen. Es ist ein Glücksfall, wenn das Kind von Anfang an gewollt, geliebt und willkommen ist. So kann sich in ihm Urvertrauen aufbauen, das sich später auf ein harmonisches Zusammenleben auswirken wird. Aber auch wenn die Gefühle während der Schwangerschaft und auch in der ersten Zeit danach oft noch zwiespältig sind, die Mutter sich nicht sicher ist, ob sie den Anforderungen gewachsen sein wird, und sie Zweifel befallen, ob sie das Kind auch lieb haben wird, ist das ganz normal und sie braucht sich darüber keine Sorgen zu machen. Schließlich steht ihr ein großer Umbruch im Leben bevor und ihre Gefühle zeigen in erster Linie, dass sie sich mit dieser Situation auseinandersetzt. Schuldgefühle sind schlechte Wegbegleiter und schaden Kind und Mutter weit mehr als zugelassene Gefühle. Kinder sind zum Glück so ausgestattet, dass sie mit allen möglichen Situationen zurechtkommen können und sich auch auf fast jede Lebenssituation einstellen können, ohne Schaden zu nehmen.

Bei der Geburt laufen viele wichtige Prozesse ab, die die Natur so vorgesehen hat, um das bestmögliche Überleben aller Individuen zu sichern. Es scheint dem »vernünftigen« Menschen vorbehalten, auch hier reinzupfuschen. Im Laufe der Zeit wurde den Frauen die Verantwortung immer mehr abgenommen und in die Hände von Gynäkologen gelegt, die nun für die Frau und das Kind entscheiden, was richtig ist. Langsam merken wir, welche Fehler in der Vergangenheit gemacht wurden, und korrigieren sie teilweise wieder. Es ist aber noch ein weiter Weg, bis wir wieder bei einer Geburtsbetreuung sind, die Mutter und Kind wirklich gerecht wird.

Im Moment der Geburt geschehen unbeschreiblich viele wunderbare Dinge. Das Neugeborene nimmt mit all seinen Sinnen, besonders aber mit Haut, Ohren und Augen, alles in sich auf. Vor allem die Haut als ein äußerst sensibles Sinnesorgan ist nun empfänglich für alles, was da kommen mag. Wenn die Mutter das Kleine, das sie bis dahin aufs Beste versorgt hat, gleich in die Arme bekommt, sich auf den Bauch legen darf, wo es schön warm ist, wo es die vertrauten Bewegungen und Geräusche wie Atmung und Herzklopfen hört, wo seine Haut zart gestreichelt wird, wo es die vertraute Stimme hören darf und die Nabelschnur erst nach Ende des Pulsierens durchschnitten wird, dann ist das ein säuglingsgerechter Empfang. Dann kann das »Bonding« (Verbindung und Anschluss an die betreuende Person) stattfinden. Der Säugling hat jetzt den Pakt mit seiner Mutter geschlossen. Dieser Prozess ist ebenso wichtig für die Mutter. In diesen Augenblicken schließt auch die Mutter ihren Pakt mit dem Neugeborenen (oder erneuert den während der Schwangerschaft geschlossenen Pakt), indem sie ihm das Überleben sichert und eine liebevolle und sorgende Betreuung garantiert.

Natürlich ist auch der Vater wichtig. Auch zwischen ihm und dem Säugling wird ein Pakt geschlossen, der allerdings oft nicht ganz so eng ist wie bei der Mutter. Studien belegen, dass Kaiserschnittentbundene eine größere Zuneigung zum Vater als zur Mutter entwickeln, wenn er der Mensch war, der das Neugeborene zuerst liebkoste und versorgte.

Im ersten Lebensjahr wird dann ein wichtiger Grundstock fürs spätere Leben gelegt. Das Baby bekommt seine Eindrükke, seine Einstellung zu einer gütigen oder kämpferischen Welt, zu Verständnis oder Unverstand, zu Liebe oder Bosheit. Diese Prägung wird das Kind sein Leben lang begleiten und immer wieder zum Vorschein kommen.

Die Entwicklung des Gehirns

Der Biochemiker Frederic Vester schreibt in seinem Buch »Denken, Lernen, Vergessen«: »Bis zur Geburt ist der größte Teil des menschlichen Gehirns ausgebildet. Die restlichen Zellen und ihre festen Verknüpfungen entstehen in der kurzen

Periode der ersten Wochen und Monate nach der Geburt. Damit ist dann das eigentliche Gehirnwachstum abgeschlossen« (Vester 1996: 37).

Mit ca. drei Jahren ist das eigentliche Gehirnwachstum abgeschlossen. Das heißt nicht, dass das Gehirn nun nichts mehr lernt und verknüpft – bei weitem nicht. Aber das Grundgerüst ist jetzt fertig, alle Anlagen für unser weltliches Dasein sind bis dahin gelegt. Darauf kann aufgebaut werden, indem immer wieder neu vernetzt wird. Das Gehirn bleibt bis ins hohe Alter plastisch und somit lernfähig. Aber das entscheidende Grundgerüst, wie wir diese Welt wahrnehmen und mit ihr interagieren, ist im Alter von drei Jahren gelegt. Wir können uns selbstverständlich an diese Zeit nicht mehr erinnern. Diese frühen Informationen, die wir durch unser erstes Hören, Fühlen, Riechen, Schmecken und Tasten erworben haben, sind jedoch ähnlich den Erbinformationen und in unserem tieferen Bewusstsein gespeichert. Sie sind da jederzeit abrufbar und sicherer bewahrt als bewusste Erinnerungen. Wir arbeiten also noch mit den genau gleichen Zellen, die wir schon als Säugling entwickelt haben.

Damit es überhaupt möglich ist, dass das Gehirn Eindrücke wie eine Stimme, den Duft der Mutter, den Geschmack der Milch speichern und einordnen und gegebenenfalls auch wieder finden und abrufen kann, muss zuerst ein Grundgerüst gebildet werden, das aus einem Netz von fest verbundenen Fasern besteht. In diesem Netz können sich die späteren Informationen dann festigen.

Durch die Gene und die Erbinformationen ist ein Teil dieses Netzes mit seinen Verknüpfungen schon vor der Geburt bestimmt. Der restliche Teil wird in den Monaten nach der Geburt gebildet, indem sich die Gehirnzellen noch teilen und vermehren und dann mit ihren faserartigen Fortsätzen Kontakte knüpfen. Ganz erstaunlich und in dieser Art einzigartig ist, dass sich die Zellen je nach der wahrgenommenen Umwelt unterschiedlich teilen und wachsen. Was in den ersten Monaten durch Hören, Fühlen, Schmecken, Riechen und Sehen wahrgenommen wird, zeigt sich unmittelbar bei der Ausbildung des Gehirns, und zwar in festen Verknüpfungen zwischen den wachsenden Zellen. Es ist dies die einzige Phase im menschlichen Leben, in der sich äußere Einflüsse direkt auf das Gehirn auswirken. Ab dem dritten Monat nehmen die Gehirnzellen kaum mehr zu und auch die Verknüpfungen werden nicht wesentlich dichter. Dass die ersten Lebensmonate entscheidende Auswirkungen auf die physische Entwicklung des Gehirns haben, machte erstmals der amerikanische Jesuitenpater Conel publik. Spätere Untersuchungen bestätigten, dass äußere Einflüsse direkt auf die anatomische Struktur einwirken können. Prof. Dr. Norbert Herschkowitz schreibt in seinem Buch »Klug, neugierig und fit für die Welt«: »Während des ersten Lebensjahres entwickelt sich das Hörsystem schnell. Im Alter von etwa drei Monaten hat das Baby in seinem auditorischen Kortex mehr Synapsen als zu jedem anderen Zeitpunkt seines Lebens. Wie in seinem visuellen Kortex vermindert sich die Zahl danach und die restlichen Verbindungen werden effizienter« (Herschkowitz 2006: 104).

Das Baby baut also ein Übermaß an synaptischen Verbindungen auf, um diese später wieder zu reduzieren, damit das Gehirn effizienter wird im Sinne von Qualität, nicht Quantität – frei nach dem Motto: »Die guten ins Töpfchen, die schlechten ins Kröpfchen«.

Ein Tierexperiment macht deutlich, dass äußere Einflüsse Gehirnzellen dazu anregen, sich bestimmte Zellen zum Verknüpfen auszusuchen. In Rattenversuchen wurde festgestellt, dass während der ersten zwei Wochen nach der Geburt jede Nervenzelle im Sehzentrum ihres Gehirns etwa vierzehn Kontakte mit anderen Nervenzellen besitzt. Ratten werden ja bekanntlich blind geboren. Öffnen sie nun die Augen, kommt es zu einer explosionsartigen Entwicklung. Innerhalb von zwei Wochen steigt die Zahl der Verknüpfungen auf 8000 pro Zelle an. Bindet man aber den Ratten die Augen zu, sodass sie nichts mehr sehen, steigt die Zahl der Verknüpfungen nicht. Entfernt man die Binde nach einiger Zeit, kann man feststellen, dass die Ratten den Verlust nicht mehr wettmachen können und blind bleiben. Die sensible Zeit, in der im Gehirn die Wahrnehmungen durch optische Eindrücke festgelegt und verknüpft werden können, ist unwiderruflich vorbei. Auch beim Menschen sind Fälle von lebenslangen Sehstörungen bekannt, wenn Säuglinge aus irgendwelchen Gründen keine oder nicht genügend visuelle Eindrücke empfangen konnten. (Hier muss ein Wort zu den Tierversuchen gesagt werden, die ich auch im Folgenden noch ab und zu anführen werde: Natürlich sind ihre Ergebnisse nicht einfach auf den Menschen übertragbar. Sie beweisen letztlich überhaupt nichts in Bezug auf die Menschen, können uns aber immerhin als Indiz dienen, wie sich bestimmte biologische Abläufe erklären lassen könnten.)

Erstaunlich ist übrigens auch, dass auch spätere hormonelle Reaktionen schon durch die ersten Gefühlseindrücke sehr früh festgelegt werden. Ratten, die in den ersten Lebenswochen Stresserfahrungen ausgesetzt waren, konnten im späteren Leben mit Stresssituationen deutlich besser umgehen als ihre »stressfreien« Genossinnen. Diese Information lässt den Schluss zu, dass wir in den ersten Lebenswochen äußerst lernfähig sind und bereits in dieser Zeit entscheidend geprägt werden können. Man kann damit auch erklären, warum manche Naturvölker ihre Säuglinge schon kurze Zeit nach der Geburt gewissen Einflüssen aussetzen – die Yequana-Indianer tauchen zum Beispiel die Beinchen ihrer Kinder täglich in reißendes Wasser, um sie den Umgang damit zu lehren. Das führt dazu, dass sie später als Flößer problemlos von einem Baumstamm zum anderen gehen können, ohne dabei ins Wasser zu fallen. Man kann darüber hinaus auch schließen, dass Kinder, die in problematischen oder konfliktgeladenen Verhältnissen geboren werden und aufwachsen, keineswegs Schaden nehmen müssen, sofern sie selbst liebevoll betreut werden.

In meinem Freundeskreis gibt es beispielsweise ein Paar, das sich ständig in den Haaren liegt, sich trennt, dann wieder zusammenkommt, Zwistigkeiten und Tätlichkeiten vor den Augen der Kinder austrägt. Trotzdem zeigen diese keine Auffälligkeiten und sind normale, liebenswürdige und zufriedene Kinder. Denn sie selbst erfahren eine liebende und umsorgende Umgebung. Die Vermutung liegt nahe, dass das Verhalten der Eltern schon vom Embryo als Norm angesehen wurde und er sich quasi darauf einstellte. Wäre dieses Verhalten neu gewesen und hätte erst ein halbes Jahr nach der Geburt begonnen, hätten die Kinder möglicherweise viel intensiver darauf reagiert.

Ein Nomadenkind, das nichts anderes kennt als immer umherzuziehen, das sich also immer wieder auf eine neue Umgebung einstellen muss, ist so »verdrahtet«, dass es dies als Norm ansieht und nichts Beängstigendes daran findet. Dagegen kann ein sesshaftes Kind, das die ersten sechs Monate praktisch nur in seinen eigenen vier Wänden verbracht hat, mit Angst und Schrecken auf Veränderungen reagieren, sei es auch nur eine Nacht bei den Großeltern.

Da die Natur darauf eingestellt ist, dass wir in den ersten Lebenswochen entscheidenden, vielleicht sogar lebenswichtigen Einflüssen unterworfen sind (wie es im Tierreich oft der Fall ist), hat sie dafür gesorgt, dass das Gehirn sich so verknüpft, dass wir möglichst gut mit derjenigen Umwelt zurechtkommen, in die wir hineingeboren wurden und die wir in den ersten Lebenswochen wahrgenommen haben.

Gerade in der ersten, relativ passiven Zeit macht sich der Säugling ein Abbild von seiner Umwelt. Das durch seine Sinne aufgenommene Bild formt sein Gehirn anatomisch irreversibel und verankert sich als Grundmuster. Eine tiefe Prägung findet statt. Das Grundnetz wird gelegt, sodass spätere Informationen kaum noch »verdrahtet«, sondern entlang dieses Netzes in kodifizierten Erinnerungen gespeichert werden. In Anlehnung an die Computerfachsprache könnten wir diese nachträglichen Speicherungen als »Software« bezeichnen, die anatomischen Verknüpfungen während der Embryonalzeit, der ersten Lebensmonate sowie der sensiblen Phasen dagegen als »Hardware«.

Je nachdem, wo ein Säugling geboren wird und aufwächst, sind seine ersten Wahrnehmungen verschieden und bilden unterschiedliche Grundmuster des kindlichen Gehirns, und zwar zu einem Zeitpunkt, wo das Kind noch nichts bewusst erfasst.

Dazu gehören Geräusche, Stimmen, Klänge, Kälte, Wärme, das Fühlen der Haut der Mutter, ihr Geruch, andere Gerüche, beispielsweise des Blutes, des Fruchtwassers, Gefühle der Schwere, des Fallens, des Getragenwerdens, des Geborgenseins, Licht, Tageslicht, künstliches Licht, gedämpftes Licht, Dunkelheit, Bewegungen, Liegen auf der Haut einer warmen, sich bewegenden Mutter mit vertrauten Geräuschen oder Liegen in einem ruhigen Bettchen ohne Bewegungen.

Ein Kind, das im Urwald geboren wird, wird ein anderes Grundmuster entwickeln als ein Kind, das in der Großstadt auf die Welt kommt. Dieses Wissen um die »Verdrahtungen« der Eindrücke nach der Geburt und in den ersten Lebensmonaten ist wichtig, um das Verhalten, besonders auch verängstigtes Verhalten unserer Säuglinge zu begreifen und richtig zu interpretieren.

Möchte eine Mutter schon bald nach der Geburt oder auch nach sechs oder neun Monaten wieder anfangen zu arbeiten, tut sie gut daran, den Säugling oft, wenn auch nur für kurze Zeit, anderen Personen in Obhut zu geben. Dieser Säugling speichert dann, dass nicht nur Vater und Mutter für sein Wohlergehen zuständig sind und seine Bedürfnisse decken, sondern dass auch andere Bezugspersonen dies zu seiner Zufriedenheit tun können. Ist eine Mutter dagegen sechs Monate fast ausschließlich allein für ihren Säugling da, wird dieser Säugling zwangsläufig angstvoll auf eine Veränderung seiner Lage und seiner Bezugsperson reagieren.

Je mehr ein Säugling fremdbetreut wird, desto mehr schwindet jedoch der Einfluss seiner Eltern. So lässt sich beobachten: Wenn Säuglinge nach Ablauf des Mutterschutzes täglich zehn Stunden in der Kleinkinderbetreuung verbringen, wird die dortige Erzieherin zur Hauptbindungsperson. Beim Abholen kommt es dann oft vor, dass sich die Kleinen an die Tagesmutter klammern oder nach der Kitaerzieherin rufen und sich von der Mutter kaum noch trösten lassen. Jede äußere Veränderung wirkt sich also entscheidend auf das Bindungsverhalten des Säuglings aus.

Die Ärztin und Kinderpsychiaterin Marie Meierhofer schreibt dazu in ihrem Buch »Frühe Prägung der Persönlichkeit«: »Kinder mit einem Grundgefühl von Unsicherheit und Angst ›fremdeln‹ früher und stärker als solche, die von Anfang an bei jedem Kummer getröstet worden sind und ein Urvertrauen entwickelt haben. Die so genannte ›Achtmonateangst‹ tritt bei vielen Kindern im Alter zwischen sechs und neun Monaten ein, jedoch in unterschiedlicher Intensität. Meiner Erfahrung nach kommt es sehr darauf an, wie früh und wie häufig das Kind mit fremden Personen zusammenkommt und wie sicher sich die Mutter im Umgang mit anderen Menschen fühlt.« (Meierhofer 1989: 65 f.)

Durch Liebe wachsen

Was Eltern in der Regel intuitiv wissen, musste die Wissenschaft nochmals beweisen: In quälenden Laborversuchen wurde bei Ratten und Mäusen herausgefunden, wie wichtig Liebe, Zuneigung und körperliche Zuwendung sind. Es wurde gezeigt, dass bei der Geburt gewisse Organe ihre Funktionen erst aufnehmen, wenn die Mutter das Kleine leckt, ansonsten geht es zu Grunde. Von den Ratten wurde dann auf Primaten und von diesen auf den Menschen geschlossen. Primaten und Menschen sind allerdings die einzigen Lebewesen, die ihre Jungen nicht lecken. Das Lecken dient nicht, wie früher irrtümlich angenommen, der Säuberung, sondern ist als Streicheln und Zuneigung zu verstehen. Diese Art der Zuneigung gibt den inneren Organen erst die Impulse, sich zu entwickeln, wodurch das Junge lebensfähig wird. Bei den Primaten und Menschen haben wahrscheinlich Arme und Hände diese Funktion übernommen, wobei auch Mund und Lippen zum Liebkosen immer noch nicht unwesentlich sind.

Wer später einmal Liebe, Zärtlichkeit und Zuneigung geben soll, muss sie erst selbst einmal erfahren haben, und zwar möglichst von Geburt an.

Bali ist für seine friedliche Kultur bekannt. In Bali aber gilt ein Neugeborenes als göttlich und wird bis zum Alter von einem halben Jahr nie auf den Boden gelegt, sondern immer von jemandem getragen und umsorgt. Balinesische Kinder können schon von Geburt an Vertrauen in ihre Umgebung haben. In den Armen ihrer Mütter werden sie gestreichelt, umarmt und gehegt und dürfen auch später immer wieder in diese tröstenden Arme zurückkehren. Diese tröstenden Arme findet das Kind nicht nur bei der Mutter, sondern auch beim Vater, den Geschwistern, den Verwandten und Bekannten. Das Kind lernt eine friedvolle, zuversichtliche, beständige, fürsorgliche

Welt kennen, es bewahrt diese Erfahrung in seinem Herzen und wird von ihr geprägt. Es wird sein Leben lang fähig sein, diese Zuneigung, Liebe und Zuversicht weiterzugeben. Solche Berichte von Ethnologen über andere Völker und Stämme, über ihren Umgang mit Neugeborenen und Kleinkindern und die daraus resultierenden Auswirkungen auf das kulturelle und soziale Milieu können uns Anregungen geben.

Wir können daraus lernen, wie wichtig der Umgang mit unseren Neugeborenen und Kleinkindern ist, wie sich diese Art der Beziehung in einer ganzen Gesellschaft widerspiegelt und sie prägt.

Kann man ein Baby verwöhnen?

Wenn ein Säugling ständig herumgetragen wird und alle seine Bedürfnisse befriedigt werden, glauben viele Menschen, er werde dadurch verwöhnt und werde immer fordernder. Natürlich muss man Kindern Grenzen setzen, aber erst mit etwa acht bis neun Monaten. Die ersten drei Monate sind für das Bindungsverhalten am prägendsten. In vielen traditionellen Kulturen zeigt sich, dass Mutter und Kind in den ersten drei Lebensmonaten eine Schutzzeit eingeräumt wird. Bis dahin hat sich eine sichere Bindung aufgebaut. Ab jetzt soll und kann man dem Säugling durchaus die eine oder andere Frustrationen zumuten. Als Eltern müssen wir im Auge behalten, dass wir das Kind fürs Leben vorbereiten und Frustrationen – das heißt Dinge, die nicht nach unserem Gusto verlaufen – sind weitaus häufiger als Momente, wo uns der rote Teppich erwartet. Wie das Kind im Mutterleib aufs Beste versorgt wird, soll es auch während der »äußerlichen (extrauterinen) Schwangerschaft«, die noch einmal zirka acht bis neun Monate dauert, seine Grundbedürfnisse befriedigt bekommen. Jedoch sollte man immer darauf bedacht sein, das Kind in seinem Forscher- und Entdeckerdrang zu verstehen – seinem Drang, zu lernen, die Welt zu verstehen und zu begreifen. Habe ich mein Kind jedoch in Vertrauen und Liebe erzogen, wird es dann auch verstehen, dass ich es nicht schätze, wenn es mir beispielsweise in die Computertasten greift. Da das Kleinkind noch nicht über ein Bewusstsein verfügt, signalisiere ich das mit entsprechendem Verhalten, Mimik und Körpersprache. Das ist die Sprache, die das Gehirn des kleinen Erdenbürgers interpretieren und verstehen kann. Wenn ich rede und erkläre, lernt das Kind die Sprache, aber noch kein Verhalten. Wir dürfen von einem sozialen Nervensystem ausgehen, das sehr sensibel auf diese Zeichen »programmiert« ist respektive diese sofort versteht. Wollen wir ein Verhalten fördern, schauen wir das Kind direkt an; wollen wir ein Verhalten nicht, sollten wir die Augen sofort abwenden und dazu den Kopf wegdrehen. Das Gehirn des Babys und Kleinkindes versteht diese Botschaft unmissverständlich. Das Baby macht es ebenso: Wenn es gefüttert wird und es will nicht mehr essen, dreht es den Kopf weg. Biologisch ein klares Zeichen – ich will nicht mehr essen. Die Eltern sollten diese Signale sofort klar erkennen und aufhören zu füttern.

Wichtig ist, dass ich meine Sinne öffne, um die Zeichen richtig zu deuten, und mich von meinem Kind leiten lasse. Was die Bedürfnisse des Babys betrifft, kann ich ihm die Führung überlassen, es kennt seine Bedürfnisse sehr genau und wird sie mir auch mitteilen. Es ist noch ein völlig intuitives Wesen und hat noch keine Ahnung von unseren Machtkämpfen. Es geht ihm daher nicht um Macht, wenn es uns etwas mitteilt, aber es ist ohnmächtig, wenn es in seiner Hilflosigkeit allein gelassen wird.

Wir sollten uns vergegenwärtigen, wie hilflos so ein Neugeborenes ist: Es ist komplett auf uns angewiesen und kann nur durch Schreien auf sich und seine Bedürfnisse aufmerksam machen. Es hat noch kein Zeitgefühl, das ihm sagt, wann die Mutter kommt. Nein, jetzt quält der Hunger, jetzt muss es gestillt werden, jetzt möchte es liebkost, herumgetragen werden, möchte spielen, lachen, dabei sein. Der Säugling lebt im Hier und Jetzt und kann nicht begreifen, dass die Mutter jetzt noch dieses oder jenes zu tun hat.

Hat man das Baby jedoch bei sich, nimmt man seine Bedürfnisse viel schneller wahr. Es muss nicht zuerst lange um etwas schreien, es fühlt sich geborgen in einer guten, vertrauenswürdigen Welt. Es nimmt alles auf, es saugt sich voll wie ein leerer Schwamm, seine Antennen sind weit ausgefahren, wenn es dabei herumgetragen wird. Denn auf der Mutter fühlt es sich sicher und es weiß auch, dass ihm seine »Lebensversicherung« nicht abhandenkommt.

Auch das ist Erziehung. Was der Säugling hört, fühlt, sieht und mitbekommt, wird alles in seinem schnell wachsenden Gehirn eingeprägt und verstaut, um später, ohne dass er sich dessen bewusst wird, bei Bedarf hervorgeholt zu werden.

Wenn ein Baby willkommen ist, dann gibt es wohl nichts Schöneres und Lieberes, nichts Feineres und Wünschenswerteres als dieses kleine Wesen, das süß und zart in unseren Armen liegt. Wir können es streicheln, hätscheln, küssen und immer wieder anschauen. Voll Vertrauen liegt es da und erwartet von uns, dass es liebevoll gehegt und gepflegt wird, dass wir seine Bedürfnisse wahrnehmen und sie erfüllen. Gerade seine Hilflosigkeit sollte uns auffordern, dies gewissenhaft und schnell zu tun. Jetzt ist unsere Hilfe gefordert; später, wenn das Kind größer geworden ist, dürfen wir mit unserer Hilfe ruhig zurückhaltender sein.

Bis zu dem Altern von drei Monaten kann ein Säugling nicht verwöhnt werden. Er sollte so viel wie möglich herumgetragen werden, nicht nur von der eigenen Mutter. Man darf mit ihm schmusen, ihn streicheln und nach Bedarf stillen. Er liebt es, wenn er auch einmal auf dem Vater liegend einschlafen darf. Man kann mit ihm durch die Wohnung tanzen, mit ihm singen, ihm Geschichten erzählen, die Blumen auf dem Feld zeigen. Eigentlich kann und soll man einem Säugling seine ganze Freude an dieser Welt mitteilen, sie mit ihm teilen und ihm vermitteln. Aber aufgepasst:

Frustrationen

Es lohnt sich, das Wort Frustration mal näher unter die Lupe nehmen. Im Denken der Industrienationen hat dieses Wort einen negativen Beigeschmack. Die Biologie kennt diese Bewertung nicht und deshalb sollten wir als Eltern einen anderen Blickwinkel einnehmen. Wir reden schnell von Frustration, wenn etwas schwierig wird, nicht auf Anhieb gelingt, uns also herausfordert. Ist es aber deshalb sinnvoll, wenn wir solche Momente möglichst zu vermeiden suchen – ihnen aus dem Weg gehen? Ich hoffe, Sie haben das mit »Nein« beantwortet. In Hinblick auf eine gesunde Entwicklung unserer Kinder wäre das ein fataler Fehler! Was wäre, wenn wir das Wort Frustration mit »Anreiz« oder »Herausforderung« ersetzen würden? Denn das sind diese Momente in der Entwicklung. Sie sind äußerst wichtig. Das Leben fordert uns ein Leben lang heraus. Es wird uns nicht auf dem Silbertablett serviert und je besser wir mit Herausforderungen umgehen können, desto besser gelingt unser Leben. Wieso sollten wir dann gerade in den wichtigsten Entwicklungsphasen unserer Kinder diese Anreize von ihnen fernhalten?

Wenn uns etwas nicht auf Anhieb gelingt, fangen wir an, kreativ zu werden, nach Lösungen, nach Alternativen zu suchen. Das ist ein riesiger Ansporn in der Biologie. Wir setzen viel Energie frei und bemühen uns, werden aktiv und kreativ. Wenn wir Erfolg damit haben, werden Glückshormone ausgeschüttet, was zu noch mehr Kreativität anregt – und so geht es immer weiter. Und genau diese wunderbaren biologischen Anreize, die uns das Leben bietet, wollen wir von den Kleinsten unserer Gesellschaft fernhalten – welcher Irrtum! Deshalb sollten wir mit unseren Bewertungen vorsichtig sein.

Sicherheit ist das oberste Gebot in der Biologie

Warum Kleinkinder geführt werden wollen – Eltern sollen sich wie Bergführer verhalten.

Pädagoge heißt übersetzt: Der, der das Kind führt. Diese Führung darf niemals dem Kind übergeben werden. Von den Bedürfnissen eines Kindes ist das Geführtwerden das wichtigste. Das soziale Miteinander – der Verbund einer Gemeinschaft – ist bedeutend für das ganze Leben. Ob ich mich einordnen, meinen Platz finden kann, die Sicherheit in der Gemeinschaft erlebe, das ist äußerst bedeutungsvoll. Ob es gestillt oder getragen wird, ist für ein Baby gut und wichtig – aber es kann auch gut aufwachsen, wenn dem nicht so ist.

Die Führung dem Kind zu überlassen ist gut gemeint, aber bei ihm führt das biologisch zu einer großen Irritation und sein System reagiert mit höchstem Stress – es verfällt in den Überlebensmodus. Die Folge sind Regulationsstörungen, die sich in heftigem Weinen oder Schreien äußern.

Als Eltern sollten wir uns wie ein Bergführer verhalten und führen. Er weiß, wann man aufbrechen muss; er wird sagen, wie die Route verläuft. Bis hin zum Schuhwerk oder zur Sonnenbrille soll er Führung übernehmen. Einen, der in Flipflops auf das Matterhorn will, wird er nicht mitnehmen. Selbst auf das, was in den Rucksack gehört oder nicht gehört, soll er wachen. Wie ich mir die Nase putze, das wird ihm egal sein. Aber alles andere eben nicht, denn er trägt die Verantwortung. Er wird mich auch nicht auf einen Fünftausender führen, wenn ich sonst noch nie im Gebirge unterwegs war. Er muss zudem mein Können einschätzen und mich auf eine geeignete Route bringen. Wenn wir uns einen Bergführer nehmen, dann ist es genau das, was wir von ihm erwarten. Er wird mich nicht eine Stunde länger schlafen lassen, denn er weiß, dann ist die Route bereits nicht mehr sicher. Ja, und eine ebensolche Führung gehört in die Hände der Eltern! Erst das gibt dem Kind die Sicherheit, die es bei uns sucht.

Was heißt das jetzt für die Eltern im Umgang mit dem Baby und Kleinkind?

Es gibt viele (indigene) Kulturen, die schaffen für Mutter und Baby für die ersten drei Monate einen Schutzraum. In dieser Zeit kann sich die Mutter voll auf ihr Baby einlassen und wird von den anderen Arbeiten entlastet. Das ist die Zeit, in der sich das Baby als noch nicht getrennt von der Mutter empfindet. Es ist somit vollkommen egozentriert.

Ab diesem Zeitpunkt scheiden sich die Kulturen. Intuitiv ziehen indigene und traditionelle Zivilisationen die nach innen gerichtete Wahrnehmung des Babys langsam nach außen. Seine Sinneswahrnehmungen werden zunehmend so stimuliert, dass es sie nach außen richtet. Somit nimmt es langsam wahr, dass es selbst und die Mutter getrennt sind. Es lernt, auf die Mutter zu hören (hören in der Bedeutung, alle seine Sinneswahrnehmungen auf die Mutter auszurichten). Seine Wahrnehmungen fließen also deutlich vom Ich weg zum Du – von innen nach außen. Die Mutter ist in dieser Phase die wichtigste Bezugsperson des Säuglings. Ihre Signale sind überlebenswichtig und – sichernd! Wenn das Kleinkind anfängt zu krabbeln, sollte es vollkommen auf das Du ausgerichtet sein. Denn jetzt braucht es von ihm klare überlebenssichernde Signale. Die Biologie hat ja nicht vorgesehen, dass Schutzräume eingerichtet werden oder die Eltern das Junge von Gefahren wegnehmen. Die Biologie arbeitet mit Signalen. Und da auch das Gehirn des kleinen Homo sapiens archaisch funktioniert, müssen Eltern wieder diese Sprache lernen – das heißt, mit dem richtigen Verhalten und Signalen ihre Kleinkinder anleiten.

Weil dies in einem frühkindlichen Stadium geschieht, sind diese Stimulationen wegweisend und prägend. Sie sind also tiefgreifend und können nicht einfach so umgelernt oder umprogrammiert werden. Vergleichbar sind diese Prägungen mit dem Erlernen der Muttersprache – auch da können wir nicht plötzlich in eine andere Sprache wechseln. Erst mit zunehmendem Alter lernt das Baby auch andere Signale aus der Erlebenswelt aufzunehmen und zu interpretieren und zu integrieren.

Der Säugling ist also auf die Mutter als Überlebenssicherung geprägt, er nimmt ihre Signale auf und folgt ihr bereitwillig. Es gibt kein Wenn und Aber, keine Kognition, die sich dem widersetzt – das geschieht alles präkognitiv, also unbewusst. Denn es geht hier um die entsprechende Prägung und Biologie. Es ist einfach so, es gibt biologisch keinen anderen Weg – er ist der einzig sichere und damit der beste. Und nun kann man verstehen, wieso in diesen traditionellen und indigenen Kulturen Kinder ohne Widerstand gegenüber ihren Eltern sind, bereitwillig sofort gehorchen, sich nicht widersetzen.

Weil dieses Verhalten einem genetischen Plan und folglich einem ursprünglichen menschlichen Bedürfnis entspricht, können wir auch verstehen, wenn Kinder mit Stress reagieren, wenn Eltern keine klare Führung übernehmen. Ihr Körper reagiert mit entsprechenden Stresshormonen. Sie befinden sich in der Mobilisation für Kampf oder Flucht (sympathisches Nervensystem) oder fallen sogar in die Immobilisation, der Überwältigung. Dies führt zu der uns bekannten Renitenz bei Kleinkindern und Kindern und zu den entsprechenden Regulationsstörungen.

Erhalten Säuglinge und Kleinkinder eine sichere Führung durch entsprechendes Verhalten und klare Signale ihrer Bezugspersonen, fühlen sie sich sicher, das soziale Nervensystem, der ventrale Vagus, das parasympathische System wird aktiv: Das bringt Verbindung, tiefen Kontakt, Orientierung und Entspannung – das Kind kann sich seiner Entwicklung, dem Spiel zuwenden. Es fühlt sich sicher, ist entspannt, lacht und spielt. Das sind die Kinder, von denen ich rede.

Überblick: Die Entwicklung des kleinen Homo sapiens

Biologie

Die biologischen Funktionen sind Jahrmillionen alt. Sie sind international und unabhängig von Sprache und Kultur. Alle Babys auf der ganzen Welt reagieren identisch. Es gibt folglich die biologische Sprache, und das ist die einzige, die ein Baby versteht. Seine Sinnesorgane sind von Natur aus darauf eingestellt, diese Sprache zu empfangen und zu interpretieren. Diese Informationen bilden das wichtige Grundgerüst, auf dessen sich das soziale sensible Nervensystem des Babys sich weiter vernetzen und entwickeln kann.

Die Signale des Neugeborenen

Blickkontakt abwenden
Unruhig werden
Ton angeben (Weinen, Schreien)

Diese Signale des Neugeborenen erfolgen bei Unsicherheit und bei Auftreten eines Bedürfnisses wie zum Beispiel Hunger oder Ausscheiden.

- Die Eltern reagieren adäquat darauf. Sie geben aber ihrerseits Signale. Beispielsweise wenn das Baby aus Unsicherheit (fremde Person, Umziehen, dunkle Männerstimme usw.) anfängt zu schreien. Mit einem Psss-Laut geben die Eltern ein internationales klares Signal: Keine Bedrohung! Keine Gefahr! Das Baby ist auf solche Signale angewiesen. So kann sich sein sensibles soziales Nervensystem sofort wieder beruhigen und runterfahren.
- Falsch wäre es, mit Trost oder mit Stillen (Füttern) zu reagieren. Das ist – außer bei Hunger – biologisch das falsche Signal, denn es führt langfristig dazu, dass das Kind Unsicherheit mit Essen befriedigt oder sich verkriecht.

Neugeborenes 1 bis 3 Monate
Es sendet bei Bedürfnissen und Unsicherheit Signale; das klarste und bedeutendste ist Schreien oder Weinen. Auf der anderen Seite ist es darauf angewiesen, klare für es interpretierbare Signale der Sicherheit von Seiten der Eltern zu bekommen. Das ist die Zwiesprache Eltern–Baby, also wechselseitig. Ein guter Bindungsprozess (Bonding) stellt sich ein.

Baby 4 bis 12 Monate
Das Baby lernt, dass es eine Trennung zwischen ihm und seiner Mutter gibt. Seine Sinnesorgane sind jetzt so entwickelt,

dass es vermehrt auf die Signale seiner Eltern und seiner Umwelt reagiert. Diese biologischen Anlagen müssen aber von den Eltern durch entsprechendes Verhalten stimuliert und somit zur Entfaltung gebracht werden. Die Aufmerksamkeit richtet sich nun nach außen. Das soziale und regulative Nervensystem braucht den richtigen »Input«, dazu gehören auch Frustrationen. Denn in der Biologie machen Eltern immer alles richtig. Sie sind biologisch ausgerüstet, das Überleben ihres Nachwuchses zu sichern.

- Für den Nachwuchs wird es überlebensnotwendig, auf die Signale der Eltern zu achten. Wichtig: Die Signale erfolgen nonverbal.

Kleinkind ab einem Jahr

Es wird mobil, und sollte jetzt nur noch auf Empfang stehen.

- Die Eltern sind diejenigen, die senden. Das Kleinkind reagiert unmittelbar auf deren Signale. Es passt sich ein. Es passt sich an. Die Eltern haben die Führung, sie sind der sichere Hafen, sie sind der sichere Hort. Das Kleinkind orientiert sich an seinen Eltern.

Kognition

Damit wir kognitive Entscheidungen treffen können, muss das Gehirn sich erst einmal vernetzen. Es braucht dazu viele Reize, Impulse, Signale und letztlich mannigfache und vielfältige Erfahrungen. Diese führen dann irgendwann dazu, dass man aus der Summe der gemachten Erfahrungen Schlussfolgerungen ziehen und daraus eine Entscheidung treffen kann. Dazu ist weder das Baby noch das Kleinkind in der Lage und Menschen erreichen ein beträchtliches Alter, bis sie dazu fähig sind. Deshalb ist das Kind darauf angewiesen, dass es von Eltern klar und sicher geführt wird, mit den für ihn biologisch verständlichen Signalen.

Moral

Erdgeschichtlich kommt die Moral nach der Kognition. Moral macht erst dann Sinn, wenn wir kognitive Entscheidungen treffen können. Und dafür brauch es, wie wir gesehen haben, sehr viel Erfahrung. Deshalb ist es wenig sinnvoll und für ein Kind verwirrend, wenn Eltern Äußerungen wie: »Das macht mich traurig«, »Das ist nicht lieb« oder »Du bist böse« von sich geben.

- Das Kind kann die biologischen Signale viel besser einordnen und wird sein Verhalten eher ändern, wenn es von den Eltern das entsprechende biologische Signal erhält, als wenn es eine Zurechtweisung zu hören bekommt.

Empathie

Damit ich mich in eine andere Person versetzen und seine Gefühlswelt nachvollziehen kann, muss ich zuerst meine eigene Gefühlswelt aufgebaut und verstehen gelernt haben. Und so wie Kognition und Moral braucht auch das viel Zeit und viele Erfahrungen.

✓ *Helfen Sie Ihrem Kind, Urvertrauen aufzubauen.*
✓ *Unterstützen Sie den kindlichen Drang zu lernen.*
✓ *Sorgen Sie dafür, dass alle Bedürfnisse des Baby befriedigt werden.*
✓ *Scheuen Sie sich nicht, Ihrem Kind ab einem Alter von drei bis vier Monaten erste Frustrationen (Anreize) zuzumuten.*

Entwicklung des sozialen Nervensystems

Zusammenfassend kann man sagen, dass die Entwicklung des kindlichen Gehirns durch frühkindliche emotionale Erfahrungen beeinflusst wird. Und auch für die Ausbildung des sozialen Nervensystems gibt es bestimmte sensible Phasen, in denen die richtigen Anreize gesetzt werden sollten, um eine bestmögliche Entwicklung zu unterstützen. Damit beschäftigt sich auch die Studie von Bock et al. (https://doi.org/10.1515/nf-2003-0203), die folgendes bestätigt: »Prägungsvorgänge unterscheiden sich von adultem Lernen durch einige charakteristische Merkmale, so finden sie beispielsweise innerhalb bestimmter ›sensibler Phasen‹ statt. (...) Ein weiteres Merkmal von Prägungsprozessen ist, dass bereits eine kurze Erfahrung mit dem zu erlernenden Reiz, Objekt oder Situation genügt, um dauerhaft im Gedächtnis verankert zu werden.«

Meine Tochter erzählte mir von einem Erlebnis, das dies wunderbar widerspiegelt: Als sich ihr Kleinkind einem Weinregal in der Wohnung näherte, um dies zu inspizieren, gab meine Tochter ein kurzes Signal und drehte sich ab. Sie war selber verblüfft, dass dies ausreichte, damit ihr Kind von dem Regal abließ, ihr nachgekrabbelte und das Weinregal seitdem kein einziges Mal mehr angefasst hat. Das Signal war eindeutig zum richtigen Zeitpunkt einer sensiblen Phase angekommen.

Die sensiblen Phasen für die Ausprägung der Wahrnehmung des kindlichen Gehirns erklärt die folgende Grafik anschaulich. Sie zeigt, wie wichtig es ist, ab einem Alter von drei Monaten die Wahrnehmung des Babys von der nach/von innen gerichteten (intrinsischen) Steuerung allmählich auf die äußere (extrinsische) Steuerung zu lenken. Die Synapsen im Gehirn des Babys werden durch die entsprechende Stimulation, also dem Verhalten der Eltern, im Wachstum angeregt und stehen im Alter ab neun Monaten voll auf »Empfang« wenn Signale gesendet werden.

Soziobiologie

In den ersten drei Monaten

Das Baby sendet Signale

Die Eltern reagieren verlässlich auf die Signale des Babys und geben ihrerseits Signale: Bindungsprozess – Bonding – Sicherheit

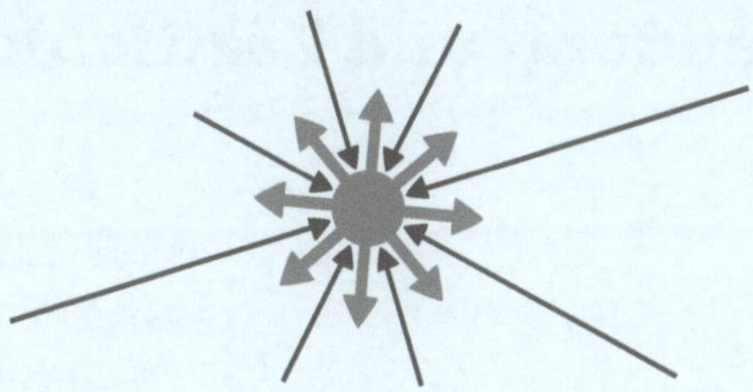

Ab drei Monaten

Das Baby schaltet zunehmend auf »Empfang«

Das Baby erfährt sich allmählich als von der Mutter getrennt. Es fängt an, auf die Signale aus seinem Umfeld zu achten. Eine Wechselwirkung setzt ein.

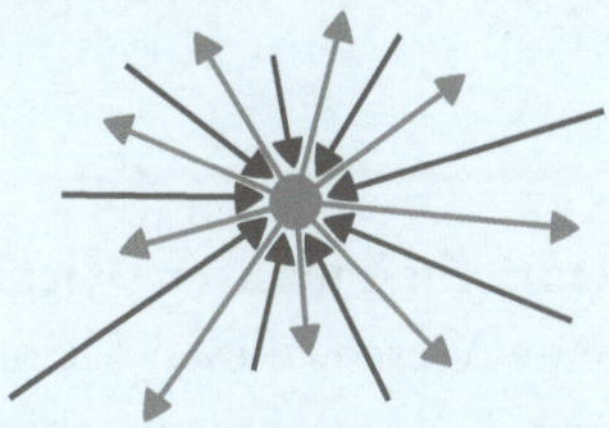

Ab neun Monaten

Die Eltern »senden«

Das Kind wird mobil: Für sein Überleben ist es nun lebenswichtig klare Informationen aus seinem Umfeld aufzufangen. Die Eltern senden – Das Kind steht auf Empfang.

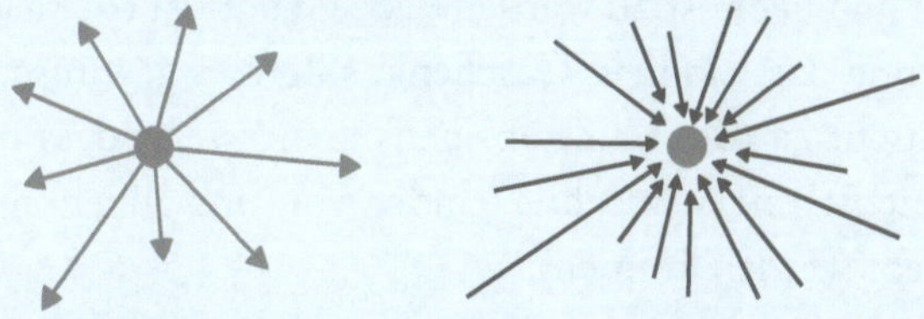

Zuwendung und Zärtlichkeit

Berührt, gestreichelt und massiert werden,
das ist Nahrung für das Kind.
Nahrung, die genauso wichtig ist
wie Mineralien, Vitamine und Proteine.
Nahrung, die Liebe ist.
Wenn ein Kind sie entbehren muss,
will es lieber sterben.
Und nicht selten stirbt es wirklich.

Frédérick Leboyer

Es gibt wohl kaum ein intensiveres Gefühl, als nach der Geburt dieses kleine Wesen, diesen kleinen Menschen in die Arme zu nehmen. Dieser Moment gehört zu den glücklichsten und schönsten für fast jede Mutter, wenn sie nicht zu erschöpft von der Geburt oder von Problemen belastet ist. Da ist dieser kleine Mensch, der etwas Göttliches, Wunderbares an sich hat, der vollkommen auf uns angewiesen ist, der uns vertraut. Er wartet nur darauf, von uns in die Arme genommen und liebkost zu werden. Jede Geburt ist ein kleines Wunder und das Kind ein Geschenk, sofern es gewünscht und erwünscht ist (das heißt übrigens keineswegs, dass nicht auch zunächst unerwünschte Kinder von uns angenommen und geliebt werden können).

Grundbedürfnisse eines Säuglings

Wenn ich mich gegen das Kind und die neue Aufgabe wehre, werde ich bald unzufrieden sein und alles wird zur Last. Verbünde ich mich hingegen mit dem Kind, im eigentlichen Sinne des Wortes, und nehme diese Babyzeit als Chance wahr, kann sie zu einer der schönsten und intensivsten Zeiten im Leben werden. Je mehr ich versuche, in der Anfangszeit mit dem Baby eins zu sein, mich mit ihm verbünde, es als einen Teil von mir ansehe, umso besser werde ich zurande kommen. So bekommt das Baby alles, was es braucht, es fühlt sich geborgen und glücklich und kann sich gut entwickeln.

Wenn ich mir das Baby aber vom Halse halten will, wird es umso mehr versuchen, sich an mich zu binden. Jeder vergebliche Versuch, sich vermehrt an mich zu ketten, veranlasst es zu weiteren Versuchen. Das Baby handelt dabei quasi triebhaft, um doch noch zu bekommen, was es braucht. Je mehr das Kind nun das zu bekommen versucht, desto mehr sieht sich die Mutter wiederum veranlasst, das Kind zurückzuweisen, aus Angst, es werde sonst noch fordernder. Es ist aber unsinnig, zu glauben, man müsse ein Kind in seine Schranken weisen, anstatt darauf zu vertrauen, dass ein gedecktes Bedürfnis ein abgelegtes Bedürfnis ist.

Der Säugling verlangt nur das, was er zu seinem und unserem Besten verlangen muss. Wenn wir also auf dieses Verlangen eingehen, geben wir ihm, was er braucht. Nach der Geburt kommt die zweite Schwangerschaft, die außerhalb der Gebärmutter nochmals ca. neun Monate dauert. Dann erst ist das Kind bereit, sich von der Mutter abzunabeln. Je weniger ich mich gegen diese Tatsache auflehne, desto besser komme ich mit ihr zurecht, desto friedlicher wird sich das Kind entwickeln und desto mehr Freude wird das Kind mir wieder zurückgeben.

Das Baby will uns mit seinem Duft betören

Ein Baby riecht so verführerisch, dass Parfümhersteller vor Neid erblassen könnten. Wenn man ein Kind mit parfümierter Seife und Shampoo wäscht oder einen parfümierten Badezusatz verwendet, nimmt man sich die Chance, das herrlichste aller Parfüms zu riechen, das Babys verschwenderisch verströmen. Sie fordern einen geradezu auf, sich von ihrem Duft betören zu lassen. Schnüffeln sie also ruhig an Ihrem Baby.

Das Baby nimmt Gerüche noch intensiv wahr. So könnte es seine Mutter allein an ihrem Geruch erkennen. Es ist also auch für die Mutter sinnvoll, sich möglichst nicht zu parfümieren.

Später spielen Gerüche eine untergeordnete Rolle: Seit unser Leben nicht mehr davon abhängig ist, dass wir unseren Feind riechen und unser Territorium markieren müssen, hat der Geruchssinn an Bedeutung verloren. Meistens nehmen wir Gerüche nur noch unbewusst und vage wahr. Starke Parfüms lassen unseren Geruchsinn verkümmern, unangenehme Gerüche lassen sich damit übertönen. Dass wir manche Menschen »nicht riechen« können, zeigt, welche Bedeutung unser Geruchsorgan einmal für unsere sozialen Beziehungen hatte.

Dass ein Baby uns so erfüllt, hat daher bestimmt auch etwas mit seinem Geruch zu tun. Der ganze Körper strömt einen wohlriechenden Duft aus, der mit dem Größerwerden des Kindes abnimmt. Lassen Sie sich also vom Wohlgeruch Ihres Babys betören, solange er währt!

Machen wir den Säugling zum Tragling

Liebe geht durch die Haut und wird vom Kind wie von einem Schwamm aufgesogen. Unsere Säuglinge sind, wenn sie geboren werden, physiologisch gesehen Frühgeburten. Man nimmt an, dass der menschliche Säugling nur deshalb so früh geboren wird, damit er mit seinem verhältnismäßig großen Kopf noch den Geburtskanal passieren kann. Eigentlich müsste er weitere neun Monate im Mutterleib verbleiben, um ein Entwicklungsstadium zu erreichen, das in etwa dem von Säugetieren bei der Geburt gleichzusetzen wäre.

Was heißt das für uns? Wir können uns bemühen, dem Säugling in dieser Zeit möglichst ähnliche Umstände wie in der Gebärmutter zu bieten. Tagsüber können wir ihn ins Tragetuch, Babybjörn, Manduca oder in andere Traghilfen nehmen. Dabei lassen sich Hausarbeit und eventuell auch Berufsarbeit ohne weiteres erledigen und für den Säugling bleiben der Rhythmus, die Bewegungen und der Tagesablauf die gleichen wie vor der Geburt. Das gibt ihm Geborgenheit und Vertrauen und er kann sich dem Neuen in einer sicheren Umgebung nähern. Wir tun damit auch uns selbst etwas Gutes, indem wir nämlich den kleinen Erdenbürger bei uns gut aufgehoben wissen. So entgehen wir dem Stress, noch schnell dieses und jenes erledigen zu müssen, bevor sich das Kleine wieder meldet. (Bekanntlich haben Kinder ja die dumme Angewohnheit, immer gerade in dem Moment zu schreien, in dem man etwas anpacken wollte.)

Wohlmeinende Ratgeber betonen immer wieder, man solle die Hausarbeit doch einfach liegen lassen und sich nur um das Neugeborene kümmern, da es volle Aufmerksamkeit und Liebe braucht. Leider steht in keinem Ratgeber, wie das durchzuführen wäre. Spätestens wenn nämlich der letzte saubere Teller gebraucht ist, wenn die Spüle überquillt, wenn kein frisches Hemd mehr da ist, das Badezimmer selbst eine erquickende Dusche nötig hätte, die Bettdecken der »Pechmarie« alle Ehre machen würden und man sich selbst im Spiegel kaum mehr erkennt, spätestens dann wird klar, dass die guten Ratgeber vergessen haben, gratis und franko eine Haushalthilfe bereitzustellen. Denn nur so lassen sich die guten Ratschläge auch befolgen, wenn man ein menschenwürdiges Dasein in seinen vier Wänden fristen möchte.

Die andere Möglichkeit ist, sich das Baby umzubinden. Anfänglich wird man es vorne tragen – aber so bald wie möglich sollten wir lernen, es auf den Rücken zu binden. Es möchte vor allem bei der Mutter sein, ihre Bewegungen spüren, ihre Haut, ihren Geruch und ihre Stimme wahrnehmen. Was sie macht, ist ihm ja seit langem schon bekannt. Es kann da wunderbar schlafen und auch im wachen Zustand wird es ihm nie langweilig. Sogar wenn es ganz fest an die Mutter gebunden ist, fühlt es sich wohl, es ist ja die Enge noch vom Bauch her gewöhnt und fühlt sich so sicher und geborgen. Wenn es Hunger hat, braucht es sich nur kurz zu melden und sein Bedürfnis wird gestillt. Bei alldem kann die Mutter zumindest im Haus ihrer gewohnten Tätigkeit nachgehen, das Kind ist viel ruhiger, schreit wenig bis gar nicht, leidet weniger unter den Dreimonatskoliken, schläft nachts ruhiger und kann sich gut entwickeln.

Auch hier können wir von Müttern aus indigenen Völkern lernen. Nicht mangels Kinderwagen oder anderer Möglichkeiten tragen sie ihre Babys auf dem Rücken, sondern weil sie spüren, dass es für die Entwicklung des Kleinen am besten ist. Sie tragen sie nicht nur, wenn sie gerade zum Markt oder zum Brunnen gehen, sondern auch, wenn sie stehende oder hockende Tätigkeiten verrichten, beim Waschen am See oder Fluss oder beim Maisstampfen, obwohl sie ihre kleinen Bündel genauso gut neben sich hinlegen und es sich ein bisschen bequemer machen könnten.

Immer wieder höre ich, auch von den Teilnehmerinnen meiner Kurse: »Mit diesem Blödsinn fange ich gar nicht erst an, ich werde doch das Kleine nicht jetzt schon so verwöhnen!« Babys zu tragen hat jedoch mit Verwöhnen nichts zu tun; es bedeutet nichts anderes, als ihrem natürlichen Bedürfnis zu folgen. Je mehr nämlich das natürliche Bedürfnis eines Babys gedeckt wird, desto vertrauensvoller schaut es in diese Welt, ist entzückt von ihr, findet sie lebens- und liebenswert, erstarkt und geht die Wege der Erziehung ohne ernste Probleme.

Evolutionsbiologisch gehören wir zu den Traglingen. Wir unterscheiden bei den Säugetieren zwischen Nesthockern und Nestflüchtern. Nestflüchter sind wesentlich weiter entwickelt als Nesthocker. Diese zeichnen sich durch eine intensive Brutpflege aus. In diesem Sinne gehören wir biologisch zu den Nesthockern. Aber der Mensch stammt ja bekanntlich von den Affen ab. Die Affen kennen kein Nest – die Bäume sind ihre Sicherheit und auf diesen sind sie mobil unterwegs. Also ist das Nest des Affenbabys der Körper der Mutter. Denn nur da findet das Junge die nötige Sicherheit. Da unser Gehirn archaisch aufgebaut ist, das heißt durch die Evolution gebildet und geprägt, reagieren auch unsere Babys auf das Getragenwerden äußerst positiv. Das ist der Ort, an dem sie sich sicher fühlen, keinen Stress haben und sich gut entwickeln können. Sobald die Affenjungen stark genug sind, klettern sie auf den Rücken der Mutter – so erklärt es sich, dass sich auch unsere Babys auf dem Rücken wohler fühlen, als wenn sie vor der Brust getragen werden.

Als Eltern können wir unseren Pflichten besser nachkommen, wenn das Baby auf unserem Rücken ist, als wenn es vor der Brust getragen wird. In keiner traditionellen Kultur wird man es erleben, dass Babys vor der Brust getragen werden. Diese Kulturen haben eine lange Tradition und es macht Sinn, dass wir diesen Umgang in unsere Kultur adaptieren. Das tut uns Westlern keinen Abbruch – ich glaube, es tut uns gut.

Franz Renggli schreibt in seinem Buch *Angst und Geborgenheit*: »Gegen Ende des ersten Lebensjahres beginnt das

Kind sich von der Mutter abzulösen, es kriecht von ihr weg, um die Umwelt zu erkunden und zu erforschen. Je sicherer sich das Kind im Besitz seiner Mutter weiß, desto sicherer und mit größerem Vertrauen wird es diesen Besitz aufgeben und loslassen, ja sogar lustvoll sich von der Mutter ablösen können, um die Umwelt zu erkunden. Dagegen sind ältere Kinder, die ständig an der Mutter kleben bleiben und sich dauernd an sie anklammern, so behandelt worden, dass sie nie ihre Mutter voll in Besitz nehmen durften und damit ständig Angst haben müssen, den wenigen Besitz, den sie beanspruchen durften, auch noch zu verlieren« (Renggli 1985: 91).

Tragen wir also unsere Säuglinge, wenn sie noch klein und leicht sind und wir sie noch tragen können. Es dauert nicht lange, bis sie auf dem Boden das Kriechen und Gehen lernen wollen und die Tragzeiten immer kürzer werden. Andernfalls hängen oft noch vierjährige Kinder am Rockzipfel ihrer Mütter und wollen ständig getragen werden, weil das Bedürfnis nie genügend gestillt worden ist.

Schaukeln und Wiegen fördern die Entwicklung

Wie wir wissen, ist für die Ausbildung des Gehirns gerade die Anfangszeit sehr wichtig. Alle Eindrücke geben Impulse zu Verdrahtungen und Vernetzungen.

Wenn ein Säugling getragen wird, empfängt er besonders viele Eindrücke; diese reizen die Gehirnzellen, sich entsprechend zu verdrahten, und helfen ihm später wesentlich dabei, ein soziales und integriertes Wesen zu werden. Im Unterbewusstsein werden alle Eindrücke, die jetzt auf das Neugeborene einströmen, registriert und zu dem verarbeitet, was schließlich das Wesen Mensch ausmachen soll.

Schaukeln ist also ein elementares Bedürfnis, das Gehirn kann sich durch Schaukelbewegungen besser entwickeln. Die Vernetzung der Gehirnzellen wird durch die ständigen Impulse enorm angeregt. Die Sinnesorgane werden geschärft, das Gleichgewicht wird konstant geschult, was später zur Folge hat, dass diese Kinder sich vielen Situationen gut anpassen können. Sie haben ein gutes Körpergefühl, das sich später nicht nur in sportlichen Leistungen ausdrückt. Auch Stresssituationen werden durch Schaukeln entschärft. Der Mensch findet seine Mitte.

Der Säugling sollte also an unserem Leben teilhaben dürfen. Dabei benötigt er nicht ständig unsere volle Aufmerksamkeit, braucht nicht Kopf an Kopf von uns herumgetragen zu werden. Es reicht ihm, wenn er irgendwo einen Platz an unserem Körper bekommt, beispielsweise auf dem Rücken der Mutter. Physisch und akustisch bekommt er genau mit, was die Mutter gerade macht, ob sie am Kochen, am Wäscheaufhängen oder am Schreiben ist. Er fühlt sich geborgen und wird geschaukelt und diese Geborgenheit lässt ihn bei Bedarf schlafen oder wachen. An diesem sicheren und geborgenen Ort läuft er auch nicht Gefahr, einer Reizüberflutung ausgesetzt zu sein, denn bei Bedarf schläft er einfach ein.

Kleinkinder, die praktisch ununterbrochen am Körper eines anderen Menschen getragen werden, erwerben ganz offensichtlich ein viel besseres Körpergefühl als andere. Durch das ständige Geschaukeltwerden muss sich der »Tragling« geistig und körperlich stets neu einstellen. Wenn sich die Mutter bückt, wenn sie geht, wenn sie kocht – alle diese Tätigkeiten beinhalten Bewegung, sodass sich der »Tragling« hinten immer wieder neu orientieren und neu anpassen muss. Ein »Tragling« erwirbt einen Körper, der um vieles beweglicher, aber auch von ihm kontrollierbarer und damit zuverlässiger ist als der Körper, über den die meisten Menschen der westlichen Welt verfügen.

Jean Liedloff beschreibt, wie die Yequana-Indianer in Venezuela schwindelfrei auf Baumstämmen über reißende Flüsse laufen und dabei noch schwere Lasten auf dem Kopf tragen können. Durch das stetige Schaukeln und Bewegen werden die Sinneswahrnehmungen stark geschult, der Gleichgewichtssinn wird stets gefordert und auf diese Weise intensiv ausgeprägt. Es ist also kein Wunder, dass wir die Geschmeidigkeit und elegante Beweglichkeit dieser Kulturen oft bewundern.

Schaukeln entspricht einem Grundbedürfnis des Säuglings, das wussten auch schon unsere Vorfahren. Eine Mutter aus einem meiner Kurse erzählte mir: »Wenn ich das Kind zum Schlafen hinlege, dauert es zehn Minuten, dann erwacht es und schreit. Wenn ich es hingegen auf meinen Rücken binde, kann es ohne weiteres vier bis fünf Stunden schlafen.« Es gibt zahlreiche verschiedene Wiegemöglichkeiten wie die wunderbaren alten Wiegen, die Hängematten, das Körbchen, das man zum Wiegen aufhängt, und nicht zuletzt die wiegenden Arme oder der wiegende Körper der Mutter oder anderer Personen.

Gewiegtwerden beziehungsweise Schaukeln bereiten auch später noch Kindern jeglichen Alters Vergnügen.

Auch Erwachsene setzen sich ab und zu gerne in einen Schaukelstuhl oder legen sich in eine Hängematte und genießen die leicht schaukelnden Bewegungen. Mittlerweile ist der heilende Effekt des Schaukelns auch bei älteren Menschen wissenschaftlich belegt.

Säuglinge suchen Halt

Innerhalb der Gebärmutter ist der Fötus umschlossen und lebt in der Begrenzung des ihn schützenden Uterus. Wir können annehmen, dass das eine sehr schöne, tröstliche und Sicherheit vermittelnde Erfahrung ist. Mit der Geburt verändert sich die Lage des Kindes, die tragenden und stützenden Elemente fallen weg, Gefühle des Fallens, der Haltlosigkeit werden zu einer beängstigenden, erschreckenden Erfahrung. »Wir werden mit nur zwei natürlichen Ängsten geboren«, schreibt die Ärztin und Sterbeforscherin Elisabeth Kübler-Ross, »der Angst des Fallens und der Angst vor lauten Geräuschen. Alle anderen Ängste sind unnatürlich und werden von ängstlichen Erwachsenen auf Kinder übertragen« (Kübler-Ross 2004: 68).

Es kommt also nicht von ungefähr, dass fast alle Säuglinge in erschreckenden, beängstigenden Momenten klar zeigen, dass sie Angst haben zu fallen. Sie reißen Mund und Augen weit auf und strecken die Arme Hilfe suchend in die Höhe. Das ist der Moro-Reflex. Entwicklungsgeschichtlich diente er dazu, durch das Nachgreifen bei Gefahr einen sicheren Halt im Fell der Mutter zu bekommen. Man kann dies bei Primaten auch heute noch gut beobachten. Ein lautes Geräusch, Ausziehen oder auch nur Hinlegen können dieses Verhalten auslösen. Es empfiehlt sich deshalb, den Säugling über eine Spirale, das heißt seitlich abrollend, hinzulegen oder aufzunehmen. Beobachtungen haben gezeigt, dass Säuglinge dann nicht mehr erschrecken. Da sein Kopf verglichen mit dem Körpergewicht sehr schwer ist, spürt das Baby vermutlich, dass es alleine hilflos wäre, wenn die stützenden Arme weggenommen würden, und streckt daher Hilfe suchend seine Arme aus. Auffallend ist, dass ein Baby nur dann so reagiert, wenn man es von sich weg – also rückwärts – hinlegt. Stemmt man es mit beiden Armen in die Höhe und nimmt es schnell zu sich herunter, quietscht es vor Vergnügen. Der Säugling sucht und braucht Halt. Den besten und sichersten Halt findet er auf dem Rücken seiner Betreuungspersonen. Von dieser Festung aus, die ihm uterusähnliche Bedingungen gibt, kann er nun in aller Ruhe und Geborgenheit seine Außenwelt kennen lernen und sich ganz allmählich an größere Räume und Distanzen gewöhnen.

Zufriedene Kinder – zufriedene Erwachsene

Betrachtet man andere Kulturen, liegt die Vermutung nahe, dass ein Zusammenhang zwischen kulturell vorherrschenden Verhaltensweisen und der Art der frühkindlichen Versorgung besteht. Die Menschen der Völker, bei denen die Säuglinge rund um die Uhr getragen werden, bei denen die Bedürfnisse der Säuglinge in vollem Umfang gestillt werden, sind häufig offener, kommunikativer, gelöster, freundlicher, lachen öfter und sind weniger gestresst als andere. Die Gemeinschaft steht im Vordergrund, das Individuum tritt für die Gemeinschaft zurück. Natürlich zeigen auch die Kinder schon diese Merkmale. Sie sind in ihrer Gemeinschaft ruhig, nicht streitsüchtig; weinende oder schreiende Kinder sind sehr selten. Sie sind hilfsbereit, Neid und Eifersucht gibt es nicht, wenigstens nicht offensichtlich, und sie lachen und spielen in gutem Einvernehmen zusammen. Durch die Liebe, die Zuversicht, das Getragenwerden und die vollkommene Befriedigung ihrer Bedürfnisse erwerben diese Kinder eine Sicherheit, die sie fürs Leben stark macht, die sie auch gegen widrigste Umstände lebens- und überlebensfähig macht. Hier sei aber angemerkt: Diese Kulturen stillen die Bedürfnisse ihrer Kleinsten sofort, aber ohne viel Aufhebens. Sie tun nicht mehr oder weniger als das, was das Kleinste für den Moment braucht. Das Kleine steht nicht im Mittelpunkt. Den Mittelpunkt bildet die Arbeit oder das, was die Frauen sonst zu tun haben. So lernt das Kind schon früh, dass es sich nach der Mutter auszurichten hat – nicht umgekehrt. Dies ist ein ganz entscheidender Faktor, der im starken Gegensatz zu unserer Kultur steht, in der dies anders gehandhabt wird. Mehr über diesen großen Fehler im Kapitel »Der kindliche Nachfolgewille«.

Hello nappy – der bio-logische Weg aus der Windelfalle!

Reinlichkeit ist ein von der Natur angelegter Entwicklungsschritt, der richtig stimuliert werden will.

Ich bezeichne mich als Urmutter von »Windelfrei« *(hello nappy),* da ich die Erste war, die über dieses Thema berichtet hat und die Zusammenhänge anhand einer sensiblen Phase erklärte. Als dieses Buch 1997 erstmals herauskam, stand mir noch kein anderer Begriff zur Verfügung als »die frühe Reinlichkeit von Säuglingen«. Mittlerweile hat sich der Begriff »Windelfrei« etabliert. Neu habe ich den Begriff: *»hello nappy* – der bio-logische Weg für dein Baby« geprägt. Denn »windelfrei« ist in meinen Augen ein falscher Ausdruck. Es geht nicht darum, sein Baby ohne Windeln aufzuziehen. Viele Eltern fühlen sich mit dem Begriff unter Druck gesetzt, denn sie meinen, es nur komplett ohne Windeln gut zu machen. Das ist Quatsch. Babys scheiden nun mal sehr häufig aus. Aber Abhalten und wenn möglich mit Stoffwindeln wickeln macht Sinn. Viele Foren und Informationsquellen, die hierzu im Internet entstanden sind, wissen in der Regel nicht, welchen Ursprung dieser Ansatz hat. Gemerkt habe ich dies auch, als ich 2012 die »Studie zur frühen Reinlichkeit« durchführte und veröffentlichte (www.rita-messmer.ch und www.epm-paedagogik.ch). Auf dieser Webseite finden Sie auch weiterführende Videos – *hello nappy*-Videos und ein elearning-Programm mit allen wichtigen Informationen zum Thema.

Als ich erstmals über die frühe Reinlichkeit berichtete, dachte ich, es wäre nur eine Frage der Zeit, bis alle Bescheid wüssten und die Mütter wieder mit dem Abhalten ihrer Babys anfangen würden. Inzwischen weiß ich, wie heikel das Thema ist. Ich will hier keine psychologische Abhandlung schreiben, wieso dem so ist. Aber es ist auffallend, wie viele Menschen sich diesem Thema gegenüber verhalten, richtiggehend verschlossen sind. Vermutlich ist die Ursache mit einer grundlegenden Ablehnung unserer eigenen Körperlichkeit, der natürlichen Bedürfnisse des Menschen begründet. Einnässen und Inkontinenz sind folglich stark tabuisiert.

Umso mehr freut es mich, heute zu sehen, wie immer mehr Menschen sich diesem Thema öffnen. Nicht zuletzt, weil Kinder immer älter werden, bis sie trocken sind, und einige es gar nicht mehr schaffen. In meiner Praxis begegne ich Zehn-, Zwölf-, und Vierzehnjährigen, die noch nicht sauber sind. Dahinter stecken längst nicht nur Bettnässer. Dahinter sind Töpfchenverweigerer, Kinder, die inkontinent oder verstopft sind, die ihren Stuhlgang ausschließlich in eine Windel verrichten, die jegliches Gefühl für ihre Ausscheidungen verloren haben, bis hin zu Schulkindern, die alle ihre Ausscheidungen ausschließlich in eine Windel verrichten. Und damit einhergehend sind massive psychische Störungen. Viele Kinder sind regelrecht auf die Windel konditioniert bis geprägt.

Ausscheidungsreflex

Mittlerweile ist offensichtlich, dass es sich bei diesem frühen Entwicklungsschritt nicht nur neurologisch um eine sensible Phase handelt, sondern dass die Reaktion des Babys auf das

Abhalten zu den frühkindlichen Reflexen gezählt werden muss.

Vom ersten Lebenstag an versucht der Säugling auszuscheiden, wenn er in eine bestimmte Position, der sogenannten Abhalteposition, gebracht wird. Dieser Reflex verliert sich mit dem 3. oder 4. Lebensmonat.

Der Ausscheidungsreflex gehört physiologisch zu den frühkindlichen Reflexen und ist biologisch angelegt. Er ist unbedingt, unkonditioniert, angeboren und bei der Geburt voll ausgereift. Als frühkindlicher bzw. primitiver Reflex oder Primitivreflex (engl. »neonatal reflex«) wird in der Medizin ein typisches und reproduzierbares Reaktionsmuster auf gezielte äußere Reize bezeichnet. Diese Reize laufen ohne Beteiligung des Großhirns ab. Diese Reflexe haben überlebenssichernde Funktionen, um wichtiges Verhalten in den ersten Lebensmonaten unwillkürlich (instinktiv) zu steuern, um dann mit der Reifung des Nervensystems und der Entwicklung des Großhirns allmählich in eine willkürliche Steuerung übergeführt werden zu können. Ihnen muss eine ganz besondere Bedeutung zugemessen werden.

Eine Stimulation dieses Ausscheidungsreflexes ermöglicht der Physiologie eine biologische Vernetzung und Koordination dieses Prozesses. Säuglinge lernen schnell, ein Gefühl für ihre Ausscheidungen zu entwickeln und diese willkürlich zu steuern. Wenn ausgeschieden wird, geschieht das willkürlich. Somit entleeren schon kleine Babys ihre Blase und Darm vollkommen wenn sie abgehalten werden – was nicht unwesentlich ist.

- Rezeptoren am Bauch melden, dass der Weg jetzt frei ist, wenn das Baby entblößt wird. Aber die Erfahrung, dass es abgehalten wird, lässt das Baby mit dem Ausscheidungsreflex warten, bis es am Waschbecken oder an einem gewissen Örtchen ist.

- Eine ***entsprechende Halteposition*** ist der notwendige Reiz, den es braucht, damit der nächste Schritt abläuft.
- Dieser Reiz löst den Impuls zum Ausscheiden aus – der ***Ausscheidungsreflex*** wird gestartet. (Der innere Sphinkter öffnet sich, äußerlich gut sichtbar wird der After geöffnet.)
- Ein Signal bzw. ein ***Schlüssellaut*** – wie zum Beispiel »Pssss«, das Wasserlaufen am Waschbecken oder das Fließenlassen von Wasser über die Genitalien des Babys – wirkt stimulierend, es verstärkt den Reiz.

Das Nervensystem bedient sich sogenannter neuronaler Schaltkreise, um ein Verhalten zu steuern. Diese Schaltkreise sind hierarchisch organisiert – das heißt, sie bauen auf den jeweils vorhergehenden Schaltkreisen auf. Erfahrungen üben einen tiefgreifenden Einfluss auf das Gehirn und damit auf das Verhalten aus. Wenn die Wirkung von Erfahrungen auf das Gehirn während eines begrenzten Zeitraums in der Entwicklung besonders stark ist, wird dieser Zeitraum als sensible Phase bezeichnet. In solchen Phasen sind die gemachten Erfahrungen von besonderer Bedeutung, denn sie leiten die neuronalen Schaltkreise an, sich zu vernetzen. Das heißt, die gemachten Erfahrungen liefern Informationen; diese werden in adaptiver Weise verarbeitet und neuronal dargestellt.

Bedeutung: Daraus erkennen wir, dass die frühen Erfahrungen, die ein Säugling macht, entscheidende Einflüsse auf das sich aufbauende Nervensystem haben. Das betrifft besonders das hochkomplexe Verdauungs- und Ausscheidungssystem. Damit sich dieses optimal orchestrieren kann, sollten wir diesen frühkindlichen Reflex beachten. Denn frühkindliche Reflexe und deren Stimulation sind die Grundlagen für ein später gut funktionierendes Zentrales Nervensystem.

Außerdem: Die Vorstellung, dass ein Baby ganz schnell abgehalten werden muss, dass es pressiert, wenn es entkleidet wird, ist völlig falsch. Falls es doch mal auf dem Wickeltisch laufen lässt, wenn man die Windel öffnet, ist es ihm sogar möglich, den Urinstrahl zu stoppen, falls die Eltern schnell ein entsprechendes Signal geben.

Dreimonatskoliken

Säuglinge, die abgehalten werden, entwickeln praktisch keine Koliken. Das lässt vermuten, dass entsprechende Rezeptoren dem Gehirn melden, dass der Stuhl nicht ausgeschieden werden darf. In der Medizin gilt für einen gestillten Säugling eine Stuhlfrequenz von 8- bis 12-mal pro Tag bis hin zu 1-mal in 3 bis 4 Wochen als normal (https://www.rosenfluh.ch/paediatrie-2016-06/obstipation-im-kindesalter-2). Doch das widerspricht den gemachten Erfahrungen in der Praxis.

Abgehaltene Säuglinge stuhlen täglich mehrmals. Kommt beim Abhalten kein Stuhl, entweichen dafür oft hörbar Verdauungsgase, so dass keine Blähungen entstehen.

Es ist gut erkennbar, dass Babys dann ausscheiden, wenn man die Windel öffnet. Die Rezeptoren befinden sich vermutlich am Bauch. Mütter, die ihr Baby tragen, stellen fest, dass sich ihr Baby nie besser meldet, als wenn es getragen wird: (https://pubmed.ncbi.nlm.nih.gov/24962210/ Elimination communication as colic therapy)

Gastrokolischer Reflex

Aus der Biologie ist der Gastrokolische Reflex bekannt. Sobald Nahrung im Mund aufgenommen wird, melden entsprechende Rezeptoren dies dem Gehirn, worauf der Verdauungsapparat zu arbeiten beginnt. Deshalb scheiden Säuglinge während des Stillens oder unmittelbar danach aus. Das Baby hört auf zu trinken, macht akustische Geräusche, fängt an, an der Brustwarze zu ziehen und nimmt intensiven Augenkontakt auf. Das ist das Signal zum Ausscheiden. Deshalb halten viele Mütter ihr Baby nach dem Schlafen ab, hüllen es dann nur in ein Frottiertuch, um beim Stillen nicht erst lange die Windel öffnen zu müssen, und wickeln erst nachher. Hilfreich ist hier das Asia-Töpfchen. Man klemmt dieses zwischen die Oberschenkel, setzt das Baby darauf, stützt es mit dem eigenen Bauch – die eine Hand fasst das Baby um den Bauch, die andere stützt die Füßchen. Babys nehmen gerne Kontakt mit den Füßchen auf. Das Asia-Töpfchen soll beim Stillen nicht einfach unter das Gesäß des Babys geschoben werden, denn Stillen und Ausscheiden müssen neurologisch getrennt werden. Viele Babys scheiden sonst nicht mehr aus, ohne gleichzeitig an der Brust zu nuckeln.

Impulskontrolle und das Abhalten des Babys

Die Impulskontrolle ermöglicht ein Warten und Halten des Urins, die Blase vergrößert dadurch ihr Volumen.

Zusätzlich werden alle damit in Zusammenhang stehenden Muskeln trainiert – was für einen gesunden Beckenboden nicht unwesentlich ist. Das Baby verfügt zum Ausscheiden bereits über eine angeborene Impulskontrolle. Es scheidet nicht einfach im Schlaf aus. Entsprechende Neurotransmitter (Botenstoffe) lassen den Säugling unruhig und wach werden, er fängt an zu weinen (gibt ein Signal). Das antidiuretische Hormon (ADH) sorgt dafür, dass im Schlaf weniger Urin in die Blase gelangt, damit wir längere Schlafphasen überstehen können, ohne urinieren zu müssen. Der innere Blasenschließmuskel bleibt dabei verschlossen. Wenn Eltern darüber Bescheid wissen, halten sie ihr Baby ab, bevor sie nachts stillen. Nachts werden die Signale des Babys oft am besten wahrgenommen, weil es da keine weiteren Ablenkungen gibt. Mütter erzählen, dass es oft reicht, das Baby abzuhalten, und dass es ohne zu stillen wieder einschläft. Nicht Hunger hat das Baby wach werden lassen, sondern das Ausscheidungsbedürfnis.

Natürliche Bedürfnisse

Um es gleich vorweg zu sagen: Es ist das Einfachste, das Natürlichste, das Schönste, was Sie mit Ihrem Baby in Berührung, in Verbindung, in Kommunikation bringt. Nichts stärkt die Bindung so stark, als wenn wir unserem Kind in seinem Bestreben, seine Körperfunktionen unter Kontrolle zu bringen, beistehen können. Das Baby will und das Baby braucht seine Eltern dazu. Und für alle Eltern ist diese Erfahrung und diese Begleitung ihres Nachwuchses eine große Bereicherung, äußerst beglückend und erfüllt sie selber mit Stolz.

Über Reinlichkeitserziehung ist schon viel geschrieben worden, und noch mehr wurde falsch gemacht. Auf der einen Seite stehen oft die Großmütter, die dazu drängen, das Enkelkind frühzeitig auf den Topf zu setzen. Auf der anderen Seite Psychologen, die jegliche Reinlichkeitserziehung dramatisieren und den Müttern weißmachen wollen, ein Kind könne bis zum Alter von zwei oder Jahren seine Blase nicht kontrollieren und es sei ganz normal, wenn es bis dahin in die Windeln macht. In jüngster Zeit – so erzählt man mir – ist es oft schon die eigene Mutter, die ihre Tochter vom Abhalten des Babys abhalten will.

Betrachten wir das Problem unverkrampft, so sind Urinieren und Stuhlen so natürliche Vorgänge wie Essen und Trinken: Oben geht es hinein, unten kommt es wieder heraus. Die Vorgänge sollten also nicht übermäßig problematisiert werden. Zwang ist bestimmt das falsche Mittel und schafft neue Probleme bzw. verstärkt bereits vorhandene. Zwang ist ohnehin in sämtlichen erzieherischen Fragen nie das adäquate Mittel.

Es scheint mir auch evolutionsbiologisch keinen Sinn zu machen, dass unsere Spezies Windeln braucht, wo sonst in der Natur schnell ein Reinlichkeitsverhalten praktiziert wird, das ohne Hilfsmittel auskommt. Kein Säugetier setzt sich freiwillig in den eigenen Kot – nicht einmal Kaninchen oder Meerschweinchen in Stallhaltung. Sie wählen dafür eine eigens ausgesuchte Ecke. Zudem nehmen alle Säugetiere »Stuhl« als stinkend wahr, was evolutionsbiologisch heißt, dass wir uns möglichst davon fernhalten und ihn nicht an unserem Körper herumtragen sollten. Die Ausscheidungen spontan an Ort und Stelle fallen zu lassen, ist auch keine Lösung. Denn wieso sollten Menschen noch jahrelang ihr »Nest« beschmutzen, während Tiere schon bald eine gewisse Empfindlichkeit an den Tag legen? Der Effekt von Windeln ist sicher nicht der Gipfel der Evolution, sondern eher eine Form von Regression. Es muss also noch andere Wege geben.

Wenden wir uns wieder indigenen Völkern in Afrika, Amerika und Asien zu, die ihre Babys traditionell auf dem Rücken tragen. Sie lassen ihren Nachwuchs, den sie zum Teil nackt in Tragtüchern bei sich haben, keineswegs auf den eigenen Körper pinkeln und stuhlen. Diese Menschen reagieren auf das Geschäft ihrer Kleinsten sehr sensibel. Das Baby scheint durch sein Verhalten der Mutter zu signalisieren, dass es muss. Die Mutter schwenkt es schnell aus dem Tragetuch und hält es über den Wegrand, wo es sein Geschäft erledigen kann. Anschließend wird der Säugling wieder auf den Rücken gebunden und die Mutter geht weiter ihrer Beschäftigung nach. Wird sie versehentlich doch einmal nass gemacht, wird sie häufig von anderen Frauen ausgelacht und gilt als schlechte Mutter. Indigene und nicht-industrialisierte Völker, d.h. der Großteil der Menschheit, braucht bis heute keine Windeln. Ich vermute aber, dass es der Westen eher schafft, ihnen unsere Windelkultur zu bringen, als von ihnen zu lernen, wie man Babys abhält. Sie sind gerade auf dem besten Weg dazu. In Elternforen z.B. in China wird nicht nur viel Windelwerbung gemacht, sondern junge Mütter werden sogar davor gewarnt, auf ihre Mutter oder Großmutter zu hören, denn mit Abhalten würden sie ihrem Baby schaden. Ironie des Schicksals, so kann man sagen, trifft sich das sogar mit unserer immer noch geltenden medizinischen Lehrmeinung, wonach Babys bis zum Alter von 18 Monaten ihre Ausscheidungsorgane nicht kontrollieren könnten.

Der Vorteil der oben genannten indigenen Völker ist gewiss, dass sie, oder zumindest das Kind, nackt sind und so ein viel besseres Gespür für die Körpervorgänge des Kindes entwickeln können. Die Kinder sind auch schnell mit ein wenig Wasser gereinigt, und dem ganzen Vorgang wird kaum Beachtung geschenkt, wodurch er nie den Stellenwert und die Komplexität erreicht wie bei uns.

Ich hatte selber die Möglichkeit, Erfahrungen mit indigenen und traditionellen Kulturen zu machen und ihr unverkrampftes Verhältnis zu Kindern zu beobachten. Also dachte ich: Was ihnen heilig ist, ist mir billig und machte mit meinen eigenen Kindern die Probe auf Exempel. Es zeigte sich schnell, dass die Behauptungen vieler Psychologen und Pädiater nicht stimmen konnten. Schon die beiden Mädchen machten nach ihrem Schlaf aufs Töpfchen und wurden sehr früh sauber. Ich fing also in immer früherem Alter an, die Kinder abzuhalten. Meinen Sohn Stefan hielt ich mit knapp drei Monaten über die

WC-Schüssel und hieß ihn Pipi machen. Für den Topf war er noch zu klein, denn er konnte noch nicht alleine sitzen, also machte ich es wie die Frauen bei indigenen Völkern – anstatt über den Wegrand hielt ich ihn einfach über die Toilette. Ich hatte kaum fertig gesprochen, als sich auch schon ein kleiner Springbrunnen in die Schüssel ergoss.

Zuerst dachte ich, dies sei ein Zufall. Als sich die Szene aber immer wieder auf die gleiche Weise wiederholte, konnte kein Zufall mehr im Spiel sein. Ich konnte auch feststellen, wie er jedes Mal nach dem Windelöffnen geradezu darauf wartete, über die WC-Schüssel gehalten zu werden.

Unzählige Mütter haben dieses Verfahren mittlerweile ausprobiert und mit Erstaunen festgestellt, dass es auch bei ihnen klappt. Viele dieser Mütter begannen kurz nach der Geburt, ihr Kind zum Pinkeln an einen dafür geeigneten Ort zu bringen, oft schon in der ersten Lebenswoche (manchmal zum Entsetzen des Klinikpersonals). Christa Nänni erzählt rückblickend:

> Von »Windelfrei« erfuhren wir leider erst nach Abschluss der sensiblen Phase für die Reinlichkeitserziehung unseres ersten Kindes. Dies motivierte uns, bei den nachfolgenden drei Kindern bereits in den ersten Tagen dieses Experiment zu starten, und wir waren gespannt auf die diesbezüglichen Veränderungen gegenüber unserem ersten Kind. So hielten wir sie schon in den ersten Lebenswochen über das WC, meistens vor jedem Stillen und Windelwechseln. Dazu sagten wir »Psssss« und schon erledigten sie sehr zuverlässig ihr Geschäft, einfach genial. Da wir unsere Kinder sehr oft im Tragetuch trugen, spürten wir auch schnell, wenn sie unruhig wurden oder »Äh, äh« machten, und hielten sie auch dann über das WC. Aus unse-

rer Sicht haben sich die Kinder dabei sehr wohl gefühlt, denn oft belohnten sie uns mit einem Lachen, mit lautem Geplauder oder mit einer großen Zufriedenheit. Sie waren schon in den ersten Lebensmonaten über längere Zeit trocken und die Windelmenge reduzierte sich stark. Dazwischen gab es immer wieder Phasen, in denen die Kinder den Rücken fest durchstreckten oder vermehrt in die Windeln machten. Meistens hatte dies aber damit zu tun, dass wir ihre Unruhe ignorierten oder sie am Zahnen waren. Als die Kinder dann selbst mobil wurden, krochen sie in das Badezimmer, machten ›Äh, äh‹ und zeigten uns so, dass sie gerne ihr Geschäft erledigen würden. So waren sie denn auch mit eineinhalb bis zwei Jahren rund ein Jahr früher trocken als unser erstes Kind, das ohne Windelfrei-Methode aufgewachsen war. Zugegeben, so kleine Unterhosen zu bekommen ist nicht ganz einfach! Wir sind begeistert von dieser Methode, es ist alles so selbstverständlich und natürlich gelaufen.

Die Erfahrung zeigt: Je früher dem Baby die Möglichkeit gegeben wird, die Kontrolle für sein Geschäft selbst zu übernehmen, desto besser wird die entsprechende sensible Phase zum Erlernen von Reinlichkeit stimuliert und genutzt.

Immer wieder muss ich betonen, dass die Eltern sich bewusst sein sollten, dieses »Ereignis« als völlig normal und natürlich einzustufen und keine Aufregung zu verursachen. Ausscheidungen sind ebenso natürlich wie Essen und Trinken; da machen die Eltern auch nicht jedes Mal ein großes Aufheben, das nur dazu führt, dass sich das Kind eines Tages verweigert.

Daniela kam mit ihrer Tochter Monja, als diese fünf Wochen alt war, zu mir in den Babymassagekurs. Von mir auf diese sensible Phase hingewiesen, wollte sie es gleich zu

Hause ausprobieren – und es funktionierte auf Anhieb. Bis Monja zwei Monate alt war, hielt Daniela sie bei jedem Windelwechseln übers WC. Oft stellte sie fest, dass ihre Tochter beim nächsten Windelöffnen noch trocken war. So konnte sie die Kleine nur in Strampelhöschen gepackt ins Tragetuch schlingen und sich umbinden. Daniela trägt das Baby auch im Tragetuch, wenn sie in ihrer eigenen Praxis arbeitet. Jedes Mal, wenn Monja muss, macht sie mit einer gewissen Unruhe und einem feinen Piepslaut auf sich aufmerksam. Reagiert die Mutter nicht sofort, wird der Piepslaut intensiver. Seit Monja zwei Monate alt ist, trägt sie tagsüber keine Windeln mehr. Ihre Mutter hat sie während eines Monats nur dreimal nass gemacht und in der Nacht bleibt sie auch schon bis in die frühen Morgenstunden trocken.

Es steht fest, dass diese sensible Phase Ende des dritten Lebensmonats »ausläuft«, d.h. zu Ende geht. Dann weigern sich die Babys und wollen ihr Geschäft weiterhin da erledigen, wo sie es gewohnt sind. Das könnte heißen, dass sie früh gelernt haben, dass man alles an Ort und Stelle fallen lässt, und wollen es auch weiterhin so halten.

In vielen Elternratgebern wird mit Hartnäckigkeit darauf hingewiesen, dass ein Kleinkind seine Blase noch nicht beherrschen könne und frühes Training daher unsinnig oder sogar schädlich sei. Ich bin mit den Psychologen einig und gebe ihnen in dieser Einschätzung Recht, wenn nicht beizeiten auf die natürlichen Instinkte des Kindes eingegangen wurde. Dann kann ein frühes Reinlichkeitstraining problematisch werden, vor allem wenn es gegen den Willen des Kindes geschieht. Man sollte Kinder nie mit Druck- oder Machtmitteln zur Reinlichkeit zwingen.

Es ist aber sicher falsch zu behaupten, ein Säugling könne seine Blase nicht kontrollieren. Wir müssen uns bewusst sein, dass wir mit Windeln ein falsches Verhaltensmuster prägen und die Babys geradezu dazu trainieren und konditionieren, in die Windeln zu machen, was sie dann später mühsam umlernen müssen. Es ist jedoch unproblematisch, wenn man sich in der ersten Zeit nach der Geburt mit Windeln behilft, bis sich alles ein bisschen eingespielt hat.

Wir können es uns aber, wenn wir die sensiblen Phasen und den Ausscheidungsreflex kennen, wahrnehmen und darauf eingehen, viel einfacher machen – ganz abgesehen von dem Wohlgefühl, das wir unserem Baby geben, wenn es die Verantwortung für sein »Geschäft« selbst übernehmen kann.

Was passiert im Gehirn?

Ein nicht zu vernachlässigender Faktor ist: Wir haben keine Bilder mehr von abhaltenden Müttern oder windelfreien Babys. Dafür haben wir ein standardisiertes Bild von windeltragenden zuckersüßen Babys. Die Werbung hat gute Arbeit geleistet. Selbst Mütter, die davon erfahren haben, dass es »*hello nappy*« gibt und wie es funktioniert, sagen mir oft: »Ich habe es nicht geglaubt. Erst als ich es mit meinem Kind aus purer Neugier ausprobierte, war ich überzeugt.«. Wir glauben, was wir sehen! So ist es durchaus verständlich, warum sich die Gesellschaft so schwer tut mit »*hello nappy*«. Es stehen uns ganz einfach keine Vorbilder mehr zur Verfügung. Aufmunterung und Zustimmung bekam ich in letzter Zeit häufig von Großmüttern, die auf die Veröffentlichung der Reinlichkeitsstudie und auf die Pressemitteilungen mit Zustimmung reagierten: »Das haben wir doch früher auch so gemacht!«

Schauen wir uns das Ganze doch einmal differenziert an. Oft wird von frühem Training gesprochen. Ich wehre mich gegen diesen Begriff, denn mit Training hat die frühe Reinlichkeit oder »*hello nappy*« nichts zu tun. Es ist ein großer

Unterschied für das Gehirn, ob ich etwas trainiere oder eine Entwicklungsphase – eine sogenannte sensible Phase oder in diesem Fall sogar einen frühkindlichen Reflex – nutze. In beiden Fällen wird das Gehirn stimuliert und vernetzt, aber nur in der sensiblen Phase fließen, wenn die Erziehung auf die Entwicklung abgestimmt ist, die Informationen mühelos und mit Leichtigkeit ins Gehirn und werden entsprechend vernetzt. Das Gerüst dieser Vernetzungen, die in einer sensiblen Phase gemacht wurden, können dann für weitere Lern- oder Trainingsimpulse genutzt werden. Neueste Studien über sensible Phasen weisen darauf hin, wie tiefgreifend der Einfluss auf das sich entwickelnde Gehirn ist, denn die Erfahrungen müssen auf jeden Fall von besonderer Art sein und innerhalb eines bestimmten Zeitraums stattfinden. Denn sensible Phasen sind hierarchisch aufgebaut. Daran kann das Gehirn dann anknüpfen. Deshalb ist es von großer Bedeutung, den Unterschied zu kennen. Wir unterscheiden heute zwischen sensiblen und kritischen Phasen.

Sensible Phasen sind hierarchisch organisiert, kritische Phasen sind irreversibel. Kritische Phasen sind eine besondere Klasse von sensiblen Phasen, die zu irreversiblen Veränderungen der Gehirnfunktion führen. (https://direct.mit.edu/jocn/article-abstract/16/8/1412/3895/Sensitive-Periods-in-the-Development-of-the-Brain)

Ich möchte dies mit einem Beispiel illustrieren: Ich sah im Fernsehen eine Dokumentation über eine Frau, die blind zur Welt kam. Im Erwachsenenalter war die Medizin so weit fortgeschritten, dass man diese Blindheit hätte operativ korrigieren können. Die Frau wurde operiert – aber nicht etwa mit dem Ergebnis, dass sie jetzt sah. Das Auge sendete ganz einfach Millionen von Lichtimpulsen an das Gehirn, ohne dass daraus ein Bild entstand. Die entsprechende kritische Phase war längst vorbei und vom Gehirn einfach nicht mehr wettzumachen. Schließlich brauchen wir zum Sehen nicht nur die Augen, sondern vor allem das Gehirn. Das Auge ist lediglich das Medium, um Lichtreize aufzufangen und an das Gehirn weiterzuleiten. Das Gehirn sortiert: An einem Ort werden Farben gespeichert, an einem anderen Formen usw. Wie das Bild, so wie wir es sehen, letztlich zustande kommt, wissen wir bis heute nicht. Und so verhält es sich auch mit den anderen Sinnesorganen. Wir hören nicht allein mit den Ohren, riechen nicht allein mit der Nase, schmecken nicht allein mit dem Mund, fühlen nicht allein mit der Haut, denn diese sind lediglich Sinnesorgane (Mittler), die Reize ans Gehirn leiten. Das Gehirn verarbeitet diese Reize, Signale oder Impulse und sagt uns dann, was wir sehen, hören, riechen, schmecken oder fühlen. Im Falle der blinden Frau musste man die Operation rückgängig machen, denn die vielen Lichtimpulse, die ihr Gehirn überfluteten, machten sie fast wahnsinnig.

Im Unterschied zu Sinnesreizen, die nur in einer sensiblen Phase, also zu einem ganz bestimmten Zeitpunkt in der Entwicklung, vernetzt werden, kann der Lernschritt zur Reinlichkeit auch kognitiv nachgeholt werden. Dann ist die Rede von »Töpfchen-« und »Toilettentraining«, bei dem ganz bewusst etwas eingeübt wird. Dieses Vorgehen unterscheidet sich grundlegend von der Stimulation der sensiblen Phasen oder des Ausscheidungsreflexes, die genetisch angelegt sind. Hier geschieht die Prägung analog zur Natur.

»Kleine Kinder brauchen den richtigen Input, denn dieser strukturiert die sich im Gehirn entwickelnden Repräsentationen der Welt. Dadurch wiederum entsteht im Gehirn des Säuglings als Hort vieler Möglichkeiten die Wirklichkeit eines erwachsenen Menschen« (Spitzer 2006: 204).

Hello nappy beruht darauf, dass Eltern auf die sensiblen Phasen ihrer Kinder achten und darauf eingehen.

Die sensiblen Phasen

Für jede Entwicklungsphase im Leben gibt es eine bestimmte, ganz besonders geeignete Periode – ein Zeitraum, in dem ein Kind bereit ist, einen bestimmten Entwicklungsschritt zu machen. Verpasst man den geeigneten Zeitpunkt für diesen Lernschritt, vollzieht das Kind den Schritt erst viel später und viel mühsamer. Maria Montessori, eine der bedeutendsten Pädagoginnen des 20. Jahrhunderts, prägte in diesem Zusammenhang den Begriff der »sensiblen Phase«. Lernt das Kind eine Sache nicht im vorgesehenen Zeitraum über das tiefere Bewusstsein, wird es den gleichen Lernschritt auf intellektuellem Weg (über die Einsicht) erst Jahre später vollziehen. Heute ist auch wissenschaftlich bewiesen, wie tiefgreifend und wichtige diese sensiblen Phasen sind.

Ich will im Folgenden aufzeigen, welche wichtigen sensiblen Phasen Kinder in ihren ersten Jahren, insbesondere im ersten Lebensjahr, durchlaufen und wie deren Wahrnehmung die Entwicklung unserer Kinder ganz entscheidend fördert. Viele Machtkämpfe in der Erziehung lassen sich damit verhindern, weil sie gar nicht erst entstehen.

Die sensiblen Phasen sind nicht an Monate, sondern an Entwicklungs- und Lernschritte gebunden. Lernt ein Kind erst mit zwölf Monaten kriechen, erfolgen die darauffolgenden sensiblen Phasen entsprechend später.

Die Aufgabe der Natur ist es in erster Linie, unser Überleben zu sichern. So hat sie uns ein Mittel in die Hand gegeben, um möglichst frühzeitig für uns wichtige Lernprozesse zu machen, zu beschleunigen und zu vertiefen, lange bevor wir dies verstandesmäßig oder intellektuell vollziehen können – auch Lernfenster genannt. In der sensiblen Phase Gelerntes hat den großen Vorteil, dass es uns durch ein tieferes Bewusstsein instinktmäßig zur Verfügung steht.

Die Reize werden auch dann weitergeleitet, wenn unser intellektuelles, rationales Denken versagt, etwa bei Krankheit, Stress, Überforderung, Müdigkeit, Angst oder bei Kindern im Spiel. In der sensiblen Phase Gelerntes bietet also unter anderem entscheidende überlebenswichtige Vorteile. Ein Kind, das zum richtigen Zeitpunkt gelernt hat, Gefahren zu erkennen, wird später nicht einfach einem Ball auf die Straße nachrennen, sondern stoppen, bevor es den ersten Schritt auf die Fahrbahn gemacht hat. Es hat nämlich ein ganz tiefes Bewusstsein von Gefahr. Müsste das Kind erst lange darüber nachdenken, wäre es längst auf der Straße, bevor das Denken einsetzt. Daher sollten wir versuchen, die verschiedenen sensiblen Phasen unserer Kinder wahrzunehmen und zu nutzen.

Entscheidend ist, dass die Stimulation für Entwicklung von außen kommen muss. Das heißt: Erst der stimulierende Reiz, der über die Sinne aufgenommen und ans Gehirn weitergeleitet wird, führt zu Entwicklung. Bei Ratten ist dies die Stimulation durch Licht, Farben und Formen, die im entscheidenden Moment das Gehirn zur Entwicklung der Sehfähigkeit anregt. Fehlen solche Reize, kann Entwicklung schlichtweg nicht stattfinden. So ist auch die Sprache, wie ich es im grausamen Beispiel von Kaiser Friedrich II beschrieben habe (siehe Kapitel »Kinder richtig verstehen«), nichts, was der Mensch aus sich selbst heraus entwickelt, sondern es entsteht erst durch Stimulation – Reize von außen. Wie ich im Buch »Mit kleinen Kindern lernen lernen« beschreibe, sehen wir, dass auch die Sprachentwicklung einer sensiblen Phase untersteht. Erhält das Kind in diesem dafür vorgesehenen Zeitraum keine oder zu wenig sprachliche Stimulation, wird es lebenslang Sprachstörungen haben.

Nur der Mensch ist in der Lage, verpasste Entwicklungsschritte, die von der Natur angelegt waren, später durch Intelligenz, über ein bewusstes Lernen (oft erst Jahre später) nachzuholen. Dies aber nur, wenn die Grundlagen dafür im frühen

Kindesalter geschaffen worden sind. Am Beispiel der Sprache sehen wir: Sind die Grundlagen der Muttersprache gelegt, können wir später noch andere Sprachen verstandesmäßig dazulernen, wenngleich nie mehr mit derselben Schnelligkeit und Effizienz, wie wir die Muttersprache erlernt haben. Laute, die ich als kleines Kind nicht gelernt habe, stehen auch später nicht zur Verfügung. So geht aus Untersuchungen hervor, dass zehn Monate alte Kinder die Fähigkeit verloren hatten, Laute zu unterscheiden, die in ihrer Sprache keine Rolle spielen. Kleine Japaner können zum Beispiel nicht zwischen l und r unterscheiden, die in ihrer Sprache nicht vorkommen. Tests ergaben, dass bei fünf Monate alten Japanern diese beiden Laute durchaus noch Hirnaktivität auslösen, ab zehn Monaten zeigt das Gehirn aber keine Reaktion mehr.

Auch könnte man sagen, dass Störungen oder Irritationen der genetischen Anlagen, wozu die sensiblen Phasen ganz entscheidend gehören, zu Aggressionen führen. So wissen zum Beispiel Hundebesitzer, dass jeder Hund ein »genetisches Programm« hat. Wenn er sich dem Leittier unterwirft, drückt er dies durch Lecken der Lefze aus. Einem Menschen, dem er sich unterwirft, will der Hund das Gesicht schlecken, um seine Unterwürfigkeit und die Akzeptanz des Geführtwerdens zu zeigen. Die meisten Hundehalter wehren ein solches Verhalten aber ab, was das Tier irritiert. Eine einzige solche Irritation hat noch kein Fehlverhalten zur Folge. Stören sie aber dauerhaft das »genetische Programm« des Hundes, kann das zu aggressivem Verhalten führen.

Meine Erfahrungen zeigen mir, dass das Nichtwahrnehmen unseres genetischen Programms, d.h. das Nichtwahrnehmen von sensiblen Phasen, bei Kindern ebenfalls Aggressivität verursacht. Eltern, die die sensiblen Phasen in ihre Erziehung einbeziehen, stellen hingegen regelmäßig fest, wie ausgeglichen und kooperativ sich ihre Kinder verhalten – unabhängig vom jeweiligen Temperament. Oft bleibt die »Trotzphase« sogar völlig aus, was die Frage aufwirft: Ist Trotz vielleicht bloß die kindliche Reaktion auf ein nicht verstandenes genetisches Entwicklungsprogramm?

Man weiß, dass solche sensiblen Perioden auch im Tierreich existieren. So hat man beobachtet, dass Elternvögel von Nesthockern nach einer gewissen Zeit einen Teil des Futters ihren Jungen nicht mehr in den Schnabel stecken, sondern ins Nest legen, damit die Jungvögel selbst lernen, das Futter zu picken und aufzunehmen. In Experimenten mit jungen Staren wurden diese mit einer Pinzette gefüttert. Der junge Star riss bei Annäherung der Pinzette den Schnabel weit auf und »sperrte«. Fütterte man ihn über die sensible Phase hinaus weiter mit der Pinzette, ohne dass er Gelegenheit hatte, etwas zu picken, lernte er es nicht mehr selbstständig und wäre kläglich verhungert, wenn man ihn nicht weitergefüttert hätte. Er sperrte immer nur den Schnabel auf und wartete auf seine Fütterung. Weiter oben wurde schon das Experiment mit den neu geborenen Ratten erwähnt: Werden ihnen zum Zeitpunkt, wenn sie die Augen öffnen und sehen sollten, die Augen verbunden, bleiben sie später auch bei freier Sicht blind.

Auch weiß man von Maispflanzen, dass diese, wenn sie von einem Schädling befallen werden, einen ganz bestimmten Duftstoff ausströmen, der einen Nützling anlockt. Die Pflanze ist sogar fähig, verschiedene Duftstoffe abzusondern, die je nach Schädlingsbefall den entsprechend geeigneten Nützling anziehen. Ebenso hat man festgestellt, dass nachtaktive Schmetterlinge auf den hinteren Flügeln so etwas wie ein Trommelfell entwickelt haben. Die wissenschaftliche Erklärung dafür ist: Solange ein Falter tagaktiv ist, braucht er diesen Schutzmechanismus nicht, da Fledermäuse tagsüber schlafen. Nachtaktive Schmetterlinge sind durch ihr »Trommelfell« jedoch in der Lage, die Schallwellen von Fledermäusen aufzufangen und sich entsprechend zu schützen. Jedes Lebewesen entwickelt sich also dahin, möglichst bestehen, d. h. sich effizient vor bestehenden Gefahren schützen zu können, um sein eigenes Überleben zu sichern.

Wenn schon relativ einfache Lebensformen Mechanismen entwickeln, um sich effizient zu schützen – mit wie viel mehr hat die Natur dann höher entwickelte Organismen ausgestattet, um sie überlebensfähig zu machen! Kinder werden in ihrer natürlichen Entwicklung aber oft gestört, wenn Eltern wichtige Lernphasen nicht erkennen oder ignorieren.

Nehmen wir zum Beispiel an, dass ein Säugling direkt nach seiner Geburt mit der Flasche gefüttert wird. Die sensible Phase, in der er an der Mutterbrust zu trinken lernt, wird also nicht wahrgenommen. Würde man den Säugling nach einiger Zeit zum Stillen anlegen, würde er nicht mehr saugen. Wann der genaue Zeitraum dieser sensiblen Phase überschritten ist, wäre eine eigene Untersuchung wert. Im Handbuch für die stillende Mutter der »La Leche Liga« heißt es: »Bei einem voll ausgetragenen, gesunden Neugeborenen ist der Saugreflex gewöhnlich 20 bis 30 Minuten nach der Geburt am stärksten, vorausgesetzt, dass es nicht aufgrund von Medikamenten ganz benommen ist. Wenn dieser wichtige Zeitpunkt für das erste Anlegen verpasst wird, kann es sein, dass der Saugreflex beim Baby etwa eineinhalb Tage lang weniger stark ausgeprägt ist« (La Leche League 1986: 83). Man hat auch festgestellt, dass das Glukosefläschchen, das dem Neugeborenen gleich nach der Geburt verabreicht wird, Auslöser eines falschen Saugverhaltens an der Brust sein kann. Darum ist man in manchen Kliniken dazu übergegangen, den Säuglingen die Glukose mit einem Löffelchen zu verabreichen.

Wir sehen, dass schon kleine unbedachte Handlungen gleich nach der Geburt das frühkindliche Verhalten beeinflussen. Der Säugling wird sozusagen falsch programmiert, weil wir es nicht besser wissen und uns nicht bewusst sind, wie prägend unser intellektuelles Eingreifen ist.

In der Tierwelt gibt es Beispiele dafür, wie Geburtserfahrungen das spätere Mutterverhalten beeinflussen. Regina Hilsberg beschreibt dies in ihrem Buch »Körpergefühl«: »In der Nacht hatten wir eine Kuh laut und anhaltend brüllen gehört, und am Morgen erzählte uns der Nachbarsjunge ganz aufgeregt, dass auf der Weide ganz in der Nähe ein Kälbchen geboren sei. Der Bauer hatte offenbar keine Zeit, es gleich zu holen, sodass es noch dort war, als ich gegen Mittag dazu kam, ihm mit den Kindern einen Besuch abzustatten. Da lag es im Gras, guckte etwas teilnahmslos um sich – und seine Mutter stand etwa zwanzig Meter entfernt mit dickem, prallem, rotem Euter und mampfte vor sich hin, ohne das Kalb auch nur eines Blickes zu würdigen.

Warum hat sich die Kuh so verhalten?

Es gibt eine einfache Erklärung, die mir ein Bauer einmal ganz nüchtern mitgeteilt hatte. Eine Kuh, die als Kälbchen von ihrer Mutter nicht geleckt worden ist, wird ihrerseits, wenn sie kalbt, nicht wissen, was sie zu tun hat« (Hilsberg 1992: 60).

Wieso werden Kinder immer älter, bis sie trocken sind?

Das Gehirn lernt ständig. Je öfter ein Weg im Gehirn begangen wird, umso dicker wird die entsprechende Vernetzung. Sie wird wie zu einem ausgetrampelten Pfad. Sie wird automatisiert, damit wir nicht immer wieder aufs Neue nachdenken müssen. Denn was oft gemacht wird, wird vom Gehirn automatisiert, wie beispielsweise Autofahren oder Gehen. Sie denken nicht jedes Mal: Jetzt muss ich den Fuß heben, ihn vor den andern setzen usw.

Wenn wir ein Baby also nicht abhalten und es einfach windeln, dann lernt es: Ich lasse alles an Ort und Stelle liegen. Das Gehirn vernetzt, was ist. Entsprechend werden die Schaltkreise im Gehirn gelegt. Bei jedem Mal wird der entsprechende Pfad im Gehirn dicker. Nun erwarten wir aber, dass das Kind doch eines Tages sauber wird und wir mit ihm auf die Toilette wollen, um den nächsten Entwicklungsschritt zu lernen, der schon viel früher genetisch angelegt gewesen wäre. Das bedeutet nicht einfach neu anzuknüpfen, um neue Vernetzungen zu ermöglichen, sondern ein falsch geprägtes Muster neu zu programmieren. So wird verständlich, wieso der Aufwand zum Trockenwerden oft nicht ganz reibungslos verläuft.

»Der Säugling beginnt bereits im Mutterleib damit, Erfahrungen zu machen und diese im Gehirn zu repräsentieren. (…) Aus diesen allgemein akzeptierten Erkenntnissen der Entwicklungsneurobiologie folgt unmittelbar: Es ist alles andere als egal, welche Erfahrungen unsere Säuglinge und Kleinkinder machen« (Spitzer 2006: 204).

Neurobiologen sind sich heute grundsätzlich einig: Je früher Erfahrungen gemacht werden, umso wichtiger sind diese und umso tiefer greifen sie. So versteht es sich, wieso der Plan im Gehirn des Kindes nicht damit einverstanden ist, wenn wir mit ihm plötzlich auf die Toilette wollen. Das ist in etwa so, wie wenn wir nach ein paar Jahren deutscher Sprache plötzlich zur chinesischen wechseln. Da würde das Gehirn des Kindes auch nicht mitmachen.

Das vegetative Nervensystem kontrolliert und koordiniert die Funktionen, die das innere Milieu des Körpers an die externen und internen Prozesse anpasst, denen der Organismus ausgesetzt ist. Damit dieses hochpräzise System möglichst effizient funktionieren kann, ist es darauf angewiesen, dass die Entwicklungsschritte, die von der Natur angelegt sind, den richtigen Input erhalten. 95 Prozent der Körperfunktionen werden vegetativ gesteuert. Das heißt, diese Funktionen unterstehen nicht unserem Bewusstsein. Das Versagen vegetativer Regulationen kann nicht einfach kognitiv korrigiert werden.

Je länger das Kind nun gewindelt wird, umso dicker ist der entsprechende Pfad im Gehirn und umso schwieriger gestaltet sich das Umlernen. Erschwerend kommt hinzu, dass die heutigen Windeln extrem saugfähig sind – damit wird ja auch geworben –, so dass Kinder es nicht einmal mehr spüren, wenn sie pinkeln. Es entsteht kein Nässegefühl. Das führt oft so weit, dass Kinder erschrecken, wenn sie nackt sind – etwa wenn sie im Sommer im Garten spielen – und plötzlich pinkeln müssen. Ich habe selbst erlebt, wie ein erschreckter Junge seine Mutter anstarrte und rief: »Abstellen! Abstellen! Abstellen!« Einige Eltern haben mir berichtet, dass sich so etwas in ähnlicher Form auch bei ihren Jungen abgespielt hätte. Von da an weigerten sie sich, nackt zu sein. Ob sich dieses Verhalten auch auf Mädchen erstreckt, kann ich nicht sagen – die Beispiele, die ich kenne, stammen alle von männlichen Kindern.

Das scheint mir doch sehr bedenklich. Die Psychologen haben mit der »Windelhysterie« wohl das Kind mit dem Bade ausgeschüttet. Zuerst schärft man den Eltern ein, ihr Kind ja nicht aufs Töpfchen zu setzen, und heute muss man sagen: Die Geister, die ich rief, werde ich nun nicht mehr los.

Das Übel ist, dass Kinder wegen der großen Saugfähigkeit der Windeln nicht mehr spüren, wenn sie urinieren. Folglich geht auch kein Signal ans Gehirn, das meldet: Du wirst jetzt nass. Somit erfolgt der ganze Prozess vom Kind unbemerkt. Wenn die Blase sich füllt, registrieren Nerven die Dehnung und senden ein entsprechendes Signal ans Gehirn. Das Gehirn reagiert auf dieses Signal spontan mit Botenstoffen, die den Befehl an den inneren Schließmuskel (Sphinkter) zur Entspannung geben. Und es kommt unbemerkt zur Entleerung. Früher mit Stoffwindeln wurden die Kinder noch nass. Somit kam sofort ein Impuls, der sagte, du wirst nass. Das ganze Geschehen verlief also nicht völlig unbemerkt. Zumal wir Nässe – mindestens in dieser Form – als unangenehm taxieren und ungern im Nassen liegen. Da aber die heutigen Windeln die Nässe blitzartig aufsaugen, entsteht überhaupt kein Nässegefühl und somit bleibt der Vorgang vom Kind unbeachtet – mit fatalen Folgen.

Tagsüber können Kinder auf dem kognitiven Weg lernen, die Toilette aufzusuchen. Die meisten Kinder kann man mit Geduld und einigem Aufwand dazu anhalten, sodass es früher oder später klappt. Nachts aber, wenn das Unterbewusstsein dem Kind »Du musst aufwachen, deine Blase ist voll« melden sollte, passiert nichts, denn das Kind hat jahrelang »gelernt«, dieses Geschehen nicht bewusst wahrzunehmen, sondern es der internen Steuerung zu überlassen, die entscheidet, wenn das Signal einer vollen Blase kommt, diese zu entleeren (vegetatives Nervensystem). Damit ein Muskel stark ist, müssen wir ihn bekanntlich trainieren. Wenn jetzt also das Signal zur Entleerung kommt – und dieses kommt, wenn sich die Blase füllt und die Blasenwand anfängt sich zu dehnen, wir aber nicht zum Wasserlassen bereit sind, dann unterdrückt das Gehirn den Impuls, den Sphinkter zu öffnen. Wir sprechen dann von einer Impulskontrolle. Wir wissen lediglich, dass wir in absehbarer Zeit ein Örtchen aufsuchen sollten. Damit trainieren wir die Blase. Die Blase wird auf diese Weise gedehnt und somit größer, kann also immer mehr Flüssigkeit halten.

In meiner Praxis höre ich oft, dass Eltern mir sagen, der Kinderarzt meint, ihr Kind hätte eine zu kleine Blase und dies sei der Grund für sein Einnässen. In meinen Augen verhält es sich aber genau gegenteilig. Durch das jahrelange Einnässen (Windelkultur) hat die Blase nie Gelegenheit bekommen, trainiert zu werden und sich auszudehnen, sondern entleert sich sofort unwillkürlich beim ersten Impuls. Das führt letztlich zu einem schlechten Fassungsvermögen und ist die Ursache für eine kleine Blase.

Da das Gehirn für seine Vernetzungen und Schaltkreise vor allem auch auf die gemachten Erfahrungen angewiesen ist, ist bei Windelkindern eine Impulskontrolle nie nötig – sie können und dürfen sozial gesehen ja immer und überall. Die Folge: Eine Impulskontrolle wird nie aktiv – weil sie schlicht und einfach für dieses Lebewesen vom Gehirn nicht als relevant erachtet wird. Das ist das Hauptproblem, das Kinder zu Bettnässern macht. Das Gehirn ist auf Effizienz getrimmt! Babys in den ersten drei Monaten werden unruhig und wach und nässen nicht einfach in ihr Bett.

Eine breitangelegte Studie aus China an 19500 Kindern zeigt auf: Wenn ein Baby bis zum Alter von sechs Monaten nicht abgehalten wird, steigt die Wahrscheinlichkeit, dass es zum Bettnässer wird mit jedem zunehmenden Monat: (https://pubmed.ncbi.nlm.nih.gov/30998267/)

Aufbau und Funktion des Harnsystems

Normalerweise fließt Urin kontinuierlich von den Nieren in die Blase. Dort wird er gesammelt. Die Harnblase selbst ist ein Muskelbeutel, den wir nicht bewusst steuern können. Ist sie gefüllt, wird die Dehnung der Blasenwand an das Gehirn gemeldet. Sind wir zum Ausscheiden bereit, werden biochemische Stoffe ausgesendet, die den inneren Schließmuskel (Sphinkter) öffnen. Dies ist der Moment, wenn wir Harndrang verspüren. Zur Entleerung spannt sich die Harnblase reflexartig an und presst den Urin durch die Harnröhre. Auch das ist nicht durch den Willen kontrollierbar. Gleichzeitig muss die Muskulatur um die Harnröhre, die so genannte Beckenbodenmuskulatur, bewusst losgelassen werden, damit der Urin fließen kann. Diese Schließmuskeln sind durch den Willen kontrollierbar. Fließt der Urin aber ungewollt, dann ist die häufigste Ursache ein geschwächter Schließmuskel, zum Beispiel bei Frauen nach Geburten oder bei Männern nach einer Prostataoperation.

Die Blasenfunktion wird über eine feine Koordination der Muskeln und Nerven des Harnsystems biochemisch gesteuert. Nerven leiten Informationen (Reize) von der Blase zum Gehirn und vom Gehirn zu den Muskeln der Harnblase, die am Muskel dafür sorgen, dass er sich entweder anspannt oder entspannt, wodurch die Blasenentleerung eingeleitet wird.

Die Blasenentleerung ist ein komplexes Zusammenspiel des willkürlichen und unwillkürlichen Nervensystems das mittels entsprechender Rezeptoren, Nervensignalen und Botenstoffen gesteuert wird. Die richtige Orchestrierung erfolgt im frühesten Babyalter, wenn dieses die dafür richtigen Impulse bekommt. Studien belegen, dass bei Babys, die früh abgehalten werden, mit neun Monaten die Diskoordination zwischen Sphinkter und Blasenmuskel (Detruser) bereits verschwunden ist (https://pubmed.ncbi.nlm.nih.gov/19939737/).

Die Blase ist ein muskuläres Hohlorgan. Sie erlaubt uns, den Harn willentlich und nur von Zeit zu Zeit abzugeben, obwohl aus der Niere ununterbrochen Harn einfließt. Dafür zuständig ist in erster Linie der innere Schließmuskel der Blase (Sphinkter). Er sorgt dafür, dass die Blase auch im entspannten Zustand völlig dicht ist. Den Sphinkter können wir nicht bewusst steuern. Er wird ausschließlich vegetativ gesteuert, wie beispielsweise auch unser Herz. Er steht aber in Verbindung mit unserem Gehirn und den Erfahrungen, die das Gehirn macht. Weil dieses von Anbeginn des Lebens unsere Erfahrungen fein säuberlich aufzeichnet, ist es folglich nicht egal, ob ich die Ausscheidungen in eine Windel mache oder abgehalten werde.

Unsere biologischen Anlagen

Wie wir weiter oben gesehen haben, gehören wir biologisch zu den Traglingen. Wie machen es denn die Affen? Rezeptoren am Bauch des Affenbabys melden dem Gehirn, dass es in Kontakt mit der Mutter ist. Es krallt sich an vier Punkten (Arme und Beine) im Fell der Mutter fest. Verliert es einen der vier Punkte, wird es von seinem vegetativen Nervensystem sofort gewarnt und zum Signalisieren aufgefordert. Das heißt, es gibt einen Schrei ab. Auf diesen reagiert die Mutter unmittelbar; sie hält inne, wartet, bis das Junge wieder alle vier Punkte fixiert hat, und erst dann geht der Ritt auf dem Rücken der Mutter weiter.

Wenn das Baby ausscheiden muss, signalisieren Rezeptoren am Bauch des Jungen: Hier nicht! Es stößt sich von der Mutter ab. Diese erkennt das Signal sofort, hält inne, nimmt ihr Baby vom Rücken und hält es nach außen zum Ausscheiden ab. Auch Affenmütter werden von ihren Jungen also nicht einfach vollgemacht. Schon mit einem Monat ist es die Affenmutter, die die Ausscheidungen bei ihrem Jungen selber stimuliert. Dieses biologische Erbe kennt auch der Homo sapiens. Aber im Gegensatz zu den Affenmüttern wissen wir die Signale unseres Nachwuchses nicht mehr zu deuten. Evolutionsbiologisch ist nichts klarer geregelt als die Fortpflanzung und das Ausscheidungsverhalten. Sie sind die elementarsten Dinge in der Natur und von großer Bedeutung und Wichtigkeit. Die Ausscheidungen werden von anderen Lebewesen sofort erkannt und interpretiert. Sie dienen als Signale, z.B. bei der Partnersuche oder zum Markieren. Werden sie als von Nachwuchs stammend wahrgenommen, könnte das leichte Beute versprechen. Deshalb wollen Tiereltern dies tunlichst vermeiden und schlecken bei nesthockenden Säugetieren, solange ausschließlich gesäugt wird, die Ausscheidungen weg.

Bei den Vögeln stellen wir fest: Wenn Jungvögel gefüttert werden, drehen sie nach der Fütterung ihr Hinterteil dem Altvogel zu, eine Kotblase tritt aus und diese wird vom Altvogel sofort mit dem Schnabel in Empfang genommen und weggeflogen. Sind die Vögel stark genug, setzen sie sich auf den Nestrand und die Ausscheidungen fallen runter. Nie würde auch nur der kleinste Kot im Nest landen.

Wir kennen den gastrokolischen Reflex, das ist ebenfalls eine Errungenschaft aus der Biologie. Dieser setzt sofort ein, wenn wir Nahrung aufnehmen. Wenn die Mütter von Nesthockern auf Jagd gehen, müssen sie das Nest verlassen. In dieser Zeit scheiden die Jungen aus bekanntem Grund nicht aus – sie sollen ja von möglichen Räubern nicht entdeckt werden. Daher erkennt man, wie wichtig der gastrokolische Reflex ist: Biologisch heißt das, wenn Futter kommt, ist deine Mutter anwesend und wird für die Entsorgung der Ausscheidungen sorgen. Zudem verfügt sie über ein weiteres Mittel: Durch Lecken des Bauches kann sie zusätzlich die Ausscheidungen stimulieren. Wir sehen also, dass in der Natur das Ausscheidungsverhalten aus verschiedenen Gründen extrem gut orchestriert sein muss. Damit das alles auch funktioniert, ist ein Zusammenspiel von vielen Faktoren wichtig und nötig. Was heißt das nun für uns?

Signale

Eltern haben bei ihrem Säugling oft Angst, etwas falsch zu machen. Gerade in Bezug auf die Reinlichkeit, wo so viele verschiedene Theorien und Auffassungen existieren, spüre ich, ist die Verunsicherung groß. Dabei ist Sicherheit in der Natur das oberste Gebot. Eltern sind biologisch gesehen nie unsicher. Ich möchte hier deshalb eine Anleitung geben, wie Eltern vorgehen können. Dabei kann man nichts falsch machen! Neugier ist eine gute Triebfeder – Neugier auf sein Kind: Wie wird es das machen? Einfach gelassen bleiben und ausprobieren, sich vertrauen. Eine mögliche Unsicherheit mit Singen oder Summen zum Verstummen bringen. Sie können schon gleich am ersten Tag nach der Geburt beginnen.

Das Baby anfänglich am besten bei Standardsituationen abhalten:

- Nach jedem Schlafen. Während des Schlafens scheiden Babys gewöhnlich nicht aus. Das heißt, Botenstoffe lassen das Baby unruhig und wach werden. Das Antidiuretische Hormon (ADH) sorgt dafür, dass während des Schlafens weniger Urin in die Blase ausgeschieden wird. Deshalb gleich nach dem Schlafen abhalten. Das Baby entleert die Blase. Dann kann man es in ein Frottiertuch wickeln, um es erst nach der Nahrungsaufnahme in eine Windel zu packen.
- Während oder kurz nach der Nahrungsaufnahme (wegen des gastrokolischen Reflexes). Wenn Sie stillen. Am besten halten Sie ein Asia-Töpfchen – kleines Abhaltetöpfchen – bereit. Das Baby fängt an, Geräusche zu machen, an der Brustwarze zu ziehen, hört auf zu trinken und macht einen intensiven Augenkontakt. Das sind klare Signale. Jetzt müssen Sie es nur noch aufs Töpfchen zwischen ihren Beinen setzen und geben anfänglich ein akustisches Signal. Jetzt kommt der Stuhl. Ist das Baby ein bisschen größer, weiß es, dass es abgehalten wird, und sie können zuerst fertig stillen und erst nach der Nahrungsaufnahme abhalten.
- Wenn man die Windeln wechselt. Beim Windelöffnen melden Rezeptoren am Bauch dem Gehirn: Jetzt ausscheiden! Ein Überbleibsel der Evolution. Auch wenn Babys getragen werden, scheiden sie am Körper nicht aus, ohne vorher unruhig zu werden, sich abzustoßen oder durch den Signal-Laut: Weinen.

Reden Sie mit Ihrem Baby! Sagen Sie, was Sie gerade tun. Sie packen also Ihr Baby aus und sagen ihm, dass sie es an ein entsprechendes Örtchen bringen. Das kann das Waschbecken oder die Toilette sein, ein Plastikbecken beim Wickeltisch oder eine Schüssel in Greifnähe, wenn sie während dem Stillen abhalten wollen. In der Anfangszeit ist das Waschbecken sehr praktisch, denn man kann das Baby in einer bequemen Haltung abhalten, ein bisschen Wasser über die Genitalien laufen lassen – das wirkt äußerst stimulierend, das Ergebnis ohne viel Aufwand gleich hinunterspülen und den Po des Babys unter fließendem Wasser spülen – die Haut fühlt sich so nachher frisch an.

Sie sagen also Ihrem Baby, dass Sie es zum Ausscheiden bringen. Dann geben Sie ein akustisches Signal wie »Psssss« oder »Tsssss« oder »Aahhaahhhh« für das Dicke. Das ist ein Schlüsselreiz und hat Signalwirkung und das Kleine assoziiert es sofort mit dem Geschäft. Auch das Öffnen des Wasserhahns kann eine unterstützende Wirkung haben. Natürlich geben Sie dieses Signal nur in den ersten Tagen oder Wochen – bald ist es überflüssig. Babys lernen schnell.

Sie werden deutlich erkennen, wie das Baby versucht, Ihrer Aufforderung nachzukommen. Es sucht in seinem Körper, was jetzt zu tun ist. Vielleicht strampelt es noch eine Weile mit den Beinen, weint leicht usw. Das heißt aber nicht, dass Sie jetzt absetzen sollen, sondern ermuntern Sie Ihr Kleines weiterhin auszuscheiden. Ermuntern heißt hier, nicht fortwährend auf das Kind einreden, sondern selber entspannt und ruhig bleiben und vielleicht den psss-Laut nochmals wiederholen. Plötzlich wird der Säugling ganz ruhig werden, und man sieht, wie sein Blick nach innen geht: Er hat gefunden, wonach er gesucht hat, und im nächsten Moment wird das Ergebnis sichtbar sein. Fragen Sie ruhig nach, ob noch mehr kommt oder ob es gut ist. Denn Kommunikation ist für die Entwicklung des Säuglings von großer Bedeutung. Oft spricht man in diesem Zusammenhang von Ausscheidungskommunikation (EC elimination communication). Aber, Sie spüren und finden sehr schnell heraus, erstens wie ihr Kind reagiert und zweitens ob das Geschäft fertig ist oder eben noch nicht. Häufig wehren sie sich mit Steifmachen der Beine oder einem Überstrecken des Rückens (Opisthotonus), wenn Sie das Örtchen verlassen wollen, bevor das Geschäft ganz erledigt ist.

Die Initiative kann also gut erst einmal von Ihnen ausgehen, wenn Sie die Signale des Babys noch nicht sehen oder lesen können. Oder auch einfach, um das Baby zu ermuntern, die Ausscheidungen an einem anderen Örtchen zu machen. Wie schwierig es sein kann, die Signale eines Kleinkinds richtig zu deuten, berichtet Nadine Wenger:

Während meiner ersten Schwangerschaft wusste ich leider noch nichts von dem Grundbedürfnis der Ausscheidungen. Unsere Tochter hatte wie damals üblich einfach Windeln. In den ersten zwei Monaten war es für uns als junge Familie einerseits eine Freude, ein solches Wunder, ein kleines Baby zu haben. Andererseits war es eine sehr große Herausforderung und nervliche Belastung, da Leonie ein so genanntes Schreikind zu sein schien. Sie schrie sehr oft, sehr viel und ich hatte sie dauernd an der Brust, um sie mit Stillen zu beruhigen. Die Nächte waren besonders anstrengend und ich kam immer wieder an meine eigenen Grenzen. Wir versuchten alles Mögliche, um unser Kind zu beruhigen. Leonie schlief bei uns, wir trugen sie häufig, doch auch Babymassage, Bäuchlein-Öle, Wärmeflaschen, Reiki oder die Achtsamkeit gegenüber meiner Ernährung als stillende Mutter halfen nichts. »Koliken«, wie mir Hebammen und Ärzte nahelegten, schienen es definitiv nicht zu sein, obwohl Leonie alle Anzeichen dafür zeigte, wie beispielsweise das bekannte Durchstrecken des Rückens. Auch eine Craniosacral-Therapie brachte keine Besserung. Schließlich fand ich, nachdem ich verschiedene Bücher gelesen hatte, endlich den richtigen Schlüssel: »Windelfrei«! Leonie versuchte mir, die ganze Zeit mit ihrem Weinen lediglich mitzuteilen, dass sie ausscheiden musste. Was für eine große Entdeckung! Endlich wussten wir, weshalb sie so viel schrie. Ich trug das Baby und ließ von da an die Windeln komplett weg. Die Veränderung waren beeindruckend. Leonie hatte auch keine Hautausschläge mehr und war ab sofort ein zufriedenes Baby! Welch eine Erleichterung und Freude für uns alle.

Bei den beiden Jungen haben wir gleich ab Geburt mit »Windelfrei« begonnen. Ich kann bestätigen, dass die sensible Phase der Reinlichkeit gleich nach der Geburt beginnt und nach den ersten drei Lebensmonaten drastisch abnimmt. Das heißt, es ist am einfachsten, wenn direkt ab Geburt damit begonnen wird. Wir hatten dadurch bei beiden Jungen von Beginn an eine schöne, angenehme Babyzeit, ruhige Nächte und ein harmonisches Familiengefüge. Es war für uns auch selbstverständlich, dass auch sie von Geburt an neben uns schliefen, dass ich sie stillte und tagsüber vorwiegend trug.

Das heißt, »Windelfrei« ist eines der Grundbedürfnisse eines Babys, genauso wie eben das Bedürfnis nach Nähe, Tragen, Stillen oder Co-Sleeping. Babys versuchen uns vom Tag ihrer Geburt an mitzuteilen, wann sie Pipi oder Kaka machen müssen. Dies beginnt auf ganz unterschiedliche Weise, durch Unruhe, Hand-, Arm- oder Beinbewegungen, durch Laute, Gesichtsausdrücke – erst wenn das nicht hilft, durch Weinen oder Schreien. Dies ist dann die gesteigerte Form, wenn vorher auf die Zeichen nicht reagiert wurde.

Es geht dabei immer um die Eltern-Kind-Kommunikation. Genauso wie beim Hunger-Gefühl versucht das Baby oder Kleinkind, sich den Eltern mitzuteilen. In unserer Gesellschaft endet an diesem Punkt üblicherweise die Kommunikation, da auf das Ausscheidungsbedürfnis nicht eingegangen wird und das Baby Windeln trägt. Was je nach Baby mit mehr oder weniger Frust endet. Einige Babys, wie unsere Tochter Leonie, versuchen mit allen Mitteln, uns Eltern auf die Ausscheidung aufmerksam zu machen, und weinen oder schreien viel. Andere geben sich mit dieser Situation mehr oder weniger zufrieden oder resignieren. (Siehe auch Wenger 2013)

Halteposition

Es gibt nicht wirklich *die* Abhalteposition. Wie schon erwähnt, kommt es viel eher auf Ihre eigene Sicherheit an als auf eine bestimmte Position. Es ist ein ganz natürlicher Vorgang. Wie scheiden wir am leichtesten aus? In einer Hockposition. Da das Waschbecken eine gute Höhe hat und auch gleich fließendes Wasser zur Verfügung steht, ist das für viele Eltern zum Beginn der einfachste Ort. Man fasst den Säugling an den Oberschenkeln und Becken, die Beinchen ein bisschen gespreizt, den Rücken mit dem eigenen Körper abgestützt und fordert ihn auf, auszuscheiden. Auch wenn das Neugeborene noch vorne ein bisschen zusammensackt, dann macht ihm das nichts – es ist besser, als das Baby in eine Liegeposition beim Abhalten zu bringen.

Ein ganz kleines Baby kann man auch locker im Arm halten und ein Gefäß wie ein Asia-Töpfchen unter sein Gesäß halten. Ein schon etwas größeres Baby kann man unter den Armen fassen und die Beinchen am WC-Rand anstehen lassen und das Gesäß nach hinten in die Schüssel kippen. Wieder andere Mütter setzen sich mit ihrem Sprössling zusammen auf die Toilette, indem sie ganz nach hinten rutschen und das Kind an den Oberschenkeln fassend zwischen ihren Beinen halten. Bei Jungs empfiehlt es sich, den Penis nach unten zu drücken, will man nicht gleich geduscht werden. Man hält die eine Hand am Oberschenkel und mit dem Zeigefinger drückt man den Penis nach unten. Ich möchte Sie aber ermuntern, zu experimentieren und selbst herauszufinden, was für Sie am besten passt.

Wichtige Dinge, die Sie beachten sollten

Wenn Sie abhalten, stillen Sie nicht gleichzeitig. Wie Sie oben gesehen haben, scheiden Säuglinge ja während oder gleich nach dem Stillen aus (Gastrokolischer Reflex). Aber der Säugling hört auf zu saugen und nimmt intensiven Augenkontakt auf. Dieses Signal sollten Sie wahrnehmen, den kleinen Erdenbürger abheben (am besten mit dem Asia-Töpfchen) und dann erst wieder an die Brust ansetzen und weiter stillen. Trinken und Ausscheiden sollten nie gekoppelt werden. Wenn der Winzling von Anfang an Trinken und Ausscheiden trennt, macht das später keine Probleme. Viele Mütter stellen sonst plötzlich fest, dass der Säugling nicht mehr abgehalten werden will, wenn er nicht gleichzeitig an der Brust trinkt – und schon haben Sie einen Konflikt, der nicht nötig wäre.

Kinder lernen sehr schnell und Säuglinge noch schneller. Er wird sehr schnell lernen, zu welchen Zeiten und an welchen Orten er abgehalten wird. Also lernt er auch, zu warten bis Sie am entsprechenden Örtchen sind. Deshalb ist es auch sinnvoll, einmal das Waschbecken, das Asia-Töpfchen, die Toilette zu benutzen oder auch draußen abzuhalten. Das Baby lernt somit nicht nur an einem einzigen Örtchen und nur so abgehalten zu werden. Ein Vorteil, wenn auch bei den Großeltern, in der Kita, unterwegs mal abgehalten werden muss.

Ein weiterer ganz wichtiger Hinweis: Sie machen immer

nur so viel, wie das Baby selber noch nicht kann – das gilt nicht nur fürs Abheben. Sobald es einigermaßen sitzen kann, besorgen Sie sich einen Topf mit Lehne, wo Sie das Baby selbstständig hineinsetzen können. Das große Geschäft hat sich mittlerweile auf ein-, höchstens zweimal pro Tag eingependelt. Dafür braucht auch ein Kleinkind vielleicht ein bisschen Zeit, und die bekommt es in aller Gelassenheit, wenn es auf dem Töpfchen sitzt. Vielleicht hat es da auch ein Spielzeug oder Büchlein. Es lernt und weiß, wofür das Töpfchen steht. Dieses wird zum klassischen Ausscheidungsort und ist zudem mobil. Wenn das Baby mobil wird, wenn es also anfängt zu robben, kann man beobachten, dass es von alleine schon zum Töpfchen robbt, wenn es muss. Die Eltern müssen dann nur noch das Höschen runterziehen und helfen aufzusitzen. Es gibt keinen Konflikt, denn das Baby hat für seine Ausscheidungen schon selber Verantwortung übernommen und weiß haargenau, wo die hingehören.

Signale vom Baby

Jetzt ist es aber wichtig, dass Sie auf die Signale des Babys zu achten lernen. Diese sind:

- Unruhig werden
- Mit den Beinen strampeln
- Leichtes Weinen
- Beim Stillen absetzen
- Intensiver Augenkontakt
- Gesicht verziehen

Vom ersten Lebenstag an gibt das Kind ein Signal, wenn es »muss«. Egal wie es sich bemerkbar macht, wenn es Hunger hat, müde oder es gelangweilt ist, die Mutter braucht, Körperkontakt sucht usw., sendet es in gleicher Weise Signale aus, wenn es mal »muss«. Es will mit uns in Kontakt treten und seine Bedürfnisse anmelden. Wir wissen jedoch meist gar nicht, dass solche Signale existieren, denn wir können die Körpersprache der Babys nicht mehr lesen und interpretieren. Also glauben wir oft gar nicht, dass Babys schon so kommunikative Wesen sind. Babys können ohnehin viel mehr, als wir ihnen gemeinhin zutrauen. Das müssen wir ganz einfach wieder lernen.

Indigene Völker beispielsweise reagieren auf die Frage, wie sie denn wüssten, wann ihre Sprösslinge »müssen«, ganz erstaunt. Diese Frage ist für sie offensichtlich widersinnig und sie fragen zurück: Wie wir denn wüssten, wenn wir »müssen«? Die Frage ist für sie in gleichem Maße absurd, als wenn wir selbst nicht wüssten, wann wir »müssen«. Dafür sind sicher die Intuition und damit auch die Spiegelneuronen verantwortlich. Spiegelzellen sind die Grundlage für intuitives Wahrnehmen und Verstehen.

Ich rate den Müttern, sich keinen unnötigen Stress zu schaffen. Im ersten Moment reicht es, das Kleine bei Standard-Situation oder rein nach Gefühl abzuhalten. Wenn Sie sehen, dass das Kleine drückt, dann sollten Sie aber sofort reagieren. Die meisten Mütter stellen ohnehin fest, dass ihr Liebling oft erst »laufen« lässt, wenn die Windeln offen sind, was als Zeichen gedeutet werden kann, dass das Baby sich eben nicht selbst vollpinkeln möchte.

Nach und nach sollten Sie aber auf die Signale achten oder zumindest rückfragen: »Wollen wir mal?« Es ist also keine Einbahnstraße, bei der Sie entweder bestimmen oder darauf warten, die Signale zu erkennen, und das Kind sich von sich aus meldet. Als Erstes ergreifen Sie die Initiative, fordern das Kind auf, bringen es zum Örtchen. Im zweiten Schritt achten Sie auf seine Signale oder fragen zumindest nach. Denn das Kind steht mit Ihnen in einer Wechselbeziehung. Das heißt,

Ihr Signal kann bei ihm einen Impuls auslösen und das Signal des Kindes löst bei Ihnen wiederum einen Mechanismus aus. Der Sinn der Sache ist aber, das Kind zu Selbständigkeit zu führen, und zwar so früh wie möglich.

Wenn Sie jetzt ohne Rücksprache das Kind nehmen, um mit ihm ein Örtchen aufzusuchen, müssen Sie bald mit seinem Widerstand rechnen. Denn es ist in erster Linie sein Bedürfnis. Das ist in etwa so, wie wenn Sie ein Kind füttern wollen, das nicht essen will. Es wird den Mund zuhalten, Ihnen auf den Löffel schlagen usw. So wird es Ihnen schnell klar machen, dass es jetzt nicht essen will – auch wenn Sie selbst möchten, dass Ihr Sprössling jetzt isst.

Die Initiative zum Ausscheiden geht von Ihnen aus, wenn das Baby gerade erwacht ist, bevor Sie das Haus verlassen und bevor das Kind schlafen gelegt wird. In diesen Situationen übernehmen Sie ganz bewusst die Führung.

Auch nachts pinkeln Babys nicht einfach drauf los. Sowohl ich wie auch viele andere Mütter haben festgestellt, dass Babys oft bis in die frühen Morgenstunden (ca. 5 Uhr) trocken bleiben. Eltern, die darauf achten, können beobachten, was meine Untersuchungen belegen: Ein antidiuretisches Hormon (ADH) sorgt dafür, dass der Urin zurückgehalten wird, damit die Blase nachts nicht überläuft. Ich nehme an, dass dieses Hormon schon bei Babys mit einem regelmäßigen Tag-Nacht-Rhythmus aktiv ist.

- ✓ *Machen Sie sich keinen Stress.*
- ✓ *Achten Sie auf die Signale Ihres Kindes.*
- ✓ *Sprechen Sie mit Ihrem Kind.*
- ✓ *Beobachten Sie die Wechselwirkung zwischen Ihnen und Ihrem Kind.*
- ✓ *Vertrauen Sie der eigenen Intuition für die Bedürfnisse Ihres Kindes.*

Kommunikation und Intuition

Sie sehen, wie wichtig und vielschichtig Kommunikation ist. Von den Teilnehmerinnen an meiner Studie zur frühen Reinlichkeit kam praktisch unisono diese Feststellung: Erstens würden sie *hello nappy* bei einem weiteren Kind wieder anwenden und zweitens: *hello nappy* fördere die Kommunikation, was in jeder Beziehung eine Bereicherung gewesen sei und die Beziehung gestärkt habe. Das Kind fühlt sich wahr- und ernstgenommen. Es sieht, dass seine Eltern es begleiten, verstehen wollen, reagieren und agieren. Signale und Körpersprache werden gelesen und interpretiert und als Kommunikationsgrundlage verstanden. Das ermuntert das Baby, weiter zu kommunizieren. Das Vertrauen in die Eltern steigt, wodurch das Baby ganz einfach ruhiger wird. So entsteht Urvertrauen.

Julia Dibbern, Journalistin und Mutter, schreibt in ihrem Buch »Geborgene Babys«: »Warum windelfrei: Bonding und Kommunikationsförderung ist für mich der absolut wichtigste Punkt – und gleichzeitig ist er vermutlich am wenigsten nachvollziehbar, wenn man es nicht selbst erlebt hat: *Es ist eine unglaubliche Bereicherung!* Das Baby erfährt, dass das, was es empfindet, wahrgenommen und reflektiert wird, dass es eine Antwort auf das bekommt, was es aussendet – und zwar in allen Bereichen« (Dibbern 2006: 175).

Wenn das Baby spürt, dass nicht auf seine Signale reagiert wird, empfindet es Angst, Verunsicherung, schließlich Frustration und zu guter Letzt Resignation.

Die Intuition dürfen wir bei der Kommunikation nicht außer Acht lassen. Verlassen Sie sich wieder vermehrt auf Ihr Bauchgefühl. Es passiert viel zwischen Mutter und Kind. Mit der Intuition hat die Natur gerade Müttern eine wichtige Begabung geschenkt. Was da genau abläuft, wissen wir nicht – aber schließlich wissen wir viele Dinge, ohne genau zu wissen woher. Das ist eben Intuition und davon dürfen wir nicht nur, sondern sollen wir gegenüber dem Baby Gebrauch machen. Viele Mütter wissen intuitiv, wann ihr Baby Hunger hat. Es passiert ihnen, dass die Brust zu laufen beginnt, und wenn sie nachfragen, hat das Baby in diesem Moment zu Hause angefangen zu weinen. Sie spüren, dass etwas mit Ihrem Kind nicht in Ordnung ist, dass es krank ist usw., ohne dass Sie das Kind sehen. Das sind innere Bande, die Sie vermehrt aktivieren sollten. Bringen Sie Ihre Intuition ins Spiel, wenn es um *hello nappy* geht. Mütter sollten wieder ihrem Urinstinkt vertrauen, wenn es um die Bedürfnisse von Babys geht. Denn das haben sie den Vätern häufig voraus. So entsteht eine Einheit zwischen Mutter und Kind – ein Verschmelzen, bei dem die Kommunikation ganz mühelos hin und her fließt.

Gänzlich auf Windeln verzichten?

Ich werde immer wieder gefragt: Muss ich jetzt völlig auf Windeln verzichten? Es gibt immer verschiedene Möglichkeiten. Wählen Sie jene, die für Sie stimmt. Sie müssen vielleicht einfach das eine gegen das andere abwägen.

Anfänglich würde ich klar sagen: Nein. Weshalb, das habe ich bereits weiter oben schon beschrieben und wieso ich jetzt lieber den Namen *hello nappy* und nicht »windelfrei« benutze.

Was aber sicher sinnvoll ist: Benutzen Sie Stoffwindeln! Als »backup«, also zur Sicherheit. Stoffwindeln sind nämlich nicht nur ökologischer, sie lassen auch ein Nässesignal zu. Wenn das Baby uriniert, geht ein Nässesignal ans Gehirn, das meldet: Du hast soeben gepinkelt. Wegwerfwindeln sind so saugfähig, dass Kinder das gar nicht mehr wahrnehmen, was dann später zu riesigen Problemen führt.

Aber Tragen empfiehlt sich, denn nie fühlen die Eltern die Signale besser, als wenn sie tragen. Dabei entwickelt sich auch die Impulskontrolle schneller. Das heißt, der Impuls auszuscheiden wird gestoppt, die Blase wird trainiert. So kann sie mehr Volumen fassen und beim Abhalten wird sie vollständig entleert. Es wird für das Baby zu einem bewussten Vorgang, was für die Gehirnentwicklung und die Orchestrierung der Ausscheidungsvorgänge im Gehirn von großer Wichtigkeit ist.

Viele Eltern haben das große Geschäft schon bald im Griff. Von da an empfehlen sich Stoffwindeln mit Einlagen, die man schnell auswechseln kann. Das schont nicht nur das Portemonnaie, sondern ist auch viel umweltfreundlicher. Man verschwendet nicht unnötig Ressourcen und verursacht keinen Abfall.

Viele Eltern stellen fest, dass die Signale noch deutlicher sichtbar sind wenn sie zwischendurch gänzlich auf Windeln verzichten – vor allem, wenn sie tragen,

Die Vorteile von hundertprozentigem Windelfrei: Sie nehmen die Bedürfnisse Ihres Kindes schnell wahr. Sie stehen in einer soliden Kommunikation (Austausch) mit Ihrem Kind. Sie stärken Ihre Intuition und bekommen bald ein Gefühl für die Bedürfnisse ihres Kindes.

Vielleicht wählen Sie auch einen Mittelweg: Wenn es gut klappt, verzichten Sie ganz auf Windeln. Falls es nicht immer so gut klappt, verwenden Sie in schwierigen Zeiten Windeln. Sie sehen, es gibt viele Varianten.

Ich selbst habe meine Kinder nicht völlig windelfrei aufwachsen lassen, schließlich musste ich die Methode erst selbst entwickeln. Ich weiß aber, dass ich heute wohl so weit wie möglich auf Windeln verzichten würde. Denn die Windeln meiner ersten Tochter musste ich meistens wegwerfen, nicht weil sie nass waren, sondern weil sie auseinanderfielen. Mir kam damals überhaupt nicht in den Sinn, völlig auf Windeln zu verzichten. Zu verankert war auch bei mir das Bild vom Windeln tragenden süßen Baby.

Mütter, die völlig auf Windeln verzichten, berichten mir aber, dass sie durch das Baby nachts geweckt werden, wenn sie es bei sich im Bett haben und es »muss«. Babys haben nachts einen klaren Rhythmus. Sie wachen auf, weil sie pinkeln müssen, und schlafen beim Stillen wieder ein. Die Mütter betten sie neben sich auf eine geeignete Unterlage. Oft höre ich, dass das Baby keine Ruhe gibt, bis die Mutter aufsteht und es abhält. Daher versteht es sich ein bisschen wie von selbst, dass bei Babys, die so aufwachsen und bei denen das Gehirn sowie die Organe auf diese Weise stimuliert werden, am wenigsten Pannen passieren.

Pannen

Die Studie hat gezeigt, je früher mit *hello nappy* begonnen wird, – also am besten schon in der ersten Lebenswoche – umso weniger Pannen gibt es später. Diese wird es aber immer geben! Denken Sie dann ja nicht: »Was habe ich falsch gemacht? Habe ich etwas verpasst?« Nein, Pannen gehören dazu, und zwar ganz einfach, weil das Kind sich entwickelt. Jeder Entwicklungsschritt bringt Verunsicherung und Veränderung mit sich. Das führt dazu, dass Dinge, die vorher problemlos funktioniert haben, plötzlich nicht mehr gehen. Dazu gehören Krankheiten, Impfungen, Zahnen, Stress der Eltern, Umzug, Trennung, allgemeine Entwicklungsschübe wie Gehen usw. sowie Veränderungen im Umfeld des Kindes, um hier nur die gängigsten Erklärungen aufzuzählen. Auch die Ankunft eines weiteren Sprösslings kann das Kind ganz schön aus dem Gleichgewicht bringen, sodass es für eine Weile in eine Regressionsphase fällt.

Sie sehen, die Liste ist lang. Was ist zu tun? Am besten, Sie bleiben gelassen, suchen den Fehler nicht bei sich, schenken dem Kind die nötige Aufmerksamkeit und Liebe, ziehen für eine Weile Windeln an und warten, bis der »Spuk« vorbei ist – das heißt sein Gleichgewicht wieder gefunden hat. In den meisten Fällen pendelt sich das Ganze relativ schnell wieder ein.

Aspekt Fremdbetreuung

Immer wieder höre ich: Es hat keinen Sinn, dass ich anfange, denn das Kind geht nachher sowieso in die Kita. Solche Worte tun mir in den Ohren weh. Ist die Kita für die Kinder da oder die Kinder für die Kita? Das frage ich mich dann. Wir denken auch nicht: Ich gebe meinem Kind nichts zu essen, denn es geht nachher ohnehin in die Kita. Ganz selbstverständlich erwarten wir, dass das Kind auch in der Kita zu essen bekommt – mit gutem Recht. Mit demselben Verständnis sollten wir es auch mit *hello nappy* halten. Nur weil es in unseren Breitengraden noch nicht so verbreitet ist, heißt es nicht, dass wir die Entwicklung unserer Kinder beeinträchtigen sollten. In den meisten anderen Kulturen verhält man sich – zum Glück – anders.

Eine Mutter erzählte mir, wie sie mit Erfolg *hello nappy* praktizierte: »Ich habe mein Kind in die Kita gebracht und ihnen erzählt, dass ich Windelfrei praktiziere. Sie hatten noch nie davon gehört, waren aber sofort bereit, meine Tochter abzuhalten, was dazu führte, dass die anderen Kinder gesehen haben, wie ein Baby das schon kann, sodass größere Kinder auch aufs Klo wollten.«

Auf diese Weise können Sie die Menschen, die Ihr Kind betreuen, für etwas Neues gewinnen. Es wird nämlich tief in uns etwas angeregt, wenn wir einem Baby zusehen, wie es abgehalten wird und sein Geschäft erledigt. Ähnlich ist es auch, wenn wir ein Baby sehen, das gestillt wird. Das empfinden zumindest Mütter als etwas zutiefst Berührendes. So erzählte mir eine Mutter, die im Spital geboren hat und ihr Baby dort schon am ersten Tag abgehalten hat, dass eine »alte« Hebamme, die dabei zuschaute, in Tränen ausgebrochen sei. Sie sei so berührt gewesen und hätte gesagt, das hätte sie in ihrem ganzen Leben noch nie gesehen.

Die Folgen unserer Windelpraxis

Ich will hier nicht im Detail auf dieses Thema eingehen, denn man könnte allein damit schon ein ganzes Buch füllen. Aber in meiner Praxis melden sich unzählige Eltern, deren Kinder nicht aus den Windeln kommen. Jeder Markt verkauft mittlerweile Windeln für 12- bis 15-Jährige bis 57 kg. Von den Probleme, die dahinterstecken, seien hier die häufigsten kurz erwähnt.

Sehr verbreitet ist, dass Kinder, die lange gewindelt wurden und eigentlich trocken sind, für das große Geschäft eine Windel verlangen, sich in eine Ecke stellen oder unter den Tisch kriechen, um dort zu stuhlen. Immer wieder begegne ich Fällen wie dem eines fünfjährigen Mädchens, das sogar ins Krankenhaus eingeliefert werden musste. Das Mädchen verschloss sich im wörtlichen Sinne, nachdem die Eltern auf alle möglichen Arten – durchaus liebe- und verständnisvoll – versucht hatten, es doch endlich auf die Toilette zu bewegen. Das Kind verweigerte sich so, dass es überhaupt nicht mehr stuhlte. Die Verstopfung, die sich bei diesen Kindern einstellt, wird dann mit der Gabe von Zäpfchen behandelt – was aber das Problem in keiner Weise löst.

Eltern wundern sich im Allgemeinen über so ein eigenartiges Verhalten, das ihnen fremd vorkommt. Warum verhalten sich die Kinder so?

Es ist nicht weiter erstaunlich. Das Kind hat jahrelang gelernt, seinen Stuhl in die Windeln zu drücken. Es hat dabei jedes Mal ein ganz bestimmtes Gefühl erlebt und es hat letztlich den Kot an seinem Hintern gespürt – vielleicht sogar als Lustgefühl durch etwas Weiches und Warmes. Weil es dies immer so erfahren hat, bewertet sein Gehirn dieses Gefühl als normal und folgerichtig. Den Kot jetzt plötzlich ins WC zu geben und wegzuspülen, fühlt sich für das Kind nicht richtig an, kann sogar Ängste auslösen. Zu lange hat es tagtäglich etwas anderes erfahren. 95 Prozent unserer Körperfunktionen werden vegetativ gesteuert. Das vegetative Nervensystem öffnet den inneren Verschlussmuskel (Sphinkter) des Darms nur, wenn es eine Windel am Po spürt. In meiner Praxis behandle ich Kinder, die wegen der Windeln an Blasen- und Darminkontinenz leiden, Bettnässer sind, jegliches Gefühl für ihre Ausscheidungen verloren haben, bis hin zu Schulkindern, die ihre Ausscheidungen ausschließlich in eine Windel verrichten. Die psychischen Leiden, die dadurch entstehen, sind unermesslich für die ganze Familie. Eine Lehrerin mit drei Kindern sagte mir, ihre Familie sei an diesem Thema zerbrochen.

Hier ihre Geschichte: Alle Anstrengungen das erste Kind von der Windel zu entwöhnen, sind gescheitert. Bei Arzt- oder Therapeutenbesuchen hieß es immer wieder: Das Kind sei halt noch nicht so weit. Als der Junge mit fünf Jahren in den Kindergarten kam, sah er, dass die anderen Kinder keine Windeln mehr trugen. Von diesem Tag an wollte auch er keine mehr. Das Ergebnis aber war: Die Mutter musste ihm sieben Mal am Tag frische Kleider geben, denn er hatte seine Ausscheidungen nicht im Griff. Sie sagte: »Auch wenn ich weiß, dass er nichts dafür kann, drehe ich nach dem siebten Mal im roten Bereich!« Dann war da der jüngere Bruder – drei Jahre alt; er sah sich einmal, als er nackt war, pieseln. Er erschrak so heftig, weil er wegen den so saugfähigen Windeln nicht wusste, dass er x-mal am Tag urinierte. Von diesem Tag an wollte er unter keinen Umständen mehr nackt sein – er wollte unter keinen Umständen auf die Windel verzichten. Und dann war da noch die Kleine, Neugeborene. Da sah die Mutter, wie einfach es war, sie abzuhalten. Sie war wütend und verzweifelt und fragte: »Warum hat mir das niemand gesagt? Wer hilft mir jetzt mit meinen beiden Jungs?«

Aus diesem Dilemma auszusteigen ist wirklich eine Herkulesaufgabe – da spreche ich aus Erfahrung. Der Ältere, nennen wir ihn Jörg, hatte jegliches Gefühl für seine Ausscheidungen verloren. Sein ganzes Ausscheideverhalten unterlag ausschließlich der vegetativen Steuerung, es kam absolut kein Gefühl einer sich füllenden Blase in sein Bewusstsein. Irgendwann wurden die Verschlüsse der Ausscheidungsorgane geöffnet und es floss einfach raus. Und jedes Mal ist das Kind selber höchst irritiert, denn es weiß nicht, wie es das ändern könnte, weil es ja erst etwas spürt, wenn es längst zu spät ist. Um hier ein »Reset« im Gehirn zu aktivieren, also das Gefühl dafür wieder zu wecken, braucht es sehr viel Zeit und ein klares Verständnis, warum das Kind sich so verhält, und zudem ein großes pädagogisches Geschick und auch die Mitarbeit des Kindes – was bei Fünfjährigen nicht selbstverständlich ist. Viele wollen einfach vom Thema nichts mehr wissen, in Ruhe gelassen werden und ihre Windel.

Dieser Junge musste also zuerst lernen, jede Stunde seine Blase zu entleeren – also bevor die vegetative Steuerung zur Entleerung aktiv wurde. Das hat natürlich zur Folge, dass die Blase klein bleibt – keine Ausdehnung erfährt, weil sie kein größeres Volumen fassen muss. Im Kindergarten ist es ihm daraufhin gelungen, seine Blase unter Kontrolle zu halten – aber nur deshalb, weil er so unter Stress stand, dass ihm da ja kein Unglück passiere, und er seine äußeren Muskeln (Beckenboden und äußerer Sphinkter) unter Dauerspannung hielt. Kaum war er zuhause im Spiel und dabei entspannt – lief es wieder wie von selbst. Für die Mutter war das wiederum ein Ärgernis, weil sie nicht verstand, warum es im Kindergarten geht und zuhause nicht. Es führte dann sogar so weit, dass der Junge spürte, dass er nun ein Druckmittel in der Hand hatte und sagte: »Wenn ich das nicht bekomme, scheiße ich in die Hose!«

Das ist jetzt nur eine kurze und auch noch lange nicht zu Ende erzählte Geschichte, wie ich sie tagtäglich in meiner Praxis erlebe. Das wäre alles nicht nötig, dieses ganze Leid könnte allen Beteiligten erspart bleiben, wenn wir wieder lernen würden, unsere Babys ab Geburt abzuhalten.

Seelischer Aspekt

Kinder sind sehr sensibel. Wie wir oben gesehen haben, üben Unsicherheiten und Veränderungen einen sofortigen Einfluss auf das seelische Gleichgewicht des Kindes aus – was nichts als natürlich ist. Wir haben auch gesehen, welche Faktoren für das Ungleichgewicht am häufigsten verantwortlich sind. So ist es nicht falsch zu sagen, dass das Reinlichkeitsverhalten quasi einen Gradmesser der psychischen Verfassung des Kindes darstellt.

Reinlichkeit ist stark mit der Psyche gekoppelt. Wir sehen in der Biologie, wie Tiere mit ihren Ausscheidungen umgehen: Es wird markiert, abgegrenzt, vergraben usw. Ausscheidungen sind klar geregelt und ritualisiert. Im Tierreich spielen Ausscheidungen eine wichtige Rolle. Beispielsweise schlekken Hunde, solange sie säugen, die Ausscheidungen der Welpen weg; sobald diese aber anderes Futter zu sich nehmen, wird der Kot aus dem Nest entfernt. Auch Vögel tragen den Kot ihrer Jungen gewissenhaft weg. Sie nehmen die Kotblase direkt vom After des Jungvogels und fliegen sie weg. In der Natur, so kann man sagen, ist das Ausscheidungsverhalten also sauber geregelt. Kot enthält Bakterien und stinkt, was uns evolutionsbiologisch sagt, dass wir uns möglichst weit davon zu entfernen haben. Wir empfinden den Geruch als unangenehm. Wir wissen, was geschieht, falls die Kanalisation nicht mehr funktioniert usw. Schnell entsteht Seuchengefahr. Einige kennen auch das Schamgefühl bei Inkontinenz oder verheimlichen es, wenn jemand Bettnässer ist. Im Krieg gehört es zu den erniedrigendsten Formen von Gewalt, über Gefangene zu urinieren oder sie in ihren Ausscheidungen liegen zu lassen.

In meinen Augen gilt es gerade auch den psychischen Aspekt von *hello nappy* ins Auge zu fassen. Unter den heutigen Erkenntnissen von Medizin, Neurologie und Psychologie muss man sich wirklich fragen, wie groß der Schaden ist, den die westliche Windelkultur anrichtet. Und wie immens wichtig es wäre, uns wieder auf die Biologie zu berufen, indem wir einen angelegten Entwicklungsschritt wieder wahrnehmen und richtig stimulieren. Geben wir doch unseren Kindern wieder die Würde, ihre Ausscheidungen möglichst nicht in eine Windel verrichten zu müssen.

Sich gegen die Windeln wehren

Ein weiterer interessanter Punkt ist: Ausnahmslos jedes Baby wehrt sich innerhalb seiner »Windelkarriere« gegen das Gewickeltwerden. Dieser Punkt wurde von der Psychologie noch nie aufgegriffen. Aber, es ist tatsächlich so, dass sich jedes Baby früher oder später gegen Windeln sträubt. Bis jetzt haben mir alle Eltern diesen Punkt bestätigt. Vielfach erwarten sie von mir einen Ratschlag, was in solchen Moment zu tun ist – d. h. sie wollen einen Tipp, wie sich das Kind trotzdem wickeln lässt. Denn Babys entwickeln oft eine ungeheure Kraft, überstrecken ihre Hals- und Rückenmuskulatur (Opisthotonus), so dass es ohne Machtausübung und Kraftanstrengung nicht möglich ist, ihnen eine Windel anzulegen.

Die Eltern befinden sich dann in einer Zwickmühle: Sie meinen, dass ihr Baby eine Windel braucht, gleichzeitig müssen sie ihm etwas aufzwingen, und das widerstrebt ihnen. Je mehr die Eltern nun versuchen, dem Baby die Windel anzuziehen, desto heftiger wehrt es sich. Es entwickelt einen ausgeprägten Opisthotonus und fängt heftig an zu schreien. In der Medizin gilt der Opisthotonus als klares Symptom verschiedener neurologischer Erkrankungen. Das Überstrecken der Hals- und Rückenmuskulatur ist aber auch bei gesunden Babys häufig zu beobachten und ist dann ein klarer und deutlicher Hinweis, dass sich das Baby ganz entschieden gegen etwas auflehnt und sich wehrt. In meiner Praxis ist es immer ein Indiz, dass etwas in seinem Umfeld geändert werden muss – ein Symptom, das anzeigt, dass das Baby nicht im Gleichgewicht ist.

In meinen Augen ist der Fall klar: Deutlicher könnte das Baby nicht zeigen, dass es keine Windeln will. Es spürt rein intuitiv, wofür die Windeln stehen – nämlich seine Ausscheidungen aufzufangen. Sein Instinkt sagt ihm, dass diese an seinem Körper nichts zu suchen haben, und wehrt sich also gegen die Windeln und das Gewickeltwerden. Es spürt, dass sein genetisches Programm missachtet wird, und der Opisthotonus ist das körperliche Mittel, dies zum Ausdruck zu bringen (siehe auch Kapitel: »Trotz muss nicht unbedingt sein«).

Umwelt, Abfall und Kosten

Umwelt, Abfall und Kosten sind gewichtige Faktoren, die bei der Diskussion um die Windeln nicht vernachlässigt werden dürfen. Aktuelle Zahlen dazu finden Sie auf den entsprechenden Seiten im Internet. Überlegen Sie doch mal, wie viele Windeln Sie brauchen, wenn Sie Ihr Kind drei, vier, fünf oder mehr Jahre wickeln; wie viel Geld Sie dafür ausgeben; wie viele Rohstoffe dafür benötigt werden und wie hoch der Abfallberg ist, der dadurch verursacht wird! – Dabei geht es doch viel einfacher. Moderne Wegwerfwindeln brauchen etwa 300 Jahre, bis sie verrotten. Auch können sie weder recycelt noch kompostiert werden. Allein in Deutschland fallen jährlich etwa 340 000 Tonnen Windelmüll an. Darüber lohnt es sich schon nachzudenken, denn es gibt nur diese eine Welt.

Bedürfnisse kreieren, wo keine sind

Bei der Überarbeitung dieses Buches flatterte mir ein Bericht des Magazins »Nido« auf den Tisch (Ausgabe 11/2012). Mittlerweile weiß ich, dass sich Windeln bei uns durchgesetzt haben und sich hartnäckig zu halten wissen. Obwohl vieles dagegen spricht. Ein Zeitschriftenverlag hat mir auch schon unverblümt gesagt, dass sein Magazin das Thema nicht aufgreifen will, weil es viel Windelwerbung hätte und es sich nicht leisten könne, die entsprechenden Leute zu verärgern. So habe ich auch schon oft mit sarkastischem Unterton gesagt: »Man wird es wohl eher fertig bringen, den Menschen, die heute noch keine Windeln kennen, unsere Windelkultur zu bringen, als von ihnen zu lernen, wie es ohne Windeln geht.«

Genau davon handelt der Nido-Artikel »Eingewickelt«: »Bei uns werden weniger Babys geboren. Den Profit suchen

Windelhersteller daher in China und anderen Schwellenländern. Wo bislang niemand Windeln gebraucht hat.« Die amerikanische Marke Pampers (Procter & Gamble) investiert viel Geld, um ein Bedürfnis zu schaffen, wo keines ist. Sie suggeriert den Müttern, bessere Mütter zu sein, wenn sie ihre Kinder windeln. Es wird viel Aufwand betrieben, um herauszufinden, wie man die chinesischen Mütter für das Produkt gewinnen kann. Denn es ist nicht einfach, Eltern für ein Produkt zu gewinnen, das sie nie gebraucht haben. Bisher krabbelten die Kinder in »Kaidangku« durch den Tag: Das sind Hosen mit offenem Schritt – sodass sie gar nicht erst lange ausgepackt werden müssen. Das Anschieben der »Windelrevolution« ließ sich Procter & Gamble einiges kosten. Experten schätzen, dass der Konzern allein in China bis heute mehr als eine halbe Milliarde Euro für Windelwerbung ausgegeben hat. Längst sind weitere Produzenten aus den USA, Japan und jetzt auch China in das lukrative Geschäft eingestiegen. Seit 2000 hat sich der Markt vervierzehnfacht. Die neuesten Meldungen, die mich aktuell erreichen, sind erschütternd: Da werden Eltern in entsprechenden Zeitschriften sogar vor dem Abhalten gewarnt und es wird suggeriert, sie würden damit ihrem Kind schaden!

Es stimmt mich sehr nachdenklich, wenn ich solche Sachen höre. Ich denke, wir sollten den Abfallberg vermindern und nicht unnötig vergrößern. Vor allem aber sollten wir Kindern einen natürlichen Start ins Leben ermöglichen, ohne dass in ihrem eigenen Dreck liegen und wunde Popos bekommen. Den Konzernen geht es nicht um die Hygiene und Gesundheit der Kinder, sondern nur ums Geschäft. Schaffen wir besser eine Zukunft für unsere Kinder, indem wir ihrer Entwicklung entsprechen und gleichzeitig etwas gegen den Abfallberg tun.

Eine weitere Dekade später – bei einer erneuten Überarbeitung dieses Buches – fällt mir eine Studie von 2019 aus China in die Hände. Im Gegensatz zu den Industrieländern kannte

China die Abhaltepraxis (Ausscheidungskommunikation EC) von Geburt an. Mit Einzug der Wegwerfwindel kamen auch prompt Ausscheidungsprobleme, die die Industrienationen schon lange kennen: Bettnässer, inkontinente und verstopfte Kinder und so weiter. Die großangelegte Studie an 19 500 Kindern zeigt unter anderem: Wenn Babys bis zum Alter von sechs Monaten nicht abgehalten werden, steigt die Wahrscheinlichkeit, dass sie zu Bettnässer werden, mit jedem Monat (Wang/Wen et al. 2019).

Wann wird ein Kind trocken?

Verpasst man die sensible Phase nicht und der Säugling hat sich daran gewöhnt, bei jedem Windelwechseln abgehalten oder aufs Töpfchen gesetzt zu werden, hat er bereits gelernt, sich auf seine Blase und Darm zu konzentrieren und sie zu gewissen Zeiten zu entleeren. Es hat sich ein Rhythmus eingespielt, den die Eltern kennen und teilweise auch vorgeben. Die biochemischen Vorgänge des vegetativen Nervensystems sind bereits ein eingespieltes Team. So wird er auch mit der Zeit immer mehr Urin halten können. Schon im Alter von wenigen Monaten ist es möglich, dass Ihr Kleinkind nach dem Mittagsschlaf noch trocken ist. Haben die Eltern schon von Anfang an die intrinsische Motivation im Kind für sich selbst Verantwortung zu übernehmen stimuliert, kann es sich bereits, wenn es robbt, zum Töpfchen hinbewegen. Das ist das Zeichen, dass es jetzt ausscheiden muss. Dann machen die Eltern jeweils nur noch, was das Kind selber noch nicht kann: Höschen herunterziehen und Draufsetzen. Wenn es gehen kann, lassen viele Eltern das Kind deshalb in der Wohnung unten herum nackt, denn so kann es von sich aus zum Töpfchen gehen und braucht gar keine Hilfe mehr. Man kann es sogar anleiten, das Töpfchen dann zu nehmen und ins Klo zu leeren. Das tun diese Kinder gerne und bereitwillig.

Es kommt also darauf an, wie schnell man dem Kind die Verantwortung für sein Geschäft überlassen will. Hat es keine Windeln mehr und nässt die Hosen, wird es das als unangenehm empfinden und viel eher bereit sein, den Topf aufzusuchen. Auch hier muss nochmals darauf hingewiesen werden, dass Signale zielführender sind als ein Redeschwall. Beispiel: Sie haben ein Töpfchen aufgestellt. Das Kind krabbelt und man zieht ihm nur einer Trainerhose an. Es pieselt, das Wasser läuft am Bein hinunter, die Trainingshose wird nass. Der Blick des Krabblers geht zum Gesicht der Mutter. Die Mutter kommentiert folgendermaßen: »Oohhhh!« – nichts mehr, nichts weniger. Dann schweifen ihre Augen zum Töpfchen und dies begleitet sie mit einer entsprechenden Handbewegung. Aber es ist nicht die Handbewegung, die das Gehirn des Kindes registriert, sondern wohin ihre Augen wandern. Dann kann der Kommentar noch lauten: »Das gehört dahin!« Das Gehirn verbindet sofort: Pipi und Töpfchen.

Es geht auch hier darum, die intrinsische Motivation im Kind zu wecken. Je weniger die Mutter selber macht, aber das Kind anleitet, das Richtige zu tun, desto besser wird es funktionieren. Erst wenn das Kind nicht von alleine zum Töpfchen krabbelt, sollte sie es zusätzlich noch daraufsetzen. Zudem ist es für Mutter und Kind einfacher und schneller, wenn nur ein paar Hosen heruntergezogen werden müssen, als wenn jedes Mal eingepackt und ausgepackt werden muss. Eine gute Zeit, um endgültig auf Windeln zu verzichten, ist der Sommer. Kältereize führen dazu, dass wir eher und schneller urinieren müssen. Bei Wärme können wir die Blase besser kontrollieren; wir brauchen nur leichte Kleidung und alles fällt einfacher.

Es empfiehlt sich, eine Probierphase einzuschalten, indem man dem Kind die Gelegenheit gibt, keine Windeln mehr zu tragen. Es reicht, wenn man das Kind darauf aufmerksam macht und fragt, ob es mal müsse. So lernt es, aus dem Spiel herauszukommen, sich einen Moment lang auf seine Blase zu konzentrieren und selbst zu entscheiden, ob es aufs Klo muss oder nicht. Kommt ein Nein, sollten die Eltern das möglichst respektieren, auch wenn wir wissen, dass das Kind viel getrunken hat. Wir können dann einfach nach fünf oder zehn Minuten noch einmal nachfragen. Wir sollten dies aber nur anfänglich machen und auch nicht zu oft – es ist besser, das Kind merkt es selber und geht von sich aus.

Die Selbstbestimmung, die das Kind in diesem Moment für seine Blase übernimmt, ist wichtig. Es wäre nicht sinnvoll, das Kind einfach zu nehmen und auf den Topf zu setzen. Es soll möglichst freiwillig sauber werden. Es braucht auch hier einfach ein bisschen Führung mit Fingerspitzengefühl.

Mit ca. 20 Monaten wird das Kind von sich aus kommen, um sein Geschäft anzukündigen (das heißt aber nicht, dass es nicht lange vorher schon – bereits in der Krabbelphase – sich von allein ins Badezimmer zum Topf bewegen kann). Die meisten können da schon das Wort »Pipi« sagen und kündigen so ihr Geschäft an. Die lange Nachtruhe und die tiefen Schlafphasen können verhindern, dass das Kind zu dieser Zeit auch in der Nacht bereits vollkommen trocken ist. Jedoch ist festzustellen, dass Kinder, die tagsüber trocken sind, dies vielfach in der Nacht ebenfalls sind, wenn sie Gelegenheit haben, noch vor dem Zubettgehen einen Teil der getrunkenen Menge auszuscheiden.

Falls das Kind nachts noch die Windeln nässt, können die Eltern, wenn sie selbst zu Bett gehen, es nochmals aufnehmen und zur Toilette bringen. Sie müssen es aber, wenn Sie es zu Bett bringen, darüber unbedingt informieren. Sie dürfen es nicht einfach aus dem Schlaf reißen, sonst reagieren Kinder sehr ungehalten – sie wissen dann nicht, was passiert. So weiß es im Voraus, dass es zum Klo getragen wird, wo es sein Geschäft machen kann. Das Gehirn hat das gewissermaßen programmiert. Sie werden dann gar nicht richtig wach.

Auch Kinder, bei denen die sensible Phase wahrgenommen wurde, können sich zu bestimmten Zeiten weigern, auf den Topf zu gehen. Am besten reagiert man dann mit Gelassenheit, Humor und leichter Ablenkung. Vielleicht nimmt man sich ein bisschen mehr Zeit und setzt sich mit einem Bilderbuch dazu, erzählt eine kleine Geschichte oder behilft sich mit einer imaginären Drittperson, etwa einer Kasperlepuppe oder dem Lieblingsspielzeug, und lässt diese das Kind auffordern, sein Geschäft zu machen. Spricht plötzlich eine Kasperlepuppe mit verstellter Stimme zum Kind, vergisst es, dass die Aufforderung von den Eltern kam. Es schaut das Kasperle (es kann auch ein Spielzeugauto sein) fasziniert an und kommt seiner Aufforderung meistens nach. Vielleicht handelt es sich aber auch um eine Phase der Regression oder der Verunsicherung, sodass das Kind für eine gewisse Zeit aus dem Gleichgewicht ist, wie weiter oben beschrieben.

Selbstständigkeit lernen

Gefahren gehören zum täglichen Leben

Wo man hinsieht, wird heute Symptombekämpfung betrieben. In der Medizin bekämpft man Symptome statt Ursachen; bei der Umwelt versucht man Grenzwerte festzulegen, Wälder aufzuforsten, Tiere und Pflanzen zu schützen, anstatt umweltzerstörende Elemente zu eliminieren. In der Politik behandelt man die Folgen von Arbeitslosigkeit, anstatt die Arbeitslosigkeit selbst zu bekämpfen. Man kümmert sich um die Folgen von Drogen-, Alkohol- und Nikotinmissbrauch, anstatt dafür zu sorgen, dass diese Süchte gar nicht erst entstehen usw. Ebenso gehen wir mit unseren Kindern um: Überall wird in Broschüren vor Gefahren gewarnt, Eltern werden verunsichert, Ängste beschworen.

Die Folge: Eltern schaffen eine möglichst sterile, gefahrfreie Umwelt für ihren Nachwuchs. Das führt unweigerlich dazu, dass Kindern die Schritte in eine gefahrvolle Welt verunmöglicht wird. Alles, wodurch ein Kind sich entfalten, sich bereichern und lernen könnte, wird weggräumt, vergittert oder abgeschlossen. Auch wenn vor Gefahren warnende Broschüren manchen nützlichen Hinweis enthalten, verbreiten sie doch in erster Linie Angst und Unsicherheit. Die meisten Eltern sind heute gut informiert, und die Angst, ein Kind zu verlieren, sitzt ohnehin schon sehr tief. Anstatt Ängste zu schüren, wäre es sinnvoller, Wege zu zeigen, wie Kinder befähigt werden, selbst Verantwortung für ihr Tun zu übernehmen.

In verschiedenen Ländern hat man gemerkt, dass man gegensteuern muss. Andernfalls bleiben Kinder unselbstständig und werden ängstlich, übergewichtig, depressiv usw. Ein großer Teil der Kinder kann nicht einmal mehr Purzelbaum schlagen. Sie haben Haltungsschäden, Kopf- und Rückenschmerzen. Bewegungsmangel schafft wiederum Bewegungsprobleme. Ein echter Teufelskreis entsteht: Studien belegen, bei drei von vier verunfallten Kindern spielen motorische Defizite eine Rolle. So kommen jetzt immer mehr Empfehlungen, dass man Kinder auch mal machen lassen soll – dass ein gebrochener Arm oder vom Baum zu fallen weniger schlimm ist als mangelndes Üben, Erfahren und Erkunden der Umgebung. David Ball, Risikoforscher an der Middlesex University in London stellte fest, dass die (ohnehin geringe) Zahl von Knochenbrüchen auf Spielplätzen nach dem Einführen stoßdämpfender Untergründe in England und Australien gestiegen anstatt gesunken war. »Die Kinder glauben, der weiche Boden ist sicherer, als er ist«, so Ball. Bei harten Böden wissen sie, dass der Aufprall schmerzt – und sind deshalb vorsichtiger.

Die Angst vor Unfällen und die ständige Sorge um das Kind erschaffen letztlich genau das, was man ursprünglich verhindern wollte. Man versucht also den Teufel mit dem Beelzebub auszutreiben. Die beste Prävention ist die, Kinder zu lehren, mit Risiken und Herausforderungen fertig zu werden.

Die Liste der Gefahren im Haushalt ist lang und reicht von Treppen, Putzmitteln, Medikamenten über heiße Herdplatten und Bügeleisen bis hin zu Steckdosen und herumliegendem Spielzeug. Leider gibt es keine Untersuchungen dazu, wie viele Unfälle geschehen, gerade weil vieles weggeschlossen, abgesichert und vergittert wird; weil so dem Kind die Möglichkeiten genommen werden, mit diesen Gefahren umzugehen.

Kinder sollen und müssen lernen, dass es Putzmittel und Getränke gibt, dass man sich an scharfen und spitzen Gegenständen verletzen kann, dass der Kochherd zum Kochen da ist und dass dort heiße Speisen zubereitet werden.

Man muss nicht warten (wie oft irrtümlich angenommen wird), bis der Intellekt des Kindes so weit gereift ist, dass es diese Gefahren verstandesmäßig aufnehmen kann. Im Gegenteil: Am besten lernt es in seiner Kleinkindzeit, weil es dann besonders sensibel ist und so der Natur entsprechend Gefahren einzuschätzen und mit ihnen umzugehen lernt. Die sensible Phase zum Erkennen von Gefahren fängt mit ca. drei bis vier Monaten an und dauert vermutlich bis zum Erlernen der ersten Schritte. Vorher ist das Kind noch nicht fähig, sich für Gefahren zu sensibilisieren.

Seine Sinnesorgane teilen dem Kleinkind in dieser Phase alles mit, was es über unsere Welt und sein Umfeld wissen muss. Die jetzt erworbenen Informationen werden an einem immer sofort abrufbaren Ort gespeichert, was bei Gefahren von großem Nutzen sein kann. Wenn das angemessene Verhalten angesichts einer Gefahr erst über den Intellekt gesucht werden muss, kann das viel länger dauern, weil der Zugang im Moment vielleicht versperrt ist, beispielsweise durch Müdigkeit, Krankheit, Spiel oder anderes. Das tiefere Bewusstsein hingegen ist immer hellwach und zum Einsatz bereit.

Es wird Zeit, dass wir beim Erkennen von Gefahren nicht nur unsere Kognition bemühen, sondern auch unsere Intuition und die damit verbundenen Sinnesorgane. Wie kommt es, dass beispielsweise bei einem Tsunami die Tiere sich rechtzeitig in Sicherheit bringen? Auch bei Erdbeben reagieren Tiere oft lange vorher. Auch wir hätten die Anlagen für mehr Sensibilität und sollten sie unseren Kindern nicht abgewöhnen.

In der Krabbelphase sollte man ein Kind sogar mit möglichst vielen Gefahren in Kontakt bringen, damit es alles nur

Erdenkliche möglichst frühzeitig lernt und für sein Leben speichern kann. Denken wir an die Vernetzungen und Verdrahtungen im Gehirn!

Manche Eltern fragen sich in diesem Zusammenhang, ob man Pflanzen (auch giftige) in der Wohnung stehen lassen kann. Für mich selbst beantworte ich die Frage mit einem klaren Ja. Jedoch empfehle ich Eltern immer, ihr Kind zu beobachten. Ich bin überzeugt, dass ein natürlich aufwachsendes Kind keine Giftpflanzen oder Pflanzen, die ihm schaden könnten, essen wird. Wie es auch spürt, dass ihm gewisse Speisen nicht bekommen (ohne sie vorher versucht zu haben), wird es spüren, dass ihm gewisse Pflanzen nicht bekommen.

Jean Liedloff beschreibt in ihrem Buch u.a. Kleinkinder, die gefahrlos mit spitzen Messern spielen. Man mag dem skeptisch gegenüberstehen, meine eigenen Erfahrungen bestätigen aber Liedloffs Beispiele. Die Autorin beschreibt auch, wie kleine Babys der Yequana-Indianer am Rande einer großen Grube spielten und krabbelten. Ihr Impuls war, hinzulaufen und die Babys von der Grube wegzunehmen. Sie merkte aber, dass keine der Indianermütter sich rührte, um eines der Babys zurückzuholen, und dass sowieso keines der Kinder hineinzufallen drohte. Es scheint also, dass wir etwas falsch machen, wenn bei uns Mütter und Väter, Großmütter und Großväter permanent hinter ihren Kindern und Enkelkindern herrennen. Auch wenn unsere Gesellschaft in mancher Hinsicht unübersichtlich und gefährlich ist, so sind unsere Kinder von Natur aus so ausgerüstet, dass sie auf all diese Gefahren entsprechend reagieren können – wenn wir sie dafür sensibilisieren.

Auch die Kinder der Uros, einem Indianervolk, die auf den sogenannten schwimmenden Inseln auf dem Titicacasee wohnen, fallen nicht ins Wasser. Obwohl schon ganz kleine Kinder, unbeaufsichtigt ganz nah am Wasser spielen. Wie schaffen die das bloß?

Mit unserem Beschützerinstinkt, der nicht länger dem Schutz dient, sondern häufig zu Überbehütung führt, stehen wir unseren Kindern im Wege. Wir hindern sie daran, Erfahrungen zu machen, die sie für eine gesunde Entwicklung dringend bräuchten. Wir müssen also unsere eigenen Ängste bekämpfen und nicht den Entwicklungsdrang unserer Kinder!

Auch für das Kennenlernen von Gefahren gibt es eine sensible Phase. Wir haben es in unseren Händen, unsere Kleinen von Anfang an dafür zu sensibilisieren. Wie jedes Tier besitzen auch Menschen einen Überlebenstrieb.

Was das Neugeborene macht und wie es sich gibt, dient nur dem Überleben. Das Kind hat keine selbstmörderischen Absichten, es ist so ausgestattet, dass es alles, was wir ihm als Gefahr signalisieren, aufzunehmen und umzusetzen gewillt ist. Es will wissen und will lernen!

Schon ein gesunder Säugling von drei bis vier Monaten auf dem Wickeltisch reagiert, wenn man ihm erklärt, dass man sich für einen Moment entfernen muss und in dieser Zeit nicht auf ihn aufpassen kann. Um Eltern zu zeigen, dass auch ihr Kind so reagiert, versuche ich sie in meinen Kursen zu überzeugen, wenigstens einmal einen Test zu machen. Ich rate ihnen, die Umgebung gut abzupolstern (zu ihrem eigenen Schutz, damit sie ihre Angst überwinden) und dem Baby zu zeigen, dass es vom Wickeltisch herabfallen kann. Es ist auch möglich, dieses Experiment auf einer niederen Fläche, zum Beispiel auf dem Bett, zu machen. Erklären Sie Ihrem Kind dann, dass Sie kurz weggehen, um etwas zu holen. Durch die Türspalte oder um die Ecke können Sie dann beobachten, wie das vorher strampelnde Baby stocksteif daliegt, bis Sie wieder zurück sind. Das Baby darf Sie natürlich nicht mehr sehen, es muss im Glauben sein, dass Sie wirklich weggegangen sind.

Kinder sollten lernen, dass die Welt gefahrvoll ist. Ihnen das Umgekehrte beizubringen wäre etwas vom Unsinnigsten, das man ihnen antun kann. Genau das ist es aber, was Kleinkindern in unseren heutigen Haushalten gewöhnlich signalisiert wird. In ihren ersten Monaten, im Krabbelalter, wachsen sie in einer umfassend abgeschirmten, gesicherten Welt auf. Somit lernen sie in der dafür vorgesehenen sensiblen Phase, dass die Welt gefahrlos sei. Das ist in etwa das Schlimmste, was ein Kind lernen kann, denn es stimmt einfach nicht.

Dazu müssen Sie wissen, dass wir ein soziales Nervensystem besitzen. Dieses sorgt dafür, dass soziale Strukturen in der Biologie funktionieren. Es sollte entsprechende Stimulationen bekommen, dann hören auch unsere Kleinsten auf die Signale der Eltern, denn diese sind biologisch immer wertvoll und sichern das Überleben. Über dieses soziale Nervensystem schreibe ich im Buch: »Der kleine Homo sapiens kann's!«.

Mit Gefahren richtig umgehen

Natürlich reicht es nicht, Gefahren einfach bestehen zu lassen. Es geht auch nicht darum, Kinder sich selbst zu überlassen, also zu vernachlässigen. Im Gegenteil: Es erfordert von den Erziehenden sehr viel Einfühlungsvermögen, eine harmonische Beziehung sowie ganz bewusstes Vorgehen, um ein Kleinkind Gefahren so erleben zu lassen, dass es diese als Gefahren abspeichern kann.

Ein Kleinkind fühlt sich nicht wohl, wenn es alleine gelassen wird, und sollte meines Erachtens auch nie alleine gelassen werden oder – falls unbedingt nötig – nur für ganz kurze Momente. Auch wenn ein Baby eine halbe Stunde vergnügt am Boden mit etwas spielt, während die Mutter in der Küche hantiert, hört es die vertrauten Geräusche und ist sich der Anwesenheit der Mutter voll bewusst. Geht die Mutter weg und denkt, das Kind bemerke es nicht, wird sie kurz darauf durch Schreie eines Besseren belehrt. Man sollte ein Baby, auch wenn man es nur kurz verlässt, immer mit Worten darauf aufmerksam machen. Das Kind wird dann nicht schreien, falls man nicht unverhältnismäßig lange wegbleibt.

Deborah Blum schreibt in ihrem ausgezeichneten Buch: »Die Entdeckung der Mutterliebe«, wie Harry Harlow bei seinen legendären Affenexperimenten mit Stoffmüttern experimentierte: »Die Äffchen stürmten zu der Stoffmutter, griffen gierig nach ihr, rieben sich an ihr und kuschelten. (...) Doch nach einer Weile – solange sie (die Stoffmutter) anwesend war – schauten sich die Tiere in dem kleinen Raum um und entwikkelten sichtbares Interesse. Sie kletterten ein wenig, schoben ein Puzzleteil herum, gingen zur Mutter zurück, kauten dann auf dem Spielzeug herum und gingen wieder zur Mutter. Doch ohne sie, wenn die Wissenschaftler die Stoffmutter aus dem Zimmer herausgenommen hatten, waren die Säuglinge buchstäblich verloren. Sie kreischten, kauerten sich zusammen, schaukelten, saugten an ihren Händen« (Blum 2010: 184).

Es hat mich berührt, diese Szene zu lesen. Wir sehen, wie Affen nur in Gegenwart ihrer »vermeintlichen« Mutter ihre Gegend erforschen und auskundschaften und auf ihre Abwesenheit heftig reagieren. So erkennen wir in diesem Verhalten starke Parallelen zu unseren Säuglingen.

Ein Kleinkind weiß, dass es die Mutter oder auch den Vater zu seinem Schutz braucht. Fängt das Kind zu krabbeln an (d.h. es fängt an, sich fortzubewegen), rückversichert es sich immer wieder bei der Bezugsperson. Es nimmt Augenkontakt mit ihr auf und will dadurch von ihr ganz konkret wissen, was sie von seinen Ausflügen hält. Das Kind will, dass die Mutter ihm nun zeigt, was seine Umgebung ausmacht. Es hat einen inneren Trieb, seine Umwelt zu erforschen und auszukundschaften. Ihm ist aber klar, dass es dazu Hilfe braucht, denn es weiß selbst noch nicht, wie diese Umwelt beschaffen ist.

Das Kind ist bereit, sein Territorium zu untersuchen und zu erforschen, und es wird sein Gebiet nach und nach vergrößern. Es wird sich aber immer in der Nähe der Mutter oder Betreuungsperson halten und möglichst in Blickkontakt bleiben. Die Mutter signalisiert ihm Gefahr und Zuversicht beim Erobern von neuem Terrain. Sie hilft ihm, Gefahren als solche zu erkennen. Signalisiert die Mutter dem Kind auf dem Weg durch die Wohnung nun Gefahren, indem sie es nicht davon fernhält oder zurücknimmt, sondern möglichst mit Signalen untermalt mit Worten auf die Gefahr hinweist und die Folgen aufzeigt (z.B. »Schau, das ist eine Treppe, da kannst du runterfallen und dir wehtun.«), wird sie feststellen können, wie das Kind reagiert. Wichtig ist, dass diese Informationen ganz normal ausgesprochen werden und nicht in aufgeregtem oder gar drohendem Ton. Die Aussage sollte eine reine Information sein. Die Gefahr kann aber auch ein heißer Ofen, ein stacheliger Kaktus oder irgendetwas sein.

Es ist durchaus möglich, dass ein Kind die Gefahr erst noch ein bisschen genauer untersuchen will. Die Erziehungsperson ist dann aufgerufen, diesen Versuch nicht zu verhindern, sondern zu unterstützen. Im Falle der Treppe würde das bedeuten: Ich stelle mich zwei, drei Schritte unterhalb hin und lasse das Baby frei experimentieren. Es kann »Daten«, d.h. Informationen, über die Treppe sammeln, indem es einfach schaut oder sich vorwagt; mit der einen Hand kann es versuchen, die nächste Stufe zu erreichen usw. Die Mutter ist im Notfall zur Stelle, um das Kind aufzufangen. In diesem sicheren Rahmen lasse ich mein Kind experimentieren. Weder greife ich ein noch kommentiere ich das Ganze; ich bleibe lediglich Beobachter der Szene und fange das Kind im Notfall auf. Dann ist es ihm schließlich möglich, die Gefahr als solche zu speichern. Kinder haben einen starken Überlebenstrieb und werden Dinge bleiben lassen, zu deren Bewältigung sie noch nicht fähig sind oder von denen sie nicht wissen, wie mit ihnen umzugehen ist.

Jean Liedloff schreibt dazu: »Gibt die Mutter seinen (des Kindes) sozialen Instinkten zu erkennen, dass sie von ihm erwartet, ihr die Sorge für seine Sicherheit zu überlassen, so wird es kooperieren und entsprechend handeln. Wird es hingegen ständig beobachtet und dahin gesteuert, wo es nach Auffassung seiner Mutter hingehen sollte, hält sie es an und rennt ihm hinterher, wenn es aus eigenem Antrieb handelt, so lernt es bald nicht mehr, für sich verantwortlich zu sein, da sie ihm ja zeigt, was sie von ihm erwartet« (Liedloff 1995: 106).

Bei Liedloff findet sich das bereits erwähnte Beispiel, wie die Yequana-Indianer ihre Kinder durch Kontakt mit Wasser für Gefahren sensibilisieren: »Die Yequanas nutzen die Freude des Babys an Aufführungen dieser Art aus und tauchen es nach und nach in immer bedrohlichere Gewässer, jedoch streng nach seinen Regeln und unter Beachtung seiner Aufforderungen zum Weitermachen. Ein Bad gehört von Geburt an zur täglichen Routine, aber jedes Kleinkind wird auch in schnelle Flüsse getaucht; zuerst nur mit den Füßen, dann mit den Beinen, schließlich mit dem ganzen Körper. Das Wasser wird immer reißender, bis zu strudelnden Stromschnellen und Wasserfällen, und wenn die Reaktion des Babys wachsendes Selbstvertrauen offenbart, wird auch die Zeit länger, die man es dem Wasser aussetzt. Ehe es laufen oder auch nur denken kann, entwickelt sich das Yequana-Baby schon zum Experten im Einschätzen der Kraft, Richtung und Tiefe von Gewässern durch Beobachtung. Die Mitglieder seines Stammes gehören zu den fähigsten Weißwasser-Kanufahrern der Welt« (S. 75).

In diesem Sinne kann man Kleinkinder durch bewusste Stimulation früh abhärten und stark machen. Wenn ich mein Baby immer beschütze, ihm weder etwas zutraue noch zumute, wird aus ihm mit großer Wahrscheinlichkeit ein ängstliches

Kind, das sich selbst kaum etwas zutraut, wenn es nicht von Natur aus stark ist und sich später in der Trotzphase mit starken Ausbrüchen durchzusetzen versucht.

Führe ich das Kleinkind jedoch behutsam, Freude vermittelnd und spielerisch, immer unter Beachtung seiner eigenen Gefühle an Gefahren heran, wird es sich daran gewöhnen und seine Sinne werden geschult und geschärft.

Ein Vater, der sein Baby erst mit gestreckten Armen in die Luft hält und dann wieder auffängt und dazu lacht, wird das Baby auch dazu animieren, an dem Spiel Freude zu haben. Mit der Zeit kann er es ein wenig in die Luft werfen und dann wieder auffangen, die Flüge werden immer höher und das Baby wird vor Vergnügen quietschen.

Eltern, die bei solchen Spielen von Anfang an angstvoll die Reaktion des Babys abwarten oder dies vielleicht sogar verbal zum Ausdruck bringen, werden automatisch Schreien und Weinen bei ihrem Kind auslösen. Das Baby beobachtet uns: Es erwartet von uns, dass wir ihm zeigen, wie es sich verhalten soll, und wird dementsprechend reagieren. Babys spiegeln uns. Das lässt sich fast ab dem ersten Lebenstag beobachten: Strecken wir die Zunge raus, streckt das Baby ebenfalls die Zunge raus. Sehen Babys Angst in unserem Gesicht, werden sie ebenfalls Angst reflektieren. Das ist so normal wie logisch. Entsprechend werden sie auch Freude, Lachen und Zuversicht erwidern.

- ✓ *Lassen Sie Gefahren bestehen.*
- ✓ *Signalisieren Sie Gefahren.*
- ✓ *Wenn immer möglich stimulieren Sie Gefahren*
- ✓ *Sorgen Sie dafür, dass sich Ihr Kind bei Ihnen rückversichern kann, wenn es etwas wagt.*
- ✓ *Strahlen Sie Ruhe und Zutrauen aus.*
- ✓ *Zeigen Sie Freude an seinem Entdeckerdrang.*
- ✓ *Haben Sie Vertrauen in Ihr Kind.*

Was passiert, wenn ein Krabbelkind nicht mit Gefahren konfrontiert wird?

Wenn später Unfälle geschehen, ist das häufig darauf zurückzuführen, dass ein Kind in der Kleinkindzeit nicht lernen durfte, dass die Welt Gefahren birgt. Es durfte seinen »Computer« nicht in der vorgesehenen Zeitspanne »programmieren« und muss deshalb später durch Unfälle auf weitaus härtere Weise lernen. Die meisten Erwachsenen bewegt das dazu, ihre Vorsichtsmaßnahmen weiter zu verschärfen. Das Kind traut sich dann gar nichts mehr zu, weil es durch seine Umwelt derart verunsichert und von Angst geprägt wurde. Auch ohne »Vorsichtsmaßnahmen« wird es schnell genug auf den Boden der Wirklichkeit geholt, indem es durch körperliche Schmerzen erfahren muss, dass die Welt voller Gefahren ist. Wenn es irgendwo zu Besuch ist, wo die Treppen nicht vergittert sind, wird es herabfallen. Alles, was ihm zu Hause sorgsam vorenthalten wurde, wird es an einem anderen Ort erfahren und sich womöglich im wahrsten Sinne des Wortes die Finger verbrennen.

Ein Kleinkind, das mit allen sich bietenden Gefahren aufwachsen darf, die ein Haushalt mit sich bringt, lernt nicht nur mit diesen Gefahren umzugehen, es lernt auch, dass es überall Gefahrenquellen geben kann. Es wird also höchst vorsichtig seine nähere und weitere Umgebung erforschen, immer wieder mit Blick auf seine Bezugsperson, die ihm bei drohender Gefahr diese signalisieren würde. Darauf verlässt sich das Kleinkind.

Wir müssen unsere Kinder lehren, mit Gefahren umzugehen. Kinder sind mit äußerst sensiblen Sensoren ausgerüstet, denen sie voll vertrauen können. Wenn wir ihnen Gefahr signalisieren, werden die Sensoren das registrieren und weiterleiten. Wir dürfen davon ausgehen, dass das Baby mit einem gesunden Überlebenstrieb ausgestattet ist.

Bleiben wir aber beim Beispiel der Treppe: Meine Tochter Simone war noch im Krabbelalter, als wir bei Freunden zu Besuch waren. Da gab es eine lange Treppe, die ihre Aufmerksamkeit erregte. Sie kroch auf die Treppe zu und ich war gespannt, was jetzt kommen würde. Ich näherte mich ihr, ohne sie anzufassen, und sagte: »Schau, das ist eine Treppe, da kannst du runterfallen und dir wehtun.« Sie krabbelte etwa dreißig Zentimeter an den Treppenansatz heran, reckte ihren Kopf, schaute die Treppe hinunter und bewegte sich dann ganz vorsichtig rückwärts. Ich war verblüfft darüber, was dieses zehn Monate alte Kind begriff und wie es reagierte. Das Kind war kooperativ und wissbegierig – seine Überlebensmechanismen waren offenbar intakt.

Ein Kleinkind sollte möglichst früh ein Sensorium für Gefahren entwickeln und seinen Selbsterhaltungstrieb schulen. Es läuft dann viel weniger Gefahr zu verunfallen, es kann Gefahren schnell und gut erkennen und weiß sich zu schützen. Wenn man hingegen die kindlichen Instinkte abstumpft, geht es plump und unsicher jeder nicht eliminierten Gefahr entgegen.

Unsinnig ist auch, auf Schritt und Tritt neben den Kindern zu stehen und ständig Angst zu haben, es passiere etwas, wenn man nur einen Augenblick unachtsam ist. Schließlich sollen Kinder lernen, dass sie für ihr Tun und Lassen selbst verantwortlich sind. Mit der Zeit bauen Eltern Vertrauen auf und begreifen, dass ihre Kleinen sehr gut auf sich selbst aufpassen können. Sie bewegen sich nicht wie tollpatschige Ungeheuer und fallen nicht in jede Grube. Denn sie sind mit Gefahren aufgewachsen und wissen damit umzugehen.

Falsche Sicherheit

Wird ein Kind nun ständig von Gefahren zurückgehalten, lernt es schnell, dass sein Forscherdrang nicht erwünscht ist.

Möglicherweise ist es sich der Gefahren nicht einmal bewusst. Nehmen wir zum Beispiel einen Swimmingpool oder einen Gartenteich. Das Kind bewegt sich darauf zu und wird von den Erwachsenen zurückgeholt. Im nächsten Moment ist es noch schneller am Becken und wird wiederum zurückgeholt. Diesmal mit erhobenem Zeigefinger. Auch das Gesicht der Eltern verrät nichts Gutes – es sieht ärgerlich aus. Dabei wird noch entsprechend geschimpft. All das interessiert das Kind aber nicht. Es will – es muss dieses interessante nasse Blau erforschen. Ein kleines Männchen in seinem Kopf, sagt ihm immerfort: »Geh hin, erforsche es, es ist wichtig, du musst wissen, was das ist. Es schimmert so schön und es ist so ganz anders als alles, was du bisher kennen gelernt hast.« Aber der Entdeckerdrang wird wiederum von den Eltern sofort unterbunden. Diesmal vielleicht mit einem leichten Klaps auf den Po. Man will ja schließlich, dass das Kind gehorchen lernt. Aber alle Anstrengungen der Eltern scheinen nicht zu fruchten. Letztlich wird das Kind vehement und unter Geschrei vom Ort des Geschehens weggezogen.

Was ist da passiert? Das Kind muss entdecken und sein Gehirn vernetzen. Neugier ist die Triebfeder des Lernens. In diesem Fall hat das Kind aber vor allem gelernt, dass die Eltern ein Problem haben und wie man reagiert, wenn man ein Problem hat. Es hat auch verstanden, dass dieses Problem sein Verhalten betrifft. Weil Kinder den Eltern eigentlich keine Probleme machen wollen, beschließt das Kind, sein Unterfangen auf später zu vertagen, d. h. einen besseren Moment abzuwarten, in dem die Eltern nicht anwesend sind. Es will ihnen eben keine Probleme machen, wenn es endlich dem kleinen Männchen, das »Neugier« heißt, nachgeben und die Dinge erforschen kann. Das Kind wird sich in Gegenwart der Eltern oder anderer Erwachsener davor hüten, weiterhin diese Gefahren auszukundschaften, da es sich gut verhalten will. Also unterdrückt es seinen Forscherdrang bis zu einem späteren Zeitpunkt, natürlich nicht bewusst.

Auf diese Weise geschehen jene tragischen Unfälle, über die man immer wieder in der Zeitung liest: »Dreijähriges Kind in Gartenteich ertrunken« oder so ähnlich. Solche Kinder haben nie gelernt, mit Gefahren umzugehen. Der Gartenteich wird abgeschirmt, ein Zaun darum gestellt, der es dem Kind unmöglich machen sollte, überhaupt dorthin zu gelangen. Nun sind Kinder aber mit einer angeborenen Neugier ausgestattet – sie müssen und wollen ihre Welt kennen lernen. Sie schauen dem Vater oder der Mutter ganz genau auf die Finger, wie sie die Tür verschließen, oder wachsen schließlich zu einer Größe heran, die es ihnen ermöglicht, über den Zaun zu steigen. Der kindliche Entdeckungswille ist grenzenlos. Je verborgener oder verschlossener etwas ist, umso interessanter. Man reizt das Kind mit solchen Maßnahmen geradezu, eines Tages das Territorium hinter dem Zaun zu untersuchen, und zwar auf eigene Faust. Das Kind wird es nicht in Anwesenheit von Erwachsenen versuchen, da es längst gemerkt hat, dass die Erwachsenen das nicht wollen. Es weiß, dass der Zaun einzig und allein ihm gilt und es davon abhalten soll, den geheimnisvollen Ort dahinter kennen zu lernen. Bei günstiger Gelegenheit begibt sich das Kind also auf Expedition. Günstig meint: Wenn keine Erwachsenen – keine Spielverderber – in Sichtweite sind. So gelingt es ihm, das Hindernis zu überwinden, und es fällt im schlimmsten Fall in den Gartenteich und ertrinkt.

Hätte man das Kind an den Teich herangeführt und mit dem Wasser vertraut gemacht, am besten im Schwimmbad – schon Säuglinge sind in der Lage zu tauchen –, wenn es seine Neugier hätte befriedigen dürfen, ohne Zaun, dafür in Begleitung eines Elternteils, der liebevoll erklärt, warum der schöne Teich so gefährlich ist, so wäre das Unglück wahrscheinlich nicht passiert.

Befriedigte Neugier

Ein Kind, dem man Gefahren nicht vorenthält, wird die Abwesenheit der Eltern nicht dazu nutzen, gerade in solchen Momenten etwas auszuhecken oder anzustellen. Es bleibt bei seiner Beschäftigung oder bewegt sich nur innerhalb des Rahmens, den es kennt und selbst verantworten kann. Denn es weiß, dass gerade niemand da ist, um es vor eventuellen Gefahren zu schützen – vorausgesetzt, ihm wurde die Abwesenheit mitgeteilt.

Gerade weil das Kind weiß, dass überall Gefahren lauern, wird es sich, sobald seine »Versicherung« (Mutter oder Vater) abwesend ist, nicht auf Unbekanntes einlassen. Schließlich wird es in Anwesenheit der Eltern nicht daran gehindert, Neues auszukundschaften. Durch eine solche Sensibilisierung sind Kinder auch gewillt, Hinweise entgegenzunehmen. Sie wissen, dass sie wirklich aufpassen müssen, wenn man es ihnen sagt.

Erstaunlich ist zum Beispiel, wie sensibel solche Kinder schon auf Autos achten. Bereits das Starten eines Motors lässt sie aufhorchen und sich in Sicherheit begeben. Das heißt, ein Kind, das gerade gehen kann, wird sich in den Schutz der Mutter begeben. Es kann ja noch nicht abschätzen, woher das Auto kommt und wohin es fährt. Die Mutter bedeutet Sicherheit, also geht es zu ihr. Das heißt, nicht die Mutter bewegt sich zum Kind, um es wegzuführen, sondern das Kind geht von sich aus zur Mutter. Ein größeres Kind, das Autos schon besser einschätzen kann, wird sich einfach in Sicherheit begeben. Mit der Zeit reicht ein Hinweis auf Gefahr, damit ein Krabbelkind sich richtig verhält. So erzählte mir eine Mutter von ihrem Umzug in ein neues Haus. Es war noch nicht ganz fertig gestellt, der Sitzplatz mit der Terrasse nur durch ein paar Bretter verbunden, daneben ging es zwei Meter in die Tiefe.

Sie berichtete: »Ich habe Thomas, als er zehn Monate alt war, einmal gesagt, dass er da runterfallen könne. Von da an konnte ich beobachten, wie er immer auf der inneren, der Hauswand zugewandten, sicheren Seite über das Brett kroch. Ich wusste, er hatte Verantwortung für sich selbst übernommen, und brauchte mich in dieser Sache nicht mehr zu sorgen.«

Vertrauen

Ein fünfjähriges Kind kommt in die Spielgruppe. Dazu muss es eine Straße überqueren. Die Mutter ist ängstlich, sie hat das Kind vorher niemals alleine draußen spielen lassen. Damit dem Kind nichts zustößt, ist sie bereit, das Kind jeden Tag in die Spielgruppe zu begleiten und von dort abzuholen. Das Kind hat also nie gelernt, auf sich selbst aufzupassen und für sich Verantwortung zu übernehmen. Entsprechend wird es der Mutter weiterhin auf Schritt und Tritt folgen. Es bekommt zu hören: »Pass auf, geh zur Seite, bleib hier stehen!« Die Mutter erklärt, wann man die Straße betreten kann, und sobald sie den ersten Schritt darauf setzt, tut das Kind es ihr nach. Statt auf sich selbst aufzupassen, gewöhnt sich das Kind daran, der Mutter »hinterher zu latschen« und sich auf sie zu verlassen.

Wird das Kind, wenn es in die Schule kommt, dann doch einmal aus der Aufsicht der Eltern entlassen, hat es sich mittlerweile so daran gewöhnt, sich auf andere zu verlassen, dass es aus lauter Gewohnheit nicht aufpassen wird. Es musste ja nie Verantwortung für das eigene Tun übernehmen. Dieses eingeprägte Muster kann verheerende Folgen haben.

Besser ist es, das Kind ein bis zweimal zu begleiten, es auf alle Gefahren aufmerksam zu machen und ihm zu sagen, wie diese Gefahren zu meistern sind. Im Falle der Straße könnte die Mutter sagen: »So jetzt darfst du Mami sein und bringst jetzt die kleine Lisa (oder wie immer das Kind heißt) in den Kindergarten (bzw. in die Schule).« Alle Kinder spielen gerne Mama oder Papa, Ihr Kind wird sich also über den Rollentausch freuen. Jetzt kann es zeigen, wie man sich in dieser Situation verhalten soll. Und Sie können feststellen, wie gut das Kind aufgepasst hat. Vor allem erfahren Sie, ob Ihr Kind die Gefahr meistert oder ob es noch Unsicherheiten gibt. Diese können Sie noch besprechen und ausräumen, dann lassen Sie Ihr Kind alleine losziehen, wenn es sich das zutraut. Ist dies noch nicht der Fall, schauen Sie, was es dazu noch braucht. Kindern tut es gut, Dinge alleine meistern zu können – es tut ihnen auch gut, unser Vertrauen zu spüren, dass wir ihnen etwas zutrauen. Das Kind darf sich aber nicht gedrängt fühlen. So kann es auch zu seinen Ängsten stehen, auf die wir einzugehen haben.

Ein sehr scheues Kind kann ich durch mein Verhalten beeinflussen, indem ich ihm zeige, wie viel ich ihm zutraue. Dieses Vertrauen wird seine Selbstsicherheit fördern.

Ist das Kind nicht länger in Begleitung, wird es sich äußerst vorsichtig verhalten, denn es weiß, dass es von nun an auf sich alleine gestellt ist. Es wird den Weg aufmerksam gehen und bemüht sein, nichts falsch zu machen. Sein Verhalten wird von Vorsicht und Aufmerksamkeit geprägt sein, was sich wiederum auf die Entwicklung des Kindes auswirkt. Es kann Selbstwertgefühl und Selbstständigkeit entwickeln, die ihm Vertrauen in sein eigenes Tun geben.

Erwachsene müssen lernen, die eigenen Ängste nicht auf ihre Kinder zu übertragen, sondern mit ihnen umzugehen und den Kindern wieder mehr Verantwortung für sich selbst zu übertragen.

Eine Lehrerin, die Erst- und Zweitklässler zusammen unterrichtet, erzählte mir von einem gemeinsamen Skiausflug: »Beim ersten Mal bat ich die Mütter, beim Skifahren Klassen zu übernehmen. Beim nächsten Mal ließ ich Kinder aus der zweiten Klasse auf je eine der ersten Klassen aufpassen. Ich merkte, wie die Kinder sofort mehr Verantwortung für sich und die ganze Gruppe übernahmen. Die Kinder waren begeistert. Das Verantwortungsgefühl gab ihnen Stärke und Selbstvertrauen. Es entstand eine Gruppendynamik, die ich bei der Führung von Erwachsenen nie festgestellt habe.«

Angst und Vorbilder

Wenn ich einem Kind nichts zutraue, übertrage ich meine eigenen Ängste auf das Kind. Wenn es etwa auf einen Stuhl klettert und ich warne: »Achtung, du fällst runter!« Oder das Kind will rennen und ich rufe: »Achtung, nicht so schnell, sonst stürzt du!« Das Kind wird dadurch unsicher und es kann passieren, dass es nur wegen mir das Gleichgewicht verliert und vom Stuhl fällt oder die Beinchen sich verhaspeln und es stürzt. Dann habe ich meine Unsicherheit und Angst auf das Kind übertragen.

Natürlich lassen sich Ängste nicht verbieten, man kann aber versuchen sich zurückzuhalten, und dem Kind gestatten, auf den Stuhl zu steigen, und sich so hinstellen, dass man es auffangen könnte. Es wird dann schnell herausfinden, ob ihm sein Plan gelingt oder nicht, ob seine Fähigkeiten dieses Experiment schon zulassen. Wenn nicht, wird es den Stuhl für eine Weile nicht mehr beachten. Auch wenn es ab und zu hinfällt, ist das nicht schlimm – das sind Konsequenzen, aus denen es lernt.

Es ist beeindruckend, wie unermüdlich ein Kleinkind seine ersten Schritte lernt: Es fällt hin, steht wieder auf, fällt hin, steht wieder auf. Die ganze Prozedur ist ein stetes Erfolgserlebnis. Das Kleine kümmert das Hinfallen oft überhaupt nicht, es interessiert sich einzig und alleine für seinen Erfolg, auf zwei Beinen zu stehen und zu gehen.

Das Gleiche gilt für die nächsten Lernerfolge. Die kindliche Freude, endlich eine Bank oder einen Stuhl erklimmen zu können, ist ungleich wichtiger als sämtliche Rückschläge, bis die Ziele erreicht werden. Man könnte das als Urform des »positiven Denkens« bezeichnen. Kinder bringen dieses positive Denken mit auf die Welt. Sehen wir also zu, dass wir es ihnen nicht nehmen. Tun wir ihnen lieber unsere Freude kund, wenn sie etwas schaffen, und »blasen wir ihnen den Schmerz weg«, wenn etwas schiefgelaufen ist – aber nur wenn ein Kind wirklich Schmerz empfindet. Oft stehen Kinder einfach auf und laufen weiter, ohne auch nur einen Mucks zu machen.

Ein Kind schätzt es ungemein, wenn es bei uns positive Erwartungen spürt, wenn wir seinen Fortschritten gegenüber wohlwollend eingestellt sind, wenn es Ermunterung, Zuspruch und Applaus für seine Errungenschaften erntet. Es merkt auch schnell, wenn wir Angst haben, wenn wir jedes seiner Vorhaben ab-, zurück- oder aufhalten wollen. Dann kann es unserer Meinung nicht mehr trauen und muss sich über unsere Anordnungen hinwegsetzen, denn es gehorcht seinen inneren, anders lautenden Befehlen, die es auffordern, die Welt zu erobern.

Daher ist es wichtig, ein Kind im Krabbelalter genau zu beobachten und ihm wenn immer möglich freien Lauf zu lassen. Einschreiten sollte man nur, wenn es absolut unumgänglich ist. In diesem Alter lernt das Kind nur von unserem Vorbild, ihm entgeht nichts und es kopiert unentwegt. Unser Vorbild wird mit allen Sinnen aufgenommen und wiederum tief in seinem Inneren gespeichert.

Die gesprochene Sprache erreicht das Kind dagegen nur in seinem Intellekt. Auch ob es diesem folgen will, wird intellektuell entschieden. Es ist also für das Kind nicht entscheidend, was wir sagen. Wie wir handeln und was wir signalisieren, ist dagegen von großer und weitreichender Bedeutung. Das ist die Sprache der Evolution, die das Gehirn des Kindes versteht.

Wie Angst auf ein Baby übertragen wird, hörte ich von einer Homöopathin in einer Radiosendung zu Gesundheitsfragen. Ihre kleine Patientin litt im Alter von vier Monaten litt an einem Mund- und Magenpilz. Nachdem die Mutter schon mehrere Kinderärzte erfolglos aufgesucht hatte, kam sie zur Homöopathin. Diese schaute das Kind an, nahm Kontakt mit ihm auf und erkundigte sich nach dem Problem. Die Mutter erzählte die Leidensgeschichte und war offensichtlich beunruhigt über den Pilzbefall bei ihrer Tochter, da sie das Gefühl hatte, dass der Pilz ihrer Tochter Nahrung wegnehme. Dic Homöopathin schaute das rundliche Baby an und meinte, soweit sie das beurteilen könne, lebten die beiden in gutem Einvernehmen miteinander und das Baby bekomme seinem blendenden Aussehen nach immer noch genug Nahrung. Sie müsse wohl nicht das Kind, sondern die Mutter behandeln, damit diese sich nicht unnötige Sorgen um ihr Kind mache. Die Mutter verstand, dass ihre Angst und Sorge um das Kind den Pilz beim Baby verursacht hatten. Nachdem sie ihre negativen Gefühle in den Griff bekommen hatte, verschwand auch der Pilzbefall beim Kind.

Ähnliche Beispiele erlebe ich oft in meinen Babymassagekursen. Sie zeigen, dass wir mit unseren Ängsten ihnen nicht nur im Weg stehen und eine gesunde Entwicklung verhindern, wir können sie regelrecht krank machen.

Diese Überlegungen sollten genügen, um alle Bedenken und Wenn und Aber über Bord zu werfen und endlich den Kindern wieder die freie Entfaltung zu ermöglichen, die sie brauchen. Natürlich ist das Bedürfnis, Kinder zu schützen, legitim und notwendig. Niemand will sein Kleines durch einen Unfall verlieren. Bewirken wir aber, dass sich unsere Kinder eher verletzen oder verunfallen, weil sie als Kleinkind keinen Gefahren ausgesetzt waren und sich somit nicht schulen konnten, tun wir weder ihnen noch uns einen Gefallen. Dann ist unser Verhalten egoistisch, weil wir unsere Bedürfnisse über die Entwicklung unseres Kindes stellen.

Welche Gefahren muss ein Krabbelkind kennen lernen?

Wenn ein Kind krabbeln kann, sollte es alle Gefahren kennen lernen, die sich ihm bieten. Der Laufstall – falls man überhaupt einen hatte – hat ausgedient, wenn das Kind seine Umgebung auskundschaften darf. Da ist die Schublade, in der man sich beim Zuschieben die Fingerchen einklemmen kann. Da ist der heiße Ofen, der angeheizt wird. Da gibt es Herdplatten, Bügeleisen, heiße Speisen, heißes Wasser, an denen man sich verbrennen kann. Treppen, Stühle, Bänke, Tische, Mauern, die man herabfallen kann. Scheren, Nadeln, Gabeln, Messer, Dornen, die einen verletzen können. Oder Wasser, in dem man ertrinken kann.

Wenn das Kleinkind zu krabbeln anfängt, sind seine Ausflüge noch kurz und vorsichtig. Es bewegt sich nicht weit von der Mutter oder dem Vater weg. Auf jeden Fall hält es immer Blickkontakt. Kommt es nun zu einem neuen Gegenstand, den es noch nicht kennt, wird es sich bei der Mutter zuerst rückversichern, um deren Reaktion zu testen. Bleibt sie ruhig, weiß das Kind, dass es den Gegenstand ruhig untersuchen kann. Fällt der Gegenstand um und scheppert, wird sich das Kind wieder rückversichern.

Bei allen unbekannten Dingen oder Geräuschen erwartet das Kleinkind, dass die Mutter ihm signalisiert, ob etwas zu befürchten, zu beachten ist oder nicht. Bleibt die Mutter ruhig, bleibt auch das Kind ruhig; ist die Mutter besorgt, wird auch das Kind besorgt. Signalisiert die Mutter eine Gefahr, indem sie dem Kind zeigt und erklärt, worin diese besteht, versteht das Kind die Gefahr und wird sich beim nächsten Kontakt mit dem Gegenstand entsprechend vorsichtig verhalten.

Scharfe und spitze Gegenstände wie Gabeln, Messer, Schere und Nadeln kann man Kinder fühlen lassen, indem man ihnen damit leicht in die Hand oder den Arm pikst. Unzählige Male habe ich schon beobachtet, wie Kleinkindern solche Dinge gewaltsam aus den Händen gerissen wurden, was mir bis ins Innerste wehtut. Da sind diese kleinen Händchen, die etwas erobert haben und es fest umschlossen halten, bis ein Erwachsener es ihm wegnimmt oder ein größeres Kind schreit: »Das darfst du nicht haben, gib es her!« Der Griff des Kleinkinds verkrampft sich, verzweifelt umklammert es seinen Gegenstand, der ihm dennoch entrissen wird. Mit letzter Kraft versucht es seine Eroberung zu verteidigen, muss aber zusehen, wie der Stärkere siegt. Seinem Unmut macht es dann mit Tränen und Geschrei Luft.

Man stelle sich einmal vor, wir hätten gerade etwas gefunden, etwas wunderbar Glänzendes, ein Instrument, das wir nicht kennen und untersuchen möchten, ein Buch, das unsere Aufmerksamkeit geweckt hat – bis irgendein Flegel um die Ecke kommt und ihn einfach aus unseren Händen reißt. Was würde so etwas bei uns auslösen? Mit großer Wahrscheinlichkeit Zorn, Wut, Rachebedürfnis, Hass und Ohnmacht.

Unseren Kleinen geht es genauso. Völlig zu Recht reagieren sie mit Geschrei und Tränen. Ich habe bei meinen Kindern kein einziges Mal erlebt, dass sie etwas, das ich nicht in ihren Händchen wünschte – sei es eine Brille, die in die Brüche gehen könnte, ein Blatt aus meinen Bewerbungsunterlagen, Großmutters kostbare Zuckerdose oder was auch immer –, mir nicht freiwillig gegeben hätten. Ich habe sie einfach gebeten, vielleicht mit einer knappen Begründung, ihren aktuellen Besitz freizugeben. Dazu streckte ich die offene Hand hin, sie schauten mir in die Augen und ich konnte sehen, wie sich ihr

Wesen öffnete, bevor sie mir das entsprechende Ding ohne Umstände reichte.

Wie oft wird einem Kleinkind, das bei Tisch eine Gabel oder ein Messer erwischt, das Besteck kurzerhand wieder aus der Hand gerissen. Dabei sieht es die Großen immerzu damit hantieren und möchte es auch einmal probieren. Also wird es die nächstbeste Gelegenheit abwarten, um wieder in den Besitz des ihm vorenthaltenen Gegenstands zu gelangen. Mit aller List und sämtlichen Widerständen zum Trotz wird es das Besteck untersuchen, denn die Neugier ist jetzt erst richtig geweckt.

Wenn wir das Kind jedoch fühlen lassen, dass es sich um spitze Gegenstände handelt, indem wir mit Gabel und Messer fein auf sein Händchen drücken oder piksen (es können auch Nadel oder Schere sein), und dabei erklären, dass wir Angst haben, es könnte sich daran verletzen, wird es verstehen, wieso wir die Gegenstände von seinen Händchen fernhalten. Es merkt, dass wir ihm die Gegenstände nicht vorenthalten wollen, sondern sie wegnehmen, um das Kind zu schützen. Wenn es die Dinge bei nächster Gelegenheit trotzdem wieder erwischt, wird es wissen, worauf es achten muss.

Optimal ist es natürlich, wenn man sie den Kindern einfach überlassen kann. Eltern erschrecken oft, wenn ihre Kleinen einen spitzen Gegenstand ergattert haben und ihn zum Mund führen. Gerade der Mund ist aber ein besonders sensibles Sinnesorgan, das qualitativ gute Informationen über einen Gegenstand ans Gehirn leiten kann. Deswegen wird in diesem Alter auch alles in den Mund gesteckt. Vielleicht können Sie es ja auch zulassen, dass Ihr Kind den Gegenstand entsprechend vorsichtig mit dem Mund erforscht. Ein gesundes Kind braucht nur zu wissen, dass es sich daran verletzen kann. Beobachten Sie einfach gut – lernen Sie von Ihrem Kind, wie zu handeln ist.

Bei heißen Gegenständen reicht es, wenn das Kind die Hitze nur ein bisschen fühlt. Es muss sich nicht unbedingt verbrennen, um zu verstehen, dass es sich bei heißen Gegenständen sehr wehtun kann. Meistens ist Kleinkindern der gekochte Brei eher zu heiß als zu kalt. Wenn also der warme Brei schon unangenehm ist, wie steht es dann erst mit einem Ofen, bei dem einem die Hitze fast entgegenschlägt!

Babys besitzen einen angeborenen Reflex: Wenn sie unter Wasser gehen, machen sie automatisch »dicht«. Es genügt daher, »Tauchen« zu sagen, damit das Kind das Wort für diese Handlung lernt, und dann mit ihm unter Wasser zu gehen. Das kann am Anfang in der Badewanne geschehen und später im Schwimmbad. So lernt das Kind ganz selbstverständlich mit Wasser umzugehen, verliert die Angst davor, aber nicht den Respekt.

Bei hohen Gegenständen reicht es, ein Kind darauf hinzuweisen, dass es herabfallen kann. Auch Treppen überwindet es ohne Probleme, wenn man es richtig heranführt.

Hier eine Geschichte, wie unser Jüngster dieses Problem meisterte: Als Stefan zu krabbeln anfing, mussten ihm seine beiden älteren Schwestern unbedingt die Treppe vorführen. Sie kicherten und lachten, als er, um es ihnen gleichzutun, die erste Stufe erklomm. Als ich auf das Geschehen aufmerksam geworden war, wusste ich, dass Stefan dafür eigentlich noch zu jung war, aber den Stolz über seine Eroberung der ersten Stufe wollte ich ihm nicht nehmen. Die Schwestern verzogen sich wohlweislich in ihr Zimmer, als sie meinen strengen Blick bemerkten.

Stefan wusste nicht, was er jetzt tun sollte. Er konnte weder vorwärts noch rückwärts, seine Bewegungen waren noch langsam und zu wenig kontrolliert. Ich hob ihn also auf und setzte ihn wieder auf den Boden. Für den Moment war sein Erkundungstrieb befriedigt, aber ich wusste, dass der nächste Ausflug mit Sicherheit kommen würde.

Nach ein paar Tagen sah ich Stefan tatsächlich wieder an der

Treppe, die ihn immer noch brennend interessierte. Er krabbelte also die erste Stufe hoch. Ich ließ ihn gewähren, denn ich wusste, dass ein Verbot sinnlos wäre. Ich stand auch nicht daneben, denn sonst hätte er sich zu sehr in Sicherheit gewogen, was ihn in seinem Bestreben, die Treppe zu überwinden, nur noch bestärkt hätte. Er sollte wissen, dass er ganz auf sich allein gestellt war. Natürlich beobachtete ich ihn und behielt ihn im Auge. Ohne allzu viel Mühe schaffte er auch die zweite Stufe, als er einen Blick zurückwarf und sich schlagartig sein Selbsterhaltungstrieb meldete. Ich konnte mir ein Lachen nicht verkneifen, denn die Situation erinnerte mich an ein kleines Kätzchen, das den Baum wohl hinaufklettern kann, sich oben aber fragt, wie es wieder runterkommt. Dem kleinen Kätzchen nicht unähnlich klang jetzt auch das Wimmern auf der zweiten Stufe. Natürlich ging ich sofort hin, nahm ihn auf den Arm, streichelte ihn liebevoll über den Kopf und sagte: »Wohl doch noch ein bisschen zu klein für große Ausflüge.«

Ich konnte mir aber denken, dass der Tag nicht fern war, an dem er es aufs Neue versuchen musste. Er kam wieder bis auf die zweite Stufe, dann verließ ihn der Mut. Anders als das letzte Mal fing er aber nicht zu wimmern an, sondern versuchte, wieder herabzusteigen. Er drehte sich auf der Stufe, wollte mit seinen Händchen vorangehen, aber da war es auch schon geschehen: Er landete mit dem Kopf voran, ganz anders und wesentlich schneller, als er das ursprünglich im Sinn gehabt hatte. Stefan schürfte sich auf dem Bodenbelag ein wenig die Stirn auf. Dass dieser Effekt nicht in seinem Sinne war, tat er lauthals kund und erreichte damit, dass ich ihn hochnahm und wegen seines missglückten Unterfangens tröstete. Fürs Erste hatte er nun genug von der Treppe. Bis zu seinem nächsten Versuch. Bis dahin würdigte er die Treppe keines Blickes mehr, achtlos krabbelte er an ihr vorbei.

Monate später, ich glaube, der Anstoß kam wieder von seinen Schwestern, hatte er anscheinend seine ersten trübseligen Erfahrungen verarbeitet. Seine Bewegungen waren inzwischen gezielter, leichter und koordinierter, und ich war der Meinung, dass er es jetzt schaffen könnte. Ich bot ihm daher meine Hilfe an, indem ich mich hinter ihn stellte, um ihm die Sicherheit zu vermitteln, dass ich im Ernstfall da sein würde. Er wagte also den Aufstieg unter Begeisterung und Beifall seiner beiden Schwestern. Stefans Freude war diesmal ungetrübt und sein Enthusiasmus war offenkundig.

Der Abstieg musste gleich anschließend auch geübt werden, Stefan sollte wissen, wie er wieder runterkommen konnte. Vor allem wollte ich diesmal die Kopf-voran-Variante verhindern und entschied mich für die Bauchlage. Nun ging es um die erste oberste Stufe. Ein Krabbelkind kommt mit dem Kopf voran daher, also muss es sich drehen, um bäuchlings ein Hindernis zu überwinden. Dieses Drehen ist nicht ganz einfach, denn es erfordert schon eine recht gute Einschätzung des Raumes bis zur ersten Stufe, den es zum Drehen braucht. Von allen vieren setzt sich das Kind zuerst hin, um sich vom Sitzen auf den Bauch zu drehen. Wenn dabei etwas schiefläuft, kommt es die Treppe schneller als gewünscht herab. Ich zeigte Stefan, wie er die Beinchen ausstrecken und oben mit den Händchen den Kontakt zur Stufe halten musste, und los ging es. Stefan schien Spaß an dem Bauchrutsch zu haben und schaffte es mühelos.

Jetzt ging es eigentlich nur noch um unsere Ängste. Ich selbst hatte in dieser Hinsicht keine Probleme. Schließlich wusste ich, dass Stefan seine Sinnesorgane alarmiert hatte, dass er äußerste Vorsicht walten ließ und er genau wusste, was er tat. Ich fühlte mich wie ein Muttervogel, der die flügge gewordenen Jungen bei ihren ersten Versuchen überwacht. Meinem Mann fiel das schwerer. Er sah im Büro, unterwegs, im Traum, wo auch immer, Stefan die Treppe hinunterfallen.

Wenn er zu Hause war, rannte er jedes Mal zur Treppe, wenn Stefan rauf oder runter ging, und trug ihn lieber, anstatt ihn alleine gehen zu lassen. Ich wusste, dass es für Stefans Entwicklung von großer Wichtigkeit war, dass er diesen Schritt tun durfte, um auf eigenen Beinen zu stehen. Im Interesse des Kindes versuchte ich daher meinen Mann davon zu überzeugen, dass Stefan x-mal am Tage rauf und runter gehe. Er selbst müsse versuchen, seine Ängste in den Griff zu bekommen.

Es dauerte nicht lange, bis Stefan die Treppe aufrecht hinauf und hinab ging. Auf der einen Seite war sie offen, ohne Geländer, aber mit einem Brett als Abschluss, das er zu seiner Rutschbahn machte und bäuchlings runterrutschte.

Selbstverständlich hätte Stefan die Treppe auch herunterfallen können. Eine Garantie, dass so etwas nicht passiert, gibt es nicht. Aber kann nicht auch ein Erwachsener, der schon tausendmal eine Treppe betreten hat, herunterfallen?

Kinder loszulassen ist ein ständiger Prozess, der vom ersten Tag an in vielen kleinen Schritten stattfindet. Das erste Loslassen ist das Abnabeln. Wer nicht schon bei Kleinkindern lernt loszulassen, wird noch Kontrolle ausüben wollen, wenn die Kinder längst erwachsen sind. Das führt dann dazu, dass erwachsenen jungen Menschen immer noch die Wohnung geputzt, die Wäsche gewaschen, die Buchhaltung geführt oder die Versicherung abgeschlossen wird. Im Grunde genommen geht es in solchen Fällen darum, dass Eltern ihren Kindern nicht zutrauen, dass sie eigenständig sind, und deren Abnabelung daher im Wege stehen.

Anleitung

Eine Mutter rief mich einmal an und wollte wissen, was sie machen solle, ihre Tochter wolle immer mit dem Kopf voran die Treppe runter. Sie meinte noch, sie habe es ihr schon hundertmal gesagt, aber es nütze nichts. Ich fragte die Mutter: »Hast du es dem Kind denn einmal vorgemacht?« Die Mutter war verdutzt und fragte: »Du meinst, ich soll …?« »Ja, klar!«, war meine Antwort. »Wie soll das Kind wissen, dass es sich drehen und bäuchlings die Treppe überwinden kann, wenn es dich immer vorwärts die Treppe hochgehen sieht? Viele Krabbelkinder machen es automatisch, aber längst nicht alle kommen darauf. Versuchs einfach.« Nach ein paar Tagen rief sie mich freudig an und sagte: »Es hat geklappt!«

Essen

Ein wichtiger Entwicklungsschritt von Kleinkindern ist der Schritt zum selbstständigen Essen. Meistens fängt man im sechsten, spätestens im siebten Monat mit fester Nahrung an und füttert das Kind mit Brei. Schon bald sollte man aber dem Kleinen den Löffel überlassen und es selbst essen lassen. In dieser sensiblen Phase werden gleich verschiedene Lernschritte gemacht. Natürlich bedeutet das erst einmal eine Sauerei: Das Kind wird den Löffel hinlegen und sofort mit den Händen zupacken. Das gehört zu seiner Entwicklung und sollte nicht verhindert werden. Es muss haptisch erfahren, was es später auf seinen Löffel packen soll. Es begreift, fühlt, erfährt die Nahrung zuerst mit den Händen, stopft sie in den Mund und erfährt, fühlt und begreift sie dort aufs Neue.

Dieser Vorgang ist überaus lustvoll. Um spätere Schwierigkeiten beim Essen zu vermeiden, sollte man das Kind gewähren lassen und einfach vorsorgen, etwa Plastikfolie unter seinen Stuhl legen oder ihm Lätzchen umhängen – und dann rein ins Vergnügen! Das hat nichts mit antiautoritärer Pädagogik zu tun, sondern entspricht einer natürlichen, verständnisvollen, kindgerechten Erziehung. Die Schmuddelphase wird auf diese Weise relativ schnell überwunden, und das Kleine wird schon bald mit dem Löffel selbstständig und ordentlich essen können. Wir sind seine Vorbilder, die es gerne imitieren will.

Zwang bei Tisch ist kontraproduktiv, wenn wir Streitereien und Querelen vermeiden wollen. Wenn ein Kind ein Nahrungsmittel ablehnt, sollten wir dies respektieren. Selbst das »kleine bisschen« Versuchenmüssen ist fehl am Platz, wenn ein Kleinkind eine Abneigung gegen eine bestimmte Speise hat. Ist das Kind nämlich überzeugt davon, dass es etwas nicht mag, wird es das auch nicht mögen, nachdem es gezwungen wurde, davon zu probieren.

Eine weitere sensible Phase bildet die Einführung von festen Mahlzeiten. Die Psychiaterin und Ärztin Marie Meierhofer schreibt dazu: »Schon vor dem Durchbruch der Mahlzähne sollte die Nahrung festere Bestandteile enthalten, die das Kind zum Kauen anregen. Es sollte frühzeitig Gelegenheit dazu bekommen, wenn es nämlich im zweiten Lebensjahr noch vorwiegend mit breiiger Nahrung gefüttert wird, dann lernt es später nur noch mit großer Mühe, Festeres zu kauen. Dasselbe gilt auch, wenn es zu lange (über ein Jahr hinaus) noch fast ausschließlich mit der Flasche ernährt wird. Solche Kinder wollen dann nur trinken und sind dazu geneigt, bei festeren Brocken in der Speise zu würgen oder gar zu erbrechen« (Meierhofer 1989: 65).

Ein fünfzehn Monate alter Junge einer Bekannten, den ich einmal hütete, erwartete immer mit sperrangelweit geöffnetem Mund, dass man ihm die Speisen in den Mund schob. Nach ein paar Bissen verweigerte er die Nahrung und war erst wieder zufrieden, wenn er die Flasche erhielt.

Es ist daher ein Trugschluss, wenn man Kindern aus Bequemlichkeit übermäßig lange die Flasche gibt und glaubt, es seien ja alle nötigen Bestandteile der Nahrung darin enthalten. Damit bringt man sie um einen wichtigen Entwicklungsschritt.

Seine ersten Erfahrungen macht ein Kind mit dem Mund. Dieser besitzt durch Zunge und Lippen viele Sensoren und ist daher geradezu ideal zum Erfahren der Umwelt geeignet. Mit dem Mund erfährt der Säugling, ob etwas stumpf oder spitz, weich oder hart, warm oder kalt ist, und kann Materialien unterscheiden. Es ist daher wichtig für ihn, dass er seine Umwelt, Spielzeuge usw., alles was ihm in die Hände kommt, mit dem Mund erfahren darf. Es zeugt von Unwissenheit, wenn ein Säugling daran gehindert wird, gewisse Sachen in den Mund zu nehmen. Später wird er sich »rächen«, indem er dann alles Mögliche in den Mund stopft, weil er seinerzeit diese Phase nicht voll ausleben und befriedigen durfte.

Meistens endet diese Phase – auch orale Phase genannt –, sofern sie zugelassen wurde, mit Beginn des Gehens. Es ist also nicht zu befürchten, dass sich ein Kleinkind dann alles Mögliche greift, in den Mund stopft und daran ersticken könnte.

Auch die Angst, ein Kind könne irgendwelche Krankheiten auflesen, sodass alles, was es in den Mund nimmt, sauber oder gar keimfrei sein müsse, ist unbegründet. Im Gegenteil: Das Kind muss seine Widerstandskräfte aufbauen und kann dies nur, indem es in Kontakt mit Bakterien und Viren kommt. Es ist für seine Gesundheit also geradezu wichtig, dass es in einem gewissen Ausmaß Dreck berührt.

Beim Essen macht das Kind also mit Mund und Händen vielerlei Erfahrungen, mit den Speisen, den verschiedenen Geschmäckern und Gerüchen wie auch mit der Konsistenz von Nahrung. Wenn ich die Sauerei in der Zeitspanne, wenn das Kind alle diese Erfahrungen sammelt, nicht in Kauf nehmen will und das Kind füttere, enthalte ich ihm zum einen wichtige Erfahrungen vor und verpasse zum anderen die sensible Phase, in der das Kind schnell selbst essen lernt. Dann wird das Kind noch mit zwei Jahren gefüttert werden müssen. In dieser Zeit kommt es nicht selten zu Machtkämpfen, da die Eltern meinen, das Kind sollte doch endlich fähig sein, eigenständig zu essen. Drittens wird das Kind später nachholen wollen, was es nicht erfahren durfte, und zu einem späteren Zeitpunkt mit den Händen essen, wenn man eigentlich schon erwarten könnte, dass es unsere Esskultur imitiert und mit Besteck isst. So etwas geschieht dann oft nicht nur vor den entsetzten Augen der Eltern, sondern auch der Verwandten und Bekannten.

Daher ist es wichtig, dass die Eltern verstehen, dass das Kind in einer regressiven Phase ist, und zulassen, dass ihr Kind einen Rückschritt macht und nachholen muss, was ihm früher verwehrt wurde; ansonsten gerät es in einen Konflikt. Einerseits ist da sein inneres Bedürfnis, das ihn drängt, diese Phase nachzuholen; auf der anderen Seite sind die Eltern, die dieses Verhalten nicht tolerieren wollen. Schwierigkeiten sind vorprogrammiert, von der Essensverweigerung bis hin zu psychosomatischen Krankheiten.

Kinder haben also meistens einen Grund, wenn sie sich nicht so verhalten, wie wir es erwarten. Deshalb ist es sinnvoll, erst einmal mit Liebe und Verständnis zu reagieren. So hat das Kind die Chance, den Fehler selbst wettzumachen.

Aber aufgepasst: Wenn Sie feststellen, dass das Kind anfängt mit dem Essen zu spielen, es auf den Boden wirft, es auf dem Tisch verschmiert usw., sollten Sie sofort reagieren. Dann nehmen Sie den Teller freundlich, ohne jede Aggression und stellen ihn mit folgenden Worten zur Seite: »Ah, ich sehe, du hast keinen Hunger mehr. Mit dem Essen spielen wir aber nicht.« Das Kind wird in seinem »Bordcomputer« vermerken: Aha, wenn ich anfange mit dem Essen herumzualbern, heißt das für die Eltern, ich bin satt, und der Teller verschwindet aus meinem Gesichtsfeld. In der Folge wird das Kind, falls es noch Hunger hat, erst anfangen zu spielen, wenn es wirklich satt ist. Lassen Sie sich auch mit Geschrei nicht dazu verleiten, den Teller nochmals zurückzugeben; der Teller bleibt da, wo er ist. Ihr Kind wird bis zur nächsten Mahlzeit nicht verhungern, aber dafür umso schneller lernen. Denken Sie also nicht: Oh das arme Kind! Diesen Ausspruch höre ich sehr oft und er sollte möglichst sofort auf den Müllhaufen der Denkgewohnheiten. Denn in dieser Weise begleitete Kinder sind keine armen Kinder – im Gegenteil: Es hat es gut mit solchen Eltern, es ist glücklich und die Eltern sind es auch. Denn sie geben Halt und Sicherheit mit klaren, verständlichen Grenzen. Das ist genau das, was ein Kind sucht und braucht.

Kriechen und Gehen

Aus der Bauchlage heraus lernt das Kind kriechen. Nun gibt es Kinder, die nicht gerne auf dem Bauch liegen, und sie aus diesem Grund einfach auf den Rücken gelegt oder hingehockt und mit Kissen abgestützt werden. Entsprechend rutschen diese Kinder, anstatt zu kriechen, vorzugsweise auf dem Gesäß durch die Wohnung.

In meinen Kursen habe ich festgestellt, dass viele Mütter (fast die Hälfte) behaupten, ihre Kinder würden nicht gerne auf dem Bauch liegen. Sie befreien also ihr Kind aus dieser »misslichen Lage« und drehen es auf den Rücken oder »hokken« es hin. Babyfachgeschäfte bieten zudem eine Unzahl von so genannten Lauflerngeräten (»Gehfrei«, »Baby-Geher«) an, die in dieser Situation angeblich helfen und oft bedenkenlos eingesetzt werden, obwohl sie die natürliche Entwicklung des Kindes stören. Dazu sagt Dr. Fritz Lajosi, leitender Jugendarzt im Gesundheitsamt Berlin-Schöneberg und international anerkannter Experte für die kindliche Entwicklung: »Viele

Eltern kaufen ihrem Baby ein teures Gerät mit der Begründung, dem Kind damit mehr Spaß zu verschaffen. (...) Die Hersteller kommen diesem Bedürfnis entgegen: Sie bieten Apparaturen an, in denen das Kind in seiner Bewegungsfreiheit eingeschränkt ist und in einer liegenden oder sitzenden Haltung fixiert wird. Das Baby wird meist passiv bewegt, anstatt sich aktiv entwickeln zu können. Die Spiele werden ihm überdies oft unpersönlich angeboten, anstatt mit der so wichtigen liebevollen Zuwendung. Das Kind befindet sich – krass formuliert – in einem Gefängnis, das zwar bunt ist und oft auch Spaß macht, aber ihm die freie Entfaltung erschwert.« Der Kinderarzt Professor Dr. Hansjörg Cremer fordert sogar ein Verbot von Lauflerngeräten: »Eltern sollten wissen: In Lauflerngeräten lernt das Kind das Laufen keineswegs schneller, sondern eher verzögert. Das mit diesen Geräten eingeübte Bewegungsmuster ist unnatürlich und wirkt sich auf die motorische Entwicklung des Kindes nachteilig aus.«

Wenn man die Kinder trotz ihrer Abneigung auf den Bauch legt (Sie wissen ja jetzt, dass Sie das Wort Frustration durch Anreiz ersetzen sollten), wenn möglich nackt oder nur mit einer Windel bekleidet, mit ihnen spielt, sie streichelt, kann auch das ihnen Spaß machen. In meinen Kursen habe ich einen Versuch gestartet und die Mütter angewiesen, wie sie sich täglich ca. eine halbe Stunde mit dem Baby beschäftigen sollen, wenn möglich, dreimal am Tag zehn Minuten: das Baby auf den Bauch legen, Proteste ignorieren und es auffordern, in dieser Lage mit der Mutter spielen. Ich bat die Mütter, Protokoll zu führen, um festzuhalten, wie die Kinder sich verhielten.

Interessanterweise blieben die Kinder von Tag zu Tag längere Zeit ohne Protest in dieser Lage, zeigten Lust, auf dem Bauch liegend zu spielen und fanden mit der Zeit heraus, dass man sich in dieser Lage fortbewegen kann. Die Fortbewegung der Kinder verläuft zunächst rückwärts, da sie sich mit den Händen abstützen, was dazu führt, dass sie sich selbst nach hinten stoßen. Dies löst zunächst Frustration aus, da die Babys ja eigentlich vorwärts zur Mutter oder zum Spielzeug (zu dem, was sie im Auge haben) wollen. Durch das heftige Abstoßen mit den Händen stärken sie ihre Muskulatur, und mit der Zeit wird das Abstoßen so stark, dass sich das Baby unerwartet im Vierfüßlerstand wiederfindet. Wow – was für ein Erfolg! Haben Sie schon einmal ein Baby gesehen, das gerade den Vierfüßlerstand entdeckt hat? Man könnte denken, die Welt gehöre jetzt ihm – ein absolutes Erfolgserlebnis. Plötzlich sieht es die Welt aus einer ganz anderen Perspektive, zudem lässt sich so hin und her wippen – ein befreites Gefühl. Bis zum Krabbeln ist es nun nicht mehr weit, und von da an gehört die Welt tatsächlich ihm. Jetzt nichts wie los und alles erobern! Und das alles basiert auf der einstigen Frustration, die also nicht negativ ist. Wir brauchen sie sogar, um uns zu entwickeln, wobei es immer auf das Maß ankommt.

Alle beschriebenen Versuche sind wichtig für das Kind und zeigen ihm viel über das Leben allgemein. Seine Anstrengungen werden schließlich mit dem ersten selbstständigen Schritt belohnt: Es lohnt sich, sich anzustrengen. Überbrückt man diese Zeit mit den heute üblichen Gehhilfen, in denen die Kinder hocken und durch die Wohnung sausen, beraubt man sie wichtiger Erfahrungen. Da in der Natur nichts nutzlos ist, ist auch die Zeit bis zum ersten Gehen von Nutzen. Kinder sind mit starken Kräften ausgestattet. Es ist ein großer Moment, wenn sie ihre ersten Schritte alleine gehen können. Nimmt man ihnen die Möglichkeit, diesen Entwicklungsschritt ohne Hilfe zu machen, beraubt man sie der wichtigen Erfahrung, dass gewisse Dinge, manchmal hart, zu erarbeiten sind.

Der Grund, wieso gerade wir Menschen so lange brauchen, bis wir gehen können – im Gegensatz zu vielen Säugetieren, die oft schon in den ersten Stunden auf vier Beinen stehen –, liegt in der Hirnentwicklung. Nur der Mensch verfügt in solchem Maß über sogenanntes bewusstes Denken. Dieser Prozess dauert. Um selbst Entscheidungen zu fällen, intelligente Überlegungen anzustellen, Schlussfolgerungen zu ziehen, braucht das Gehirn im Neocortex (im jüngsten Gehirnteil), wo sich bewusstes Denken vernetzt, viele Verknüpfungen. Und diese brauchen Zeit. Bis zu den ersten Schritten muss hier ein Grundgerüst gelegt sein. Offensichtlich widerstrebt es der Natur, dass der Mensch losmarschiert, bevor er mit einem gewissen Bewusstsein ausgestattet ist.

Die beste Zeit für das selbstständige Gehenlernen liegt zwischen zehn und sechzehn Monaten. In diese Periode fällt auch die ideale Zeit, kauen und selbstständig essen zu lernen. Mit dem ersten Gehen ist ein weiterer Ablösungsschritt getan: Oft löst sich das Kind dann auch von der Mutterbrust. Das heißt nicht, dass es die Brust verweigert – es sucht sie aber auch nicht mehr aktiv. Hier gilt es also ganz sachte zu erfühlen, ob es im Willen des Kindes ist, weiterhin die Brust zu bekommen, oder ob es eher die Mutter ist, die noch nicht bereit ist loszulassen. Zeigt das Kind kein wirkliches Interesse am Stillen mehr, sollten diese Zeichen ernst genommen und respektiert werden. Die Bedürfnisse der Kinder sind aber sehr unterschiedlich, deshalb müssen die ersten Schritte nicht notgedrungen das Ende des Stillens bedeuten. So oder so ist ein scharfes Beobachten und Wahrnehmen der kindlichen Bedürfnisse wesentlich, denn an ihnen hat sich die Erziehung, wenn möglich, zu orientieren.

Der kindliche Nachfolgewille

Zahlreiche Anregungen für den Umgang mit Kindern erhielt ich aus Jean Liedloffs erfolgreichem Buch »Auf der Suche nach dem verlorenen Glück«. Die amerikanische Publizistin und Psychologin traf im Dschungel von Venezuela auf die Yequana-Indianer und war fasziniert davon, wie harmonisch und zufrieden sie miteinander lebten. Die Kinder wirkten ausgeglichen, Erziehungsprobleme schien es keine zu geben – paradiesische Zustände also, die Liedloff beobachtete und in ihrem anregenden Buch beschrieb.

Schon vor der Lektüre war ich der Auffassung, dass sich unser System verbessern lassen müsse, dass es bessere Formen des Zusammenlebens geben müsse und dass viele gesellschaftliche Strukturen und Probleme sich auf die Art unserer Erziehung zurückführen lassen. Eine ausführliche Auseinandersetzung mit diesem Thema findet sich auch bei Franz Renggli in seinem Buch »Angst und Geborgenheit«. Mir war also bewusst, dass wir unsere Erziehungsformen von Grund auf verändern müssen, wenn uns an einem besseren Zusammenleben etwas liegt, dass wir Aggressionen, Eifersucht, Neid nicht einfach so hinnehmen müssen; dass es Formen des Zusammenlebens gab oder noch immer gibt, die uns eines Besseren belehren können. Dass eine solche Form bis heute existiert, hat Jean Liedloff im Dschungel von Venezuela beobachtet. Ich sog das Buch auf wie ein Schwamm, las begierig Zeile um

Zeile und war begeistert: Es war also möglich, den Kindern etwas anderes, Menschlicheres, Wärmeres zu bieten, als unsere Kultur es kennt. Ich selber habe ja mit Indigenen zusammen gelebt und so waren die Einsichten von Liedloff wie eine Bestärkung. Am Ende des Buches angekommen, hatte ich einen Grundsatz gefasst, der mich durch all meine Erziehungsarbeit begleiten sollte und dem ich immer treu geblieben bin. Er hat mir selbst viel geholfen, hat mir Fehler in unserer Gesellschaft vor Augen geführt und mich veranlasst, vieles anders zu machen. Der Grundsatz lautet: Die Kinder sollen mir nachfolgen und nicht ich ihnen.

Im Tierreich gibt es kein einziges Beispiel, bei dem sich die Mutter oder die Eltern nach ihren Jungen richten. Wieso sollten wir etwas anders tun, als es im Tierreich der Fall ist, wo alles überzeugend geregelt ist? Ich kenne dort keine Spezies, deren Mutter- oder Vatertier hinter seinen Jungen herläuft. Sie erlösen sie im besten Fall aus einer schwierigen Lage, wenn das Kleine sie ruft oder wenn eine lebensbedrohliche Situation es nötig macht, dass es weggeschafft wird. Ansonsten hat sich das Kleine aber nach seinen Eltern zu richten und nicht umgekehrt.

Viele Probleme in der Erziehung rühren meiner Meinung nach daher, dass Eltern nicht genug Selbstbewusstsein haben und immer wieder kontrollieren müssen, ob ihre Kinder auch wirklich das tun, was man von ihnen erwartet. Der Homo sapiens geht nicht mehr einfach voraus im Vertrauen darauf, dass sein Nachwuchs ihm folgen wird – ja, dass er gar nichts anderes will, als sich nach den Eltern zu richten und sie zu nachzuahmen. Der Mensch meint ständig kontrollieren zu müssen. Merken Kinder aber, dass man ihnen nichts oder nur wenig zutraut und alles in Frage stellt, kommen sie tatsächlich auf die Idee, sich anders zu verhalten. Und so erhalten Eltern endlich die Legitimation für ihren Kontrollzwang.

Ein Aha-Erlebnis

Am Gardasee erteilte mir meine dreizehn Monate alte Tochter Simone eine Lektion zu diesem Thema. Der Winter war vorbei, die Luft- und Wassertemperaturen waren aber so, dass noch kein Mensch ans Baden dachte. Nur Windsurfer waren auf dem Wasser zu sehen, und besonders beherzte Sonnenanbeter wagten sich schon mal im Badeanzug an den Strand.

Ich setzte Simone in die Kieselsteine und hoffte, dass sie ein bisschen spielen würde. Damals rechnete ich noch nicht mit dem Unternehmungsgeist des Kindes, denn kaum saß sie da, war sie auch schon auf allen vieren in Richtung Wasser unterwegs, das etwa fünf Meter entfernt war. Sobald sie beim Wasser angelangt war, ging ich hinter ihr her, holte sie zurück und setzte sie wieder auf den Kiesstrand. Es war kühl, und ich wollte nicht, dass Simone nass würde, denn Ersatzkleider hatte ich keine dabei. Kaum hatte ich sie wieder hingesetzt, war sie auch schon wieder zum Wasser unterwegs. Ich rannte nun also zum zweiten Mal los, als mir plötzlich mein Vorsatz wieder einfiel: Das Kind soll mir nachfolgen und nicht umgekehrt.

Wo war er geblieben? War ich etwa bei der erstbesten Gelegenheit eingeknickt? Was machte ich falsch, dass ich meinem Kind hinterherrannte? Ich überlegte kurz, bis mir das Wort »Eigenverantwortung« in den Sinn kam. Also nahm ich Simone auf den Arm, trug sie wieder zurück, setzte sie in den Kies, zog sie splitternackt aus und sagte ihr: »So, jetzt geh, aber ich hol dich nicht wieder zurück!«

Über den Effekt war ich selbst wohl am meisten verblüfft. Zuerst wusste sie nicht, ob sie gehen sollte, sondern schaute mich nur fragend an. Ich ermunterte sie noch einmal. Langsam machte sie sich auf den Weg. Was sie vorher in dreißig Sekunden geschafft hatte, dafür brauchte sie jetzt volle fünf

Minuten. Immer wieder hielt sie inne, schaute zurück, ob die Mama immer noch da wäre, und machte sich dann zögernd wieder auf den Weg. Wäre ich aufgestanden und hätte mich entfernt, wäre sie mir blitzartig nachgefolgt. Dass ich da sitzen blieb und sie weiterhin aufforderte, nun doch zum Wasser zu gehen, ließ sie ihr Unterfangen zu Ende führen.

Als sie das Wasser erreicht hatte, hielt sie ein Händchen hinein, dann das zweite und schaute sich immer wieder um – Ja, die Mama saß immer noch seelenruhig da und lachte. Simone wagte sich noch ein wenig weiter vor, mit den Knien und den Beinen, bis eine kleine Welle kam, die über sie hinwegschwappte. Sie konnte natürlich nicht zugeben, dass ihr das zu viel war, schaute zurück und lachte. Gleich darauf hatte sie aber genug vom Wasser, bewegte sich zurück, und ich konnte sie wieder anziehen.

Es hatte also funktioniert!

Und es funktionierte nicht nur dieses Mal: Den ganzen Sommer über zeigte Simone überhaupt keine Lust mehr, alleine ans Wasser zu gehen. Ich konnte sie am Strand absetzen, und sie spielte mit ihrem Spielzeug, mit Steinchen, mit mir und den anderen Menschen ringsherum. Den Drang zum Wasser hatte sie vorerst nicht mehr. Was war passiert? Simone hatte gemerkt, dass sie dem Element Wasser noch nicht gewachsen war. Alleine würde sie es nicht meistern, schließlich hatte sie genug Erfahrung, um zu wissen, dass sie dazu meine Hilfe brauchte. Wenn die Mutter also bei diesem Spiel nicht mitmachte, ließ man es besser sein. Ich hatte ihr meinen Standpunkt klar gemacht: Auf meine Hilfe konnte sie nicht zählen. Ich schimpfte nicht, ich drohte nicht, ich wurde nicht wütend, ich saß gelassen da und gab ihr zu verstehen, dass sie selbst mit dem Wasser fertig werden musste. Sie hatte also ihre Lektion gelernt – und ich die meine. So verhalf ich meiner Tochter zu mehr Selbstverantwortung.

Ein vergnügliches, aber gefährliches Spiel

Wie wichtig es ist, die Selbstverantwortung bei Kindern zu fördern und ihre Überlebensmechanismen zu sensibilisieren, ist mir immer wieder deutlich geworden. Für ein kleines Kind gibt es kein schöneres Spiel als eine Mutter, die hinter ihm herläuft und es wieder einfängt. Es merkt, dass die Mutter, wenn es zum Wasser läuft (es können auch andere Gefahrenquellen sein), hinter ihm her ist und es zurückholt. Es versteht nicht, dass die Mutter das nicht des Spieles, sondern der Gefahr wegen tut. Also läuft es im nächsten Moment, wenn es die Mutter wieder absetzt, gleich wieder los – das macht schließlich Spaß.

Die Mutter muss dem Kind in solchen Situationen ganz klar zeigen, dass sie nicht gewillt ist, bei diesem Spiel mitzuspielen. Schimpft sie bloß und verbietet dem Kind, ans Wasser zu laufen, wird es sich über das Gesagte hinwegsetzen und das Spiel aufs Neue beginnen. Es weiß ja, dass es wie auf Knopfdruck funktionieren wird, auch wenn die Mutter inzwischen noch so wütend ist. Spielt die Mutter nämlich nicht mit, fällt das Kind womöglich ins Wasser. Das ist dann nicht seine Schuld, schließlich wurde es nicht mit der Gefahr vertraut gemacht und musste für sein Handeln nie Verantwortung übernehmen.

Ein Kind, das gelernt hat, für sich verantwortlich zu sein, wird sich an der Mutter orientieren – nicht umgekehrt. Dieses Kind wird so ein Spiel nicht spielen, außer es handelt sich ausdrücklich um ein Spiel. So hat die Mutter viel mehr Sicherheit, das Kind lernt mehr und mehr Eigenverantwortung, und es passieren weniger Unfälle.

Jean Liedloff schreibt dazu: »Ein Kleinkind der Yequana würde es sich nicht im Traum einfallen lassen, sich auf einem Waldweg von seiner Mutter zu entfernen, denn sie blickt nicht um sich, um festzustellen, ob es wohl folgt, sie gibt ihm nicht zu verstehen, dass es eine mögliche Wahl gebe oder dass es ihre Aufgabe sei, sie zusammenzuhalten; sie verlangsamt lediglich ihren Schritt so weit, dass es mithalten kann. Da es dies weiß, wird das Kleinkind laut rufen, wenn es aus dem einen oder anderen Grund nicht mitkommt« (Liedloff 1995: 115).

Will man zum Beispiel mit Kindern außer Haus gehen, so läuft meiner Erfahrung nach in vielen Familien folgendes Ritual ab: Die Kinder sind so stark wie nie in ihr Spiel vertieft, müssen gerade ganz dringend etwas erledigen oder leiden scheinbar an einem Gehörschaden. Man muss alle Register ziehen, damit sie sich endlich dazu bequemen, dass man ihnen Jacke, Schuhe und Mütze anziehen darf. Auch ältere Kinder, die sich schon alleine anziehen können, bereiten oft einige Mühe, bis man endlich den Schlüssel im Schloss drehen kann.

Hier gibt es nur einen Grundsatz: Handeln! Sobald man an die Vernunft appelliert und anschließend zu drohen beginnt, regt man sich nur selbst unnötig auf, während die Kinder ein solches Vorgehen gelassen registrieren. Sagt man jedoch – abgestimmt auf das Alter der Kinder, die wissen, dass der Aufbruch ansteht: »Ich gehe. Wer mitkommen will, soll sich beeilen, tschüüüß!«, zieht Schuhe und Mantel an und geht zur Tür hinaus. Dann verwandeln sich die eben noch überbeschäftigten Kinder plötzlich in emsige Geschöpfe, die sich rasch ankleiden.

Bei diesem Vorgehen lernt das Kind, dass es Sie und Ihr Tun respektieren muss, dass es seine Sache ist, Ihnen zu folgen, wenn es bei Ihnen sein will. Und es will bei Ihnen sein, darauf können Sie sich verlassen. Es ist sicher klüger, das Kind in dieser Hinsicht zu sensibilisieren, als es mit Macht und Drohungen zu versuchen. So haben Sie die natürlichen Instinkte auf Ihrer Seite und keine intellektuellen Erwägungen gegen sich. Und Sie müssen nicht, wie ich es schon öfters erlebt habe, Ihr Kind gewaltsam packen und mit einem schreienden und zappelnden Kind unter dem Arm das Haus verlassen.

Da Kinder Zeit brauchen, um aus ihrer Spiel- und Fantasiewelt herauszukommen, empfiehlt es sich, sie rechtzeitig auf das Weggehen vorzubereiten. Damit erleichtert man ihnen, zu gegebener Zeit auch zu folgen. Wenn Kinder nicht nachfolgen wollen, geht es gewöhnlich darum, dass sie ihre Stärke und Macht erproben. Dies betrifft vor allem die so genannte Trotzphase im Alter zwischen zwei und drei Jahren. Bekommen die Kinder in dieser Phase aber mit, dass die Mutter die Verantwortung für ihr Mitkommen übernommen hat, werden sie dieses Muster beibehalten.

Ein Kleinkind wird Ihnen ohnehin auf Schritt und Tritt folgen, bis es eine gewisse Sicherheit im Umgang mit seiner Umwelt erreicht hat. Lässt man den natürlichen Nachfolgewillen zu, entstehen auch keine falschen Muster. Ist man jedoch stets besorgt, dreht sich bei jedem Schritt um und ruft das Kind ständig, so gibt man ihm zu verstehen, dass man keineswegs erwartet, dass es folgt. Erst jetzt kommt das Kind auf den Gedanken, es müsse ja nicht immer folgen, und wird die Wirkung seines Verhaltens testen wollen. Schnell merkt es, dass es eine enorme Macht über seine Mutter (oder eine andere Bezugsperson) hat, die ihm ihre ungeteilte Aufmerksamkeit zukommen lässt. Auch wenn diese Aufmerksamkeit in Schimpfen, Drohen und Zwingen besteht, wird das Kind sie bei der nächstbesten Gelegenheit wieder heraufbeschwören.

Das Kind hat also Macht über mich und mein Verhalten. Damit komme ich zu einem weiteren wichtigen Grundsatz: Spüre ich, dass mein Kind in irgendeiner Form Macht über mich ausübt, dann muss ich mein Verhalten und Handeln überprüfen!

Kinder richtig verstehen

Sehen Sie sich Ihr Baby an, wie es frisch geboren daliegt: Seine Sinne sind wach, es nimmt alles auf, was um es herum vorgeht. Schon deshalb gehört es mitten unter uns und nicht abseits in ein Zimmer, wo es seine Sinne nicht schulen kann und an unserem täglichen Leben nicht teilnehmen darf. Sein Gehör ist gut entwickelt, es nimmt seine Umgebung vorerst über die Ohren wahr. Seine Augen sehen noch nicht so scharf und es hat Schwierigkeiten, seinen Kopf zu bewegen, aber die Ohren machen das alles wett.

Sobald der Säugling sich nach gewisser Zeit besser bewegen kann, wird er auf jedes Geräusch reagieren und den Kopf drehen. Dinge, die unser abgestumpftes Gehör schon längst ausgeblendet hat, fallen dem Säugling auf, er bemerkt sie und tut das kund, indem er den Kopf nach der Lärmquelle dreht. Er ist ein hörendes Wesen.

Er reagiert nicht visuell, wie die meisten Erwachsenen das erwarten, sondern richtet sich noch viel mehr nach dem Gehör. Es ist wichtig, sich das klar zu machen. Da Erwachsene sich eher mit den Augen orientieren, verstehen sie die Verhaltensweise eines Babys oft nicht richtig und interpretieren sie fälschlicherweise als Interesselosigkeit oder Abneigung. Das Baby wendet dem Gegenstand seines Interesses das Ohr und nicht die Augen zu. Damit es sich noch besser auf das Gehör konzentrieren kann, wendet es den Blick oft sogar ab. Der kleine Mensch hat schon im Bauch gelernt, die Ohren zu gebrauchen, die Augen aber nicht. So fährt er noch eine Weile mit seiner alten Gewohnheit fort.

Die Augen sind zu Beginn sowieso nur dazu da, um der Mutter beim Stillen ins Gesicht zu sehen. Im Moment ist es für den Säugling am wichtigsten, sich das Gesicht der Mutter einzuprägen. In dieser Distanz sieht er am besten, alles andere nimmt er nur unscharf wahr.

Sein Gehör ist dafür umso besser ausgebildet, ähnlich wie bei einem Blinden, der sich seine Welt nach dem formt, was er hört. Das Baby nimmt jeden Ton und jedes Geräusch wahr. Neugeborene sind also eher hörende als sehende Geschöpfe. Erst allmählich entwickeln sich die Augen, sodass der Säugling langsam zu einem visuellen Wesen wird. Das Gesicht ist immer noch das wichtigste Seherlebnis des Säuglings, deswegen strahlt er auch jedes Gesicht an, das in seine Nähe kommt, mag es auch noch so fratzenhaft sein. Er lässt sich auch leicht durch Gesichter faszinieren, beispielsweise durch ein Spiel mit der Zunge oder mit dem Mund. Er versucht es sofort zu spiegeln, d. h. zu imitieren, was die meisten Eltern sehr lustig finden und zu stundenlangem Spiel mit ihrem Kind ermuntert. Verantwortlich dafür sind Spiegelneuronen, die Schlüssel für unser soziales Verhalten und unsere Kommunikation sind. Das Baby ist also vom Mund fasziniert, es sieht, wie sich die Lippen bewegen und wie dort Töne herauskommen. Viele Babys bewegen auch ihre Lippen, d. h. sie versuchen offenbar zu sprechen, nur kommen noch keine Laute heraus. Sie belassen es daher beim Quietschen, Gurgeln und Lallen – den Vorstufen zum Sprechenlernen.

Einen interessanten Aspekt der Spiegelneuronen zeigt Joachim Bauer in seinem Buch: »Warum ich fühle, was du fühlst«: »Spiegelungsphänomene haben in der Evolution möglicherweise den gleichen Rang wie die Prinzipien vom

›survival of the fittest‹. Das Bemühen um Passung, Spiegelung und Resonanz durchzieht die gesamte Biologie. (…) Könnte es sein, dass ›fitness‹ und ›survival‹ nur Begleiterscheinungen des Bemühens um Spiegelung und Kommunikation sind?« (Bauer 2005: 171).

Ein Alpha-Tier, das sich gegen seine Konkurrenten durchsetzen kann, wäre – trotz aller Gene – nicht zum Alpha-Tier geworden, hätte es als Säuger und Jungtier nicht die Möglichkeit gehabt, seine kämpferische Begabung durch Lernen und Üben zur Entfaltung zu bringen. Jungtiere sowie Menschen, die bald nach der Geburt sozial isoliert werden, zeigen trotz guter Ernährung massive seelische und körperliche Beeinträchtigungen. Sie entwickeln ein gestörtes und sozial inkompetentes Verhalten. Da helfen alle guten Gene nicht.

Friedrich II. ist der Urheber des bekannten grausamen Versuches zur Sprachentwicklung von Kindern. Er wollte wissen, welche Sprache Kinder wohl sprechen würden, wenn man ihnen nichts vorredet, und wies Pflegemütter und Ammen an, ihre Zöglinge zu versorgen, sie zu baden und ihnen die Brust zu geben, jedoch nicht mit ihnen zu sprechen. Er hoffte dadurch herauszufinden, ob sie eine alte Sprache, etwa Hebräisch, Griechisch oder Latein, oder die Sprache ihrer Eltern sprechen würden. Er konnte es nicht herausfinden, denn die armen Geschöpfe starben allesamt, da ihnen liebevolle Zuwendung fehlte: Streicheln, Zärtlichkeit und Sprechen.

Vielleicht kennen Sie auch die entzückten Ausrufe von Verwandten und Bekannten, die Ihr Kind bewundern und dann voller Begeisterung sagen: »Es scheint alles zu verstehen!« Aussprüche wie dieser zeigen die immer noch verbreitete Ignoranz unseren Kleinsten gegenüber. Selbstverständlich verstehen uns Kinder und es ist unbegreiflich, wie man auf die Idee kommen kann, dass ein noch junger Mensch uns nicht verstehen würde, nur weil er selbst noch nicht in der Lage ist zu reden. Da müsste man ja auch annehmen, dass Tiere, die nicht reden, einander auch nicht verstehen. Ganz offensichtlich verstehen Jungtiere ihre Mutter aber ganz vorzüglich.

Und wir Menschen?

Ich persönlich stelle mir vor, dass wir die Sprache sozusagen auf »telepathische Art« lernen. Für mich ist der Mensch mehr als nur Materie, er ist auch Geist und Seele, die schon vor der Geburt existiert haben. Das Kind kommt nach meiner Vorstellung aus einer anderen Welt, einer anderen Sphäre, aus der es seinen seelischen Teil mitbringt. Und der Geist, der diesen kleinen Körper bewohnt, versteht uns wunderbar. Es gilt nur noch, bei zunehmendem Wachstum des Gehirns langsam die Funktionen des Körpers zu übernehmen, Sprache zu erlernen und, wie es der göttliche Plan will, sich in der Einheit von Körper, Seele und Geist von den eigenen Ursprüngen abzunabeln. Was ganz natürlich ist, denn der somatische Teil, dem das Gehirn angehört, kann keine Erinnerung vor seiner Existenz haben.

Der kleine Körper unterwirft sich wohl oder übel den Gesetzen der Materie – die »telepathische« Verständigung tritt in den Hintergrund. Sobald das Kind gelernt hat, sich in einer Sprache auszudrücken, wird es vorzugsweise diese benutzen. Für indigene Völker ist es aber eine Selbstverständlichkeit, dass Kinder bis sechs Jahre noch in beiden Sphären zu Hause sind. Ich konnte selbst die Feststellung machen, dass meine Kinder mir oft eine Antwort auf Sachen gaben, die ich nur gedacht hatte. Manchmal brauchten wir einander nur ansehen und wussten, was los war – ohne auch nur ein Wort zu wechseln.

Bei meiner ersten Tochter Simone hatte ich schon während der Schwangerschaft das Gefühl, ich könne mich telepathisch mit ihr verständigen. Wenn ich mich abends todmüde ins Bett legte, war Simone immer noch aktiv; sie stieß mir in die Rippen, streckte ihre Füßchen, als könne sie es nicht erwarten, geboren zu werden.

Ich hatte meine helle Freude an dem Bauch, der sich rauf und runter bewegte oder wie eine Welle von links nach rechts rollte. Wenn ich dann mein Buch zur Seite legte und das Licht ausknipste, fuhr ich mit meinen Händen über den Bauch und teilte Simone in Gedanken mit, dass jetzt Schlafenszeit sei und ich ihr und mir eine angenehme Nachtruhe wünschte. Von diesem Moment an war sie ruhig und störte mich bis zur Geburt kein einziges Mal in der Nacht. Meistens schlief ich wie ein Murmeltier, und wenn ich morgens aufwachte und mir den Schlummer aus den Augen rieb, dauerte es etwa zwei Minuten, bis sich Simone meldete, um dann wieder zu den üblichen Tagesaktivitäten überzugehen.

Es konnte für mich kein Zufall sein, dass Simone über Monate genau in dem Moment ruhig wurde, wenn ich ihr mitteilte, dass ich jetzt schlafen möchte. Sie hatte meine Botschaft erhalten und, was mich mit Erstaunen erfüllte, auch umgesetzt.

Es gibt keinen Grund anzunehmen, dass ein Kind die Fähigkeit, solche Botschaften aufzunehmen, mit der Geburt verliert. Vielmehr kann man davon ausgehen, dass das Baby diese Fähigkeit beibehält, auch wenn das Gehirn so weit gewachsen ist, dass das materielle Denken diese Fähigkeit in den Hintergrund rückt. Wir alle kennen solche Phänomene, dass wir zur gleichen Zeit über das Gleiche anfangen zu reden, dass uns jemand anruft, den wir gerade selbst anrufen wollten usw. Entsprechend versteht uns das Kind schon vor der Geburt, es muss jetzt nur die Fähigkeit erlernen, in unserer Sprache zu sprechen. Es sieht uns auf den Mund, wie wir die Lippen und die Zunge beim Wörterbilden bewegen, und lernt allmählich zu sprechen. Viele Babys versuchen schon mit drei Monaten zu sprechen, indem sie mit ihren Lippen Wörter nachbilden.

Aus meiner eigenen Kindheit habe ich in diesem Zusammenhang eine Erinnerung, wahrscheinlich meine früheste überhaupt. Ich habe einen Zwillingsbruder und weiß, dass wir die hartnäckige Angewohnheit hatten, immer wieder das Bücherregal auszuräumen, das auf dem Boden stand. Unsere Eltern schätzten das überhaupt nicht und wir wussten, dass wir das eigentlich nicht durften. Aber weder Schimpfen noch Verärgerung konnten uns davon abhalten. Wir waren damals im Krabbelalter, d.h. wir bewegten uns auf allen vieren. Deswegen weiß ich, dass wir uns unmöglich schon in unserem Dialekt unterhalten konnten. Ich kann mich aber genau erinnern, dass ich meinen Zwillingsbruder aufforderte, zum Bücherregal zu kommen, als die Gelegenheit günstig war. Kurz davor hatte ich nämlich gesehen, wie unsere Mutter mit einem Korb voll Wäsche zur Balkontür hinaus verschwunden war. Anscheinend konnten sich mein Zwillingsbruder und ich auch ohne Sprache gut untereinander verständigen.

Was Babys verstehen

Man sollte von Anfang an davon ausgehen, dass einen das Neugeborene versteht und dass man mit ihm wie mit anderen Menschen sprechen kann. Eine Babysprache ist also völlig unnötig. Gurr- und Lalllaute sind angebracht, wenn man mit dem Kind spielt und es zur Imitation anregen will. Nach neueren Erkenntnissen wirken sie sich sogar positiv auf die Sprachentwicklung aus. Abgesehen von solchen Spielen ist es aber am besten, Sie unterhalten sich mit Ihrem Kind in Ihrer Alltagssprache.

Informieren Sie Ihr Kind, wenn Sie es einen Moment bei einer anderen Person lassen, dass Sie jetzt weggehen, dass diese Person sich um das Kind kümmern wird und dass Sie es später wieder abholen werden. Auf keinen Fall sollte man ein Kind spielend in einem Zimmer zurücklassen, schnell durch die Tür weghuschen und denken, das Kind merke das nicht. Es wird es merken, spätestens wenn es das nächste Mal die Mutter aufsuchen will, um sich ihrer Anwesenheit zu versichern. Das Vertrauen ist damit gebrochen und das Kind wird die Mutter in ähnlichen Situationen nicht mehr aus den Augen lassen.

Es ist besser, das Kind mit der Tatsache zu konfrontieren, dass die Mutter es für einen Moment verlassen muss, und gegebenenfalls die Reaktion des Kindes zu ertragen, das sich möglicherweise dagegen wehrt, indem es schreit und tobt, anstatt das Kind zu hintergehen. So weiß es, dass es sich auf die Mutter verlassen kann, selbst wenn es Schwierigkeiten hat, sich mit der Tatsache abzufinden. Mit der Zeit wird es lernen, mit seinen Gefühlen umzugehen. Viel wichtiger ist, dass es das Vertrauen in seine pflegenden Personen nicht verliert. Dieses Vertrauen sollte bedingungslos sein und darf niemals missbraucht werden.

Unsere Tochter war neun Monate alt, als wir bei meinen Eltern übernachteten und morgens um sechs Uhr schon das Haus verlassen mussten. Aus Gedankenlosigkeit hatten wir sie nicht darauf hingewiesen, dass wir bei ihrem Erwachen nicht anwesend sein würden. Da sie ihre Großeltern gut kannte, kam uns das gar nicht in den Sinn. Wir wussten, dass wir gegen Mittag wieder zu Hause sein würden. Als Simone erwachte und merkte, dass wir nicht da waren – wir hatten alle im selben Zimmer übernachtet –, fühlte sie sich hintergangen. In den nächsten Tagen merkten wir an ihrem Verhalten, dass sie ihr Vertrauen wieder aufbauen musste, denn sie versicherte sich immer und immer wieder unserer Anwesenheit, was sie vorher nicht getan hatte.

Man sollte ein Kind also immer informieren, wenn man weggeht, auch wenn es schlafen gelegt und nachher von einem Babysitter betreut wird. Erwacht das Kind nachts und wird unerwartet von einer anderen Person getröstet, verliert es das Vertrauen in seine Eltern. Es kann sein, dass das Kind dann Nacht für Nacht aufwacht, nur um sich zu vergewissern, dass seine Mutter oder Eltern noch da sind. Weiß das Kind jedoch, dass jemand anders da sein wird, falls es erwacht, weiß es, dass es sich auf seine Eltern verlassen kann. Dieses Wissen wird es beruhigen und ihm auch später das Gefühl geben, seinen Eltern vertrauen zu können.

Auch ein Baby versteht Sie. Darum ist es wichtig, dass Sie mit Ihrem Kind wie mit jeder anderen Person sprechen und ihm erklären, warum Sie gewisse Dinge tun.

Unser Sohn Stefan war zwei Jahre alt, als seine Schwester Michèle das Fenster aufmachte und ihn hochhob, damit er zum Fenster hinaussehen konnte. Ich kam rechtzeitig dazu, erklärte Michèle, dass Stefan runterfallen, auf den Steinboden fallen und tot sein könnte. Ich erklärte auch Stefan, wieso ich nicht wollte, dass er zum offenen Fenster hinaussah. Er war sofort einverstanden, das Fenster wieder zu schließen, und sagte: »Nein, Stefan nicht tot!« Er wollte damit ausdrücken, dass er nicht sterben wollte. Da Stefan noch nie mit dem Tod konfrontiert war und auch noch nie einem toten Tier begegnet war, fragte ich mich, bevor ich den Satz aussprach, ob er das wohl verstehen würde. Ich forschte aufmerksam in seinem Gesicht, das vollständiges Verstehen widerspiegelte, und seine Antwort war klar und unmissverständlich. Er hatte den Begriff offensichtlich verstanden. Es bestand kein Hauch von Zweifel oder Unsicherheit, was der Begriff »Tod« zu bedeuten hatte.

Auch Babys kommunizieren nach meiner Vorstellung telepathisch. Sie können ja noch nicht verstehen, dass wir ihre Botschaften nicht begreifen. Mit der Zeit, wenn es auf seine ausgesendeten Botschaften keine adäquate Rückmeldung bekommt, wird es auf dieses aussichtslose Unterfangen verzichten.

In der Klinik, wo ich Michèle und Stefan zur Welt brachte, darf man als Wöchnerin das Krankenhaus zwischendurch verlassen, allerdings ohne den Säugling, damit keine Krankheiten eingeschleppt werden. Ich war froh, zwischendurch ein bisschen frische Luft schnappen zu können, und machte, wenn möglich, einen ausgiebigen Spaziergang. Es tat mir aber immer sehr Leid, das Baby nicht mitnehmen zu können, und ich spürte jedes Mal deutlich, wenn ich das Kind ins Säuglingszimmer zurückbrachte, dass es genau wusste, dass ich eine Weile weggehen würde. Jedes Mal sah es mich mit bittenden Augen an, um mir zu sagen, dass ich es mitnehmen sollte.

Körpersprache

Ein Säugling ist zunächst einmal ein fühlender, dann zudem ein hörender, riechender und schließlich ein sehender Mensch. Diese Tatsache wird oft unterschätzt oder verkannt, entsprechend häufig werden die Reaktionen von Säuglingen falsch interpretiert.

Daumen und Daumenlutschen

Die Hände eines Säuglings sprechen Bände. Es gibt Säuglinge, deren Wesen gleich nach der Geburt schon offen ist – der Welt zugewandt harrt es der Dinge, die da kommen sollen. Babys zeigen uns das, indem ihre Händchen uns offen zugewandt sind. Sie sind wie ein offenes Buch, in dem wir lesen dürfen. Dann gibt es Säuglinge – und zu denen gehört der größere Teil –, die machen ein Fäustchen und lassen ihren Daumen darin verschwinden. Sie sind sich unserer Welt noch nicht so sicher. Sie öffnen ihre Händchen nur in ganz intimen Situationen, etwa beim Gestilltwerden.

Der Daumen symbolisiert Macht, Selbstvertrauen, Selbstbewusstsein. Das kann das Kleine noch nicht leisten, denn es ruht noch sehr in sich selbst und bleibt zurückgezogen. Erst allmählich, wenn Baby und Vertrauen immer mehr gewachsen sind, öffnen sich die Händchen mehr und mehr. Aber immer wieder, wenn das Kind zum Beispiel schlafen will oder sich in sich zurückzieht, wird es eine Faust machen und den Daumen darin einbetten.

Es gibt Neugeborene, die ihre Fäustchen bis zu einem halben Jahr kaum öffnen. Was können wir davon ablesen? Säuglinge mit offenen Händen scheinen der Welt gegenüber offen, sie sind wahrscheinlich gerne auf die Welt gekommen und haben offenbar keine Mühe mit dieser Welt. Sie werden vielleicht schon bald die Initiative ergreifen und sich durchsetzen wollen. Babys wie diese brauchen es weniger, umsorgt zu werden, denn sie sind sich der Liebe ihrer Umwelt eher gewiss und suchen nicht andauernd Bestätigung. Wahrscheinlich können sie bald schon alleine in ihrem Bettchen schlafen, immer vorausgesetzt, dass das Umfeld dem Kind gerecht wird. Ansonsten kann auch ein solches Kind zurückfallen und den Daumen wieder einschließen.

Es liegt auf der Hand, hier eine Verbindung zum Daumenlutschen zu ziehen. Wird der Daumen dazu verwendet, verschwindet er im Mund, beim Neugeborenen verschwindet er in der Hand – in beiden Fällen wird er versteckt. Beim Neugeborenen, das erst noch Vertrauen entwickeln muss, ist dieses Daumenverstecken nichts Außergewöhnliches. Bei einem schon etwas größeren Kind scheint es eine Unsicherheit oder ein Manko zu signalisieren. Fürsorgliche Eltern sollten dieses Signal zu deuten wissen und ihr Kind wieder in die Arme nehmen und liebevoll betreuen.

Ob Ihr Neugeborenes offene oder geschlossene Hände hat, ist weder gut noch schlecht, es ist einfach so. Bei genauer Beobachtung ermöglicht es Ihnen so oder so, Ihr Kind besser zu verstehen. Ein Kind drückt sich nicht nur mit seinen Händen, sondern mit seiner ganzen Mimik und Gestik aus. Das Baby, das seinen Daumen kaum zeigt und ihn fest unter seinen Fingern verborgen hält, lässt uns wissen, dass es sich in unserer Welt noch nicht zurechtfindet. Gerade so ein Kind sollte möglichst viel getragen, massiert und umsorgt werden. Während des Tragens kann man leise mit ihm sprechen, ihm von der Welt erzählen, ihm ein Lied vorsingen. So kann es zunehmend Vertrauen entwickeln und sich in der neuen Umgebung immer wohler fühlen. Der Säugling, der mal eine Faust macht und mal nicht, zeigt uns genau, wann er mehr in sich gekehrt und wann er seiner Umgebung gegenüber wieder offen ist.

Es ist nicht außergewöhnlich, wenn größere Kinder am Abend, wenn sie ins Bett gebracht werden, den Daumen in der Hand einschließen. Sie sind dann müde, distanzieren sich von der Welt und machen sich auf den Weg ins Traumland. Wenn sie aber während des Tages den Daumen in der Faust verstekken, ist ihr Selbstbewusstsein geschrumpft. Sie brauchen ganz offensichtlich Hilfe, um ihr Selbstbewusstsein wieder zu stärken. Ist zu Hause alles in Ordnung, sollte man in der Schule und bei den Freunden nachforschen. Mit der entsprechenden Unterstützung gewinnt Ihr Kind das nötige Selbstvertrauen, um und kann wieder aufzubauen, damit es wieder kräftig genug ist, um sich gegen Angriffe von außen zu schützen. Das kann in verschiedenen Formen geschehen. Manchmal braucht es nur ein klärendes Gespräch, ein anderes Mal hilft vielleicht ein Karatekurs, oder autogenes Training und Meditation geben den nötigen Rückhalt.

Schnuller

Es lohnt in diesem Zusammenhang, sich über den Gebrauch von Schnullern ein paar grundsätzliche Gedanken zu machen. Überall in den Entbindungsstationen gehört der Schnuller zum Baby wie die Windel. Als meine Tochter Simone das Licht der Welt erblickte, bekam auch sie so ein Ding mit auf den Weg. Ich gab ihr den Schnuller nach Bedarf – wohlgemerkt nach meinen Bedürfnissen –, musste aber immer wieder feststellen, dass Simone andere Bedürfnisse hatte und den Schnuller immer wieder herausbeförderte. Zu Hause ging das Spielchen etwa noch eine Woche weiter, bis sie mir den für sie offenbar ekelhaften Stöpsel buchstäblich entgegenkotzte.

Jetzt wusste ich, was ich zu tun hatte: Ich packte das Gummimonster und schmiss es in den Müll. Ich respektierte also den Unwillen Simones und rechnete damit, dass sie wahrscheinlich bald mit dem Daumenlutschen anfangen würde. Aber weit gefehlt: Sie wuchs zu einer jungen Frau heran, ohne jemals dieser Angewohnheit zu verfallen. Mittlerweile ist auf den Säuglingsstationen die Sensibilität für dieses Thema glücklicherweise gewachsen und man hat begriffen, dass Schnuller Irritationen beim Saugverhalten des Kindes an der Mutterbrust auslösen können.

Bei Michèle, meinem zweiten Kind, das zwei Jahre später geboren wurde, war ich also schon vorgewarnt. Als sie wie alle Neugeborenen ihren Schnuller bekam, machte ich bei ihr praktisch genau die gleichen Erfahrungen wie bei Simone. Also versuchte ich erst gar nicht lange, ihr das Ding umständlich in den Mund zu stecken, da es sowieso im nächsten Moment wieder rausgeflogen kam. Stattdessen versuchte ich, mein Kind zu verstehen und auf das einzugehen, was Michèle mir mitteilen wollte. Auch dieser Schnuller landete im Abfall. Und siehe da, auch Michèle fing nie an, Daumen zu lutschen.

Und ich begann mir ein paar grundsätzliche Gedanken zum Thema »Schnuller« zu machen.

Meistens wird den Kleinen ja der Schnuller in den Mund gesteckt, wenn sie anfangen zu schreien. Heute bin ich überzeugt, dass sie nicht nach dem Schnuller schreien, sondern uns etwas sagen wollen. Wie würden Sie wohl reagieren, wenn Ihnen jedes Mal, wenn Sie etwas sagen wollen, der Mund mit einem Stöpsel verstopft würde? Nach dem x-ten Versuch, das Ding wieder loszuwerden, das Ihnen immer wieder krampfhaft in den Mund gedrückt wird, würden Sie vermutlich irgendwann frustriert aufgeben und in sich versunken daran saugen, was das Zeug hält, um den Frust wieder loszuwerden.

In der Wissenschaft ist kaum etwas zum Thema Schnuller zu finden. Einzig eine Zürcher Untersuchung (von Prof. Remo Largo) bringt Statistiken, wie viele Kinder nuckeln, Daumen lutschen oder ein Tuch brauchen. Dass es aber Kinder gibt, die von alledem nichts benötigen, kommt dort nicht vor. Ethnologischen Berichten über indigene Völker kann man entnehmen, dass so etwas wie ein Schnuller dort unbekannt ist, sofern er nicht von außen eingeschleppt wurde. Auch kennt man dort keine Daumen lutschenden Kinder; dafür dürfen die Säuglinge ungehindert an der Brust trinken.

Im Buch des englischen Anthropologen Ashley Montagu zum Thema Körperkontakt kann man Folgendes lesen: »Es ist interessant, dass unter Analphabeten, die im Allgemeinen ihren Kindern alle kutanen Anregungen geben, deren sie bedürfen, Finger- oder Daumenlutschen selten vorkommt. Moloney schreibt zum Beispiel: ›Ich habe in Afrika, auf Tahiti und den umgebenden Inseln, auf den Fidschi-Inseln, den Karibischen Inseln, in Japan, Mexiko und Okinawa festgestellt, dass die Säuglinge meist von der Mutter gestillt und getragen wurden. Es fiel mir auf, dass die Kinder dort praktisch kaum am Daumen lutschen.‹« (S. 134)

Schon Sigmund Freud wies darauf hin, dass das Saugen ein vorherrschendes Bedürfnis sei, und nannte diesen ersten Entwicklungsschritt die »orale Phase«, die seiner Meinung nach ungefähr ein Jahr dauerte. Er ging davon aus, dass eine Frustration des Saugbedürfnisses eine »Fixierung« auf dieses Entwicklungsstadium zur Folge hätte. Einige Zeichen für orale Fixierung können übermäßiges Essen, Rauchen, Trinken, Nägelbeißen und exzessives Sprechen sein. Freud sagte weiter, dass Frustrationen in der oralen Phase abhängiges, egoistisches, forderndes oder feindseliges Verhalten verursachen könnten. Auch wenn Freud heute in mancher Hinsicht relativiert und revidiert worden ist, lohnt es doch, darüber nachzudenken, wieweit Schnuller und Daumen Ersatzbefriedigungen sind für Bedürfnisse, die wir anders viel besser befriedigen könnten.

Wenn man Mütter beobachtet, erkennt man immer wieder dasselbe Muster: Das Baby schreit, die Mutter nimmt den Schnuller und stopft ihn in den Mund des Kindes. Mit der Zunge drückt das Baby den Schnuller wieder hinaus und die Mutter befördert ihn wieder hinein, und so geht das Spielchen munter weiter, bis das Baby verloren hat und resigniert aufgibt. Irgendwann kommt der Punkt, an dem das Baby wahrscheinlich aus der ewigen Frustration heraus den Schnuller wirklich als Ersatz braucht und sich daran befriedigt. Die Eltern haben dann das Problem, wie sie ihn dem Kind nach Jahren wieder abgewöhnen können, nachdem sie sich solche Mühe gegeben hatten, bis das Kleine ihn endlich annahm.

Und noch ein weiterer Punkt: In Meditationsanleitungen finden sich verschiedene Konzentrations- und Entspannungstechniken, die man auch mit Kindern machen kann. Eine davon besteht darin, sich zu entspannen, indem man die Zunge an den oberen Gaumen drückt, denn da liegt der entsprechende Pressurpunkt. Kinder machen das oft ganz unbewusst; man kann sehr gut beobachten, wie sie mit halb geöffnetem Mund meistens versunken dasitzen, an irgendetwas denken und dabei die Zunge an den oberen Gaumen drücken. Wir Erwachsenen tun in müßigen, entspannten Zeiten genau dasselbe.

Der Schnuller verunmöglicht es nun dem Kind, sich auf diese Art zu entspannen, da es seine Zunge nicht mehr an den oberen Gaumen drücken kann – ein weiterer Grund, wieso man Schnuller mit Vorsicht einsetzen sollte. Wenn man allerdings feststellt, dass sich ein Säugling wirklich nur durch den Schnuller beruhigen lässt und gerne daran saugt, braucht man sich keine weiteren Gedanken dazu machen.

Arme

Wer viel mit Neugeborenen zu tun hat, kann feststellen, dass sie meistens, wenn nicht immer, die Arme fest an den Körper gepresst haben. Das mag mit ein Grund dafür sein, warum ein Neugeborenes praktisch immer weint, wenn man es an- und auszieht, weil man ihm dabei notgedrungen die Ärmchen vom Körper wegziehen muss.

Bei der Babymassage massiert man die Arme am Anfang nur kurz und mit sehr viel Gefühl. Es ist gut darauf achten, wie das Kleine reagiert: ob es die Arme freigibt und sie lockert oder ob es anfängt zu weinen, wenn man sie ihm vom Körper wegzieht. Wiederum ist die Kommunikation wichtig: Man versichert dem Kind, dass man ihm nicht wehtut und es nur streicheln möchte. Die meisten Babys fassen schnell Vertrauen und geben mit etwa drei Monaten die Arme frei, sodass sie leicht zu massieren sind.

Das zeigt, wie sehr man gerade bei Babys auf Körpersprache und Haltung achten sollte. So zeigt uns das Kind seine Gemütslage, und je besser wir die Körpersprache verstehen, umso schneller, gezielter, begreifender können wir unseren Kindern helfen – umso entspannter wird das Kind sein.

Das Besondere an der kindlichen Körpersprache (wie auch bei jener von Erwachsenen) ist, dass sie nicht lügt. Gerade wenn ein Kind noch nicht spricht, um uns zu sagen, wo der Schuh drückt oder es sonst durch etwas gequält ist, ist es hilfreich, seine Körpersprache zu verstehen.

Wendet das Kind sich ab, bleibt stocksteif stehen (dissoziiert), zieht den Kopf ein, starrt auf den Boden, lässt die Schultern hängen, sind das Zeichen von Störungen. Es nützt also wenig, wenn ich das Kind auffordere, mich anzusehen, gerade zu stehen usw., denn ich muss die Ursachen verstehen und beheben, erst dann verschwinden auch die Symptome. Meistens brauchen Kinder vor allem Verständnis und liebevolle Zuwendung, die sich dann auch körpersprachlich als Wohlbefinden ausdrücken.

Beine

Die meisten Mütter interpretieren es falsch, wenn ihre Kinder mit den Beinchen strampeln oder treten, und meinen, ihr Kleines wehre sich gegen irgendetwas. Babys suchen aber, vor allem wenn sie nackt sind, mit Füßchen und Beinchen nach Körperkontakt, wie sie es noch aus dem Bauch der Mutter kennen. Einen unruhigen oder kolikgeplagten Säugling kann man oft schon dadurch beruhigen, dass man seine Beine in die vorgeburtliche Stellung bringt und sie fest an seinen Körper presst.

Entblößt zu werden und nackt auf einer Decke zu liegen hat für das Neugeborene etwas Beängstigendes. Deshalb sucht es nach etwas Gewohntem. Der beste Platz, ein Baby zu massieren, ist daher, wie wir es aus Indien kennen, auf unseren

Oberschenkeln, wo das Kind fröhlich mit seinen Beinchen in unseren Bauch treten kann. So werden unsere Beine zu einer lebenden Wiege, in der man das Kind während der Massage bei Bedarf wiegen kann. Der Abstand des Kopfes vom Baby zum Gesicht der Mutter oder des Vaters ist optimal. Das Baby wird unten von den Beinen und oben von den massierenden Händen gewärmt. Mutter oder Vater und Kind bilden so eine Einheit und spüren einander gegenseitig.

Warum Babys weinen

Der große Geist im kleinen Körper

Jedes Baby sollte ab und zu auch mal weinen dürfen. Die meisten Mütter haben sofort ein schlechtes Gewissen, wenn sie ihr schreiendes Kind nicht möglichst schnell beruhigen, und werden dabei von ihrer Umgebung oft zusätzlich unter Druck gesetzt.

Selbstverständlich sollte man einen Säugling nicht einfach schreiend in seinem Bettchen lassen. Und nur mit Schaudern denkt man an frühere Zeiten, als Säuglinge stundenlang vergeblich weinten und riefen, ohne dass jemand reagiert hätte. Heute hat sich das Blatt gewendet, sodass viele Mütter es überhaupt nicht mehr zulassen können, dass ihr Baby weint.

Ein Säugling sollte, seinem Naturell entsprechend, möglichst viel in Körperkontakt mit der Mutter oder anderen Personen gehalten werden. Weint er dann, obwohl er weder nass ist oder gestillt werden möchte noch abgehalten werden will, liegt das wahrscheinlich daran, dass er sich einfach etwas vom Herzen schluchzen will. Was wissen wir schon von dem kleinen Wesen, woher es kommt, was sein Vorleben war, was sein Lebensweg ist, wohin es geht, welchen Aufgaben es entgegenblickt, wie sein Schicksal aussehen wird? Wir wissen nichts darüber, können es nicht einmal erahnen, aber wir können davon ausgehen, dass dieses kleine Wesen eine Menge weiß, spürt und wahrnimmt. Seine Sinne sind offen, es ist noch nicht geprägt von unserer Welt, unserer Sichtweise, unserem wissenschaftlichen Denken. Wie ein Sterbender Zeit braucht, um von seiner Umgebung, seinen Mitmenschen, seinem Leben Abschied zu nehmen, braucht auch ein Neugeborenes Zeit, sich in dieser Welt zurechtzufinden und sich ihr zugehörig zu fühlen. Wir müssen ihm zugestehen, dass dies nicht gerade einfach und ganz schön anstrengend ist. Wenn wir uns die Dimension seiner Aufgabe vor Augen führen, werden wir das Neugeborene viel besser verstehen.

Auch die berühmt-berüchtigten Dreimonatskoliken erklären sich vielleicht auf diese Weise: Der Neuankömmling hat seine neue Lage noch zu »verdauen«, wie auch uns gewisse Veränderungen auf den Magen schlagen. Jedoch ist hierzu zu sagen: Wenn Babys abgehalten werden – verschwinden diese Koliken. Sie könnten also durchaus ganz einfach damit zusammenhängen, dass wir den Windelkindern nicht ermöglichen, sich auf biologische Weise zu erleichtern.

Bemerkenswert ist, dass Säuglinge, die viel herumgetragen werden, viel weniger an Dreimonatskoliken leiden als andere. Durch die steten Bewegungen der Mutter wird das Kind ständig massiert und bewegt, Körper- und Hautkontakt sorgen für Entspannung und Ableitung von Reizen, sorgen für Geborgenheit und Sicherheit, sodass Urvertrauen entstehen kann. Das Kind empfindet große Sicherheit und hat so einen bestmöglichen Start ins Leben. Seine weitere Entwicklung geschieht ungestört und ohne Ängste.

Weinen als Bedürfnis

Wenn nun das Kleine aus keinem uns ersichtlichen Grund weint und wir es mit allen unseren Möglichkeiten nicht beruhigen können, sollten wir es weinen lassen. Wir sollten aber dafür sorgen, dass es bei uns ist, wenn möglich auf den Armen, es streicheln, vielleicht beruhigend mit ihm sprechen. Wir können es sogar dazu ermuntern und auffordern, uns seinen Schmerz mitzuteilen. So geben wir ihm zu verstehen, dass wir ihm zuhören und es in seinem Leid und Schmerz ernst nehmen und zu begreifen versuchen. Wir zeigen ihm, dass wir bereit sind, ihm zu helfen, und dass es sich ruhig seinen Schmerz von der Seele schluchzen soll. Wenn man so mit einem weinenden Säugling spricht, erkennt man bald in seinen Augen Dankbarkeit für das Verständnis, die Geborgenheit und Anteilnahme.

So schreiben Jirina Prekop und Christel Schweizer in ihrem Buch »Kinder sind Gäste, die nach dem Weg fragen«: »Grundsätzlich sollte man nicht versuchen, das Kind abzulenken, denn aus solchen Ablenkungen erwächst zu leicht die Gefahr einer Gewöhnung an Ersatzbefriedigungen, die sich bis zur Sucht steigern können. Gewöhnt man beispielsweise das Kind daran, dass es jedes Mal, wenn es weint, einen Schnuller bekommt, bahnt man den Reflex an, dass es später als Schüler an Stiften herumkauen muss und als Erwachsener eine Zigarette braucht, um sich zu beruhigen.«

Hat das Kind keine Möglichkeit, sich auszuweinen, kann es seinen Kummer nicht loswerden. Es lernt, dass es seine Gefühle nicht äußern und zeigen darf. Wenn es jedoch zu seinen Gefühlen stehen darf, wenn es dazu noch Verständnis und Geborgenheit erfährt, wird es bald zu weinen aufhören, denn es konnte seinem Schmerz Ausdruck verleihen und ihn dadurch überwinden. Denken wir nur einmal daran, wie befreiend sich ein ausgiebiges, reinigendes Weinen auf uns auswirkt. Würde uns jemand immer daran hindern, wie könnten wir unsere Ängste und Sorgen ertragen?

Im Prinzip sollte man nichts unternehmen, um ein Kind am Weinen zu hindern (wie gesagt: ein trockenes und sattes Kind). Ob ich ihm nun die Flasche gebe, es die Treppen rauf und runter trage, es mit einem Spielzeug ablenke, mit ihm im Auto spazieren fahre usw. – all das sind Ersatzbefriedigungen, die das eigentliche Problem nicht lösen, sondern nur auf eine andere Ebene verlagern.

Möglicherweise liegt ein Ursprung des ausgeprägten Suchtverhaltens unserer Gesellschaft in solchen Kontrollmustern, die uns ständig daran hindern, zu unseren tieferen Gefühlen vorzudringen und sie wahrzunehmen. Da uns dieses Verhalten schon von klein auf beigebracht wird, haben wir fast keine Möglichkeit, uns davon zu befreien. Wir sollten uns also immer wieder vor Augen halten, dass alles, was ein weinender Säugling braucht (vorausgesetzt seine Bedürfnisse sind gedeckt), ein starker Arm und liebevolle Zuwendung sind.

In meinen Babymassagekursen höre und erlebe ich oft, dass ein Kind bei Berührungen an bestimmten Körperteilen zu weinen anfängt. Ich ermuntere die Mütter dann, trotzdem weiter zu massieren und gut zu beobachten, was passiert. Tatsächlich mache ich immer wieder die Erfahrung, dass das Weinen in der Regel nach einer Woche aufhört, da das Baby sich inzwischen entspannt der Massage hingeben kann und täglich darauf wartet. Ich vermute, dass beim Massieren durch die Berührung gewisse Reaktionen oder »Erinnerungen« aufgerufen werden, etwa Nachklänge der Schmerzen bei der Geburt. Auf jeden Fall kann man beobachten, dass das Baby, wenn man es weitermassiert und beruhigend mit ihm spricht, solche Spannungen bald überwindet und sich gerne massieren lässt.

In der Biologie sind wir die einzigen, die lachen und weinen. Lachen und Weinen gehören zum regulativen System. Sie ermöglichen uns, sowohl positive wie negative Gefühle zu entladen und wieder unsere Mitte zu finden. Sie sind essenziell für eine gesunde Entwicklung. Eine Gazelle, die vom Löwen gejagt wird, hat sehr viel Stress. Wenn sie entkommt, ermöglicht ihr System ihr zu entladen. Mehr über dieses regulative System lesen Sie in meinem Buch: »Der kleine Homo sapiens kann's!« (S. 194 ff.).

Schmerzen und Gefühle wahrnehmen und akzeptieren

Auch bei größeren Kindern lässt sich beobachten, dass Schmerzen, wenn man sie ernst nimmt, bald überwunden sind. Wenn ein Kind sich stößt, hinfällt, den Kopf anschlägt oder sich sonst wehtut, sollte man gar nicht reagieren, wenn das Kind nicht von sich aus weint oder schreit und auf den Schmerz aufmerksam zu machen versucht. Kleine Kinder können nämlich recht viel ertragen. Wenn sie aber weinen, muss man ihren Schmerz ernst nehmen, sich der schmerzenden Stelle zuwenden, darüber streicheln, den Schmerz »wegblasen« und vor allem das Kind tröstend in seine Arme nehmen. So wird es sich sicher bald wieder seinem Spiel widmen, und die Sache ist vergessen. Aber Sie dürfen ruhig abwarten, ob das Kind Ihren Trost überhaupt sucht. Die Initiative sollte vom Kind ergriffen werden, um Trost und Zuspruch zu erhalten, und nicht die Mutter oder der Vater.

Je mehr man versucht, dem Kind den Schmerz schönzureden, desto mehr wird es schreien und weinen. Es hat sich ja schließlich wehgetan und möchte eigentlich nur, dass wir das zur Kenntnis nehmen und es in seinem Kummer ernst nehmen. Wir erziehen also keine wehleidigen Kinder, wenn wir uns ihren Schmerzen zuwenden, im Gegenteil: Wir erziehen sie zur Wehleidigkeit, wenn wir ihre Schmerzen nicht ernst nehmen, sie unter den Tisch kehren oder zu ignorieren versuchen.

Leider lässt sich auf Spielplätzen oft beobachten, wie Mütter ihre Kinder auf unsensible Art zu beruhigen versuchen. Da fällt ein Kind von der Schaukel, schlägt sich das Knie auf oder hat sich den Kopf gestoßen und kommt nun weinend zur Mutter, von der es sich Tröstung erhofft. Und die schaut das Kind an und meint: »Ach, so was tut doch nicht so weh, ist doch halb so schlimm!« Das Kind schreit ein bisschen lauter. Die Mutter weiß sich nicht recht zu helfen und findet, es solle jetzt aufhören zu weinen. Das Kind legt jetzt noch eine Tonlage zu und wechselt vom Weinen zum Schreien. Die Mutter kommt in Zugzwang, weil von überall Blicke auf sie und das »unmögliche« Kind fallen. Bei ihr macht sich jetzt Unmut breit, das Adrenalin läuft in den Blutbahnen, Zornesröte steigt ihr ins Gesicht. Jetzt geht natürlich alles schief, was schief gehen kann, der Wutanfall ist vorprogrammiert und ein Schwall von Schimpf- und Drohwörtern ergießt sich über das Kind: »Dass du dich wegen so etwas so anstellen musst, jetzt hör endlich auf, sonst gehen wir gleich nach Hause, wenn du nicht auf der Stelle aufhörst, dann bist du selber schuld!« So oder so ähnlich.

Was ist passiert? Das Kind will nur, dass die Mutter seine Verletzung zur Kenntnis nimmt und dass es kurz getröstet wird. Stattdessen wird es von der Mutter zurückgewiesen, also verleiht es seinem Bedürfnis Nachdruck und wird lauter, mit dem Effekt, dass die Mutter ausrastet und das Kind sich vollkommen unverstanden und verstoßen vorkommt. Ohnmachtsgefühle erfüllen das Kind das statt Nähe und Trost zu erhalten Vorwürfen ausgesetzt wird. Wie soll es dieses Verhalten verstehen? Seine Gene sind anders programmiert – ein Computer würde jetzt melden: »Für dieses Verhalten wurde kein Befehl eingegeben.« Da wir nun einmal keine Computer sind, läuft das kindliche Gemüt Amok. Es kann den Schlüssel zu diesem Problem einfach nicht finden, bis dann die Sicherung durchbrennt und es zum Kurzschluss kommt. Viele solcher Kurzschlüsse können das System kaputt machen und Überreaktionen auslösen, die wiederum eine Überreaktion auf der anderen Seite hervorrufen.

Der fatale Kreislauf ist damit noch nicht beendet, denn beim nächsten Mal wird das Kind noch lauter und dringlicher weinen, um bei der Mutter den Impuls zu trösten auszulösen, wahrscheinlich wiederum vergebens. So wird sich die Ohnmacht des Kindes von Mal zu Mal steigern und der Teufelskreis nimmt immer wieder aufs Neue seinen Lauf. Auch hier hilft es uns, wenn wir uns die kindliche Perspektive zu Eigen machen.

Gefühle werden in unserer Gesellschaft in der Regel negiert oder geleugnet. Erzählt uns ein kranker oder alternder Mensch, er werde sterben, dann sind übliche Reaktionen: »Ach was, du bist doch noch ganz rüstig«, »Ach, sag doch sowas nicht«, »Du kommst schon wieder auf die Beine!« usw. Und wenn das Erstgeborene erklärt, es könne sein Geschwisterchen nicht leiden, heißt es: »Das stimmt doch nicht«, »So was sagt man nicht«, »Du wirst es schon noch lieb gewinnen«, »Das will ich nie wieder hören!« usw.

In diesen Fällen wird alles getan, um die Gefühle abzuwehren, die uns der Sprechende mitteilen will. Damit blockieren wir das Gespräch. Anstatt sich mit den Gefühlen des Gegenübers auseinanderzusetzen, ihm die Möglichkeit zu geben, sich mitzuteilen, seine Gefühle auszudrücken und sie zu verarbeiten, leugnen wir sie und ersticken so die Kommunikation im Keim. Schlechte Gefühle müssen aber raus, sonst können keine guten hinein! Anstatt einer Aufarbeitung der Emotionen bewirken wir Frustration, die zum Ärgernis wird und gerade bei Kindern zur Folge hat, dass sie wütend werden und weiter auf ihrem Standpunkt beharren. Je mehr wir nun dieses Gefühl ignorieren, desto mehr sieht sich das Kind gezwungen zu zeigen, wie es wirklich so fühlt. Die Eltern haben so den Eindruck, dass das Kind trotzt, und meinen, sie müssten es zurechtweisen. Meistens folgt dann irgendeine Machtdemonstration. Und schon befinden wir uns in einem Dilemma, das gar nicht hätte entstehen müssen.

Bei Gefühlen gilt dasselbe wie bei den Bedürfnissen: Ein wahrgenommenes Gefühl ist ein erledigtes Gefühl, ein Gefühl also, das uns nicht mehr in die Quere kommt.

In den beiden angeführten Beispielen würde man angemessen reagieren, indem man die Gefühle zunächst einmal aufnimmt: »Hmm, du glaubst tatsächlich, dass du bald sterben wirst …«, »Aha, also du möchtest dein Brüderchen wieder zurückgeben!« Mit solchen Sätzen fühlt sich das Gegenüber verstanden und ist aufgefordert, seinen Gefühlen weiter Ausdruck zu verleihen. Die Emotionen rumoren dann nicht länger im Inneren und richten dort keine Zerstörung an.

Fangen wir in der Erziehung an, viel zu reden, zeigt das eher unsere Schwäche als unsere Stärke. Oft müssen wir uns dann selbst von unseren Argumenten überzeugen und schwatzen auf das Kind ein, weil wir hoffen, es würde begreifen, verstehen und unseren Ausführungen automatisch folgen. Tut es dies nicht, werden wir ausführlicher, heftiger, bestimmter und merken nicht, wie das Kind sich mehr und mehr verschließt. Es hört uns nicht mehr zu, bis es uns schließlich ganz offenkundig zeigt, dass wir zu viel reden, indem es seine Hände auf die Ohren legt.

Wir sollten Kindern dankbar sein, wenn sie uns in dieser Weise darauf aufmerksam machen, dass sie nicht mehr zuhören wollen und können, anstatt auf eine solche »Frechheit« verärgert zu reagieren.

Wenn ein Kind Probleme mit der Schule, mit Freunden, auf dem Schulweg oder mit Lehrern hat, ist die häufigste Reaktion der Eltern, das Kind mit gut gemeinten Ratschlägen zu überhäufen. Diese können eventuell nützlich sein, helfen dem Kind aber meistens nicht aus seiner Lage. Im Gegenteil: Wenn das Kind sich unfähig fühlt, die Ratschläge umzusetzen, wird sein Ohnmachtsgefühl nur noch verstärkt. Deshalb ist es sinnvoller und erfolgversprechender, sich mit dem Kind zusammenzusetzen und es selbst nach Lösungen suchen zu lassen. Zum Beispiel kann man fragen: »Was denkst du, was man tun kann? Welche Möglichkeiten gibt es? Was willst du ändern?« – und zuletzt: »Wie kann ich dir helfen?« So sucht das Kind von sich aus nach Möglichkeiten, seine Situation in die Hand zu nehmen, und fordert am Schluss nur noch die nötige Unterstützung, um seine eigenen Ideen zu verwirklichen. Bei diesem Vorgehen merkt man auch, wie ernst die Situation überhaupt ist. Handelt es sich nämlich nur um Bagatellen wie gegenseitige Hänseleien, kommt das Kind zwar auch nach Hause und beschwert sich über seine Spielgefährten, wird aber keine Vorschläge zur Lösung des Problems machen. Es weiß nämlich, dass es für das Verhalten der anderen mit verantwortlich ist und die Situation nicht so schlimm ist, wie sie im ersten Moment scheint. Wenn ich dem Kind jedoch Ratschläge gebe (»Schlag halt zurück … Sei kein Feigling und wehre dich«, »Nimm einen anderen Schulweg oder sag es dem Lehrer« usw.), ist das keine Hilfe. Zu seinen anderen Problemen kommt dann noch der Konflikt hinzu, dass es von seinen Eltern nicht verstanden wird und es mit seinen Sorgen alleine bleibt.

Wenn wir fertige Lösungen präsentieren, nehmen wir dem Kind die Chance, sich aktiv und wirksam mit seinen Problemen auseinanderzusetzen. Merkt das Kind aber, dass wir an seinem Leben Anteil nehmen und uns mit ihm zusammen um Lösungen bemühen, kann es stark werden und mit einem Gefühl von Sicherheit an die Umsetzung gehen. Wenn es jedoch mit Ratschlägen überhäuft wird, die es nachher nicht in die Tat umsetzen kann, empfindet es seine Schwächen umso stärker. Dann fühlt es sich als Versager, während ihm seine Eltern wie Übermenschen vorkommen, deren Größe und Stärke ohnehin unerreichbar sind.

Kleinkinder stellen gerne ihre Geschicklichkeit und Kraft auf die Probe. Sie versuchen Sachen, vor denen sie ihre Erziehungspersonen gewarnt haben. Scheitert das Unternehmen, so wird das Kind mit Besserwissereien in Hülle und Fülle überschüttet. »Ich hab's dir ja gesagt«, »Geschieht dir recht, wenn du immer deinen Kopf durchsetzen musst«, »Wer nicht hören will, muss fühlen« usw. Solche Bemerkungen sind nicht nur höhnisch, sondern auch völlig nutzlos. Anstatt Verständnis, Liebe und Fürsorge zu erhalten, wird das Ohnmachtsgefühl des Kindes gegenüber Erwachsenen verstärkt. Sobald es sich nicht allein gelassen fühlt, lernt es viel leichter und kommt viel eher über sein Unvermögen und Missgeschick hinweg.

Von wem, wenn nicht von seinen Erziehungspersonen, kann es sich denn Verständnis und Trost erhoffen? Wenn es sich nur Schimpf und Spott anhören muss, wiegt sein Schmerz noch viel schwerer, als hätte man ihm einen Stein in sein Innerstes gesetzt. Das weckt Aggressionen, auch wenn diese nicht unmittelbar zum Vorschein kommen. Im Innersten eingepackt verstaut, werden sie aber bei der nächstbesten Gelegenheit hervorbrechen. Das kann eine Auseinandersetzung mit einem kleineren Geschwister oder Spielgefährten sein, an denen sie jene Gefühle auslassen, die nicht verarbeitet werden konnten. Aber irgendwie müssen sie versuchen, den Stein, der sie in ihrem Innersten bedrückt, loszuwerden, indem sie ihn weitergeben.

Immer wieder sieht man Kinder auf Spielplätzen, die andere Kinder herumkommandieren, ihnen befehlen, drohen, sie beschimpfen oder sogar schlagen. Diese Kinder geben in der

Regel eins zu eins wieder, was sie bei sich zu Hause erleben. Man kann sich also ein genaues Bild davon machen, was sie selbst erfahren haben.

Wir müssen uns klarmachen, was mangelnde Sensibilität mit unseren Kindern anrichtet und welche Reaktionen dadurch ausgelöst werden. Wir können denselben Reflex aber auch positiv stimulieren, indem wir dem Kind den gewünschten Trost geben, es liebend in die Arme schließen und ihm so über sein Missgeschick hinweghelfen. So sind wir für unsere Kinder der ruhige, beschützende Pol, den sie dringend brauchen. Sie wissen, dass sie sich auf uns verlassen können, dass sie bei uns Schutz und Trost finden. Kinder kommen dann in der Regel schnell über ihr Unglück hinweg, können wieder lachen und unbeschwert spielen. Statt eines Steines liegt nun eine Blume auf dem Herzen des Kindes. Bei nächster Gelegenheit, bei einem ähnlich gelagerten Fall, wird es seinem Geschwister oder Spielkameraden diese Blume überreichen, anstatt ihm den Stein an den Kopf zu werfen.

- ✓ *Erkennen Sie die Gefühle Ihres Kindes an.*
- ✓ *Achten Sie auf die Signale Ihrer Kinder und lerne Sie zu deuten.*
- ✓ *Lassen Sie das Kind selbst Lösungen suchen und finden. So erfährt Ihr Kind sein eigenes Können und Sie erfahren seine Kooperation.*

Aus der Sicht der Kinder

Es ist immer wieder hilfreich, die Dinge aus der Sicht der Kinder zu betrachten. Je mehr wir uns darin üben, desto mehr Verständnis für ihre Reaktionen erhalten wir. Durch die Umstellung unserer Redens- und Verhaltensarten finden wir zu einer Verständigungsart, die das Zusammenleben harmonischer und friedlicher macht. Allein diese Perspektive sollte genügen, um alle Wenn und Aber über Bord zu werfen.

Ein Kind überlegt nun einmal anders als ein Erwachsener. Man braucht bloß einmal beobachten, wie ein Kind zu schreiben beginnt: Es schreibt von rechts nach links und noch dazu spiegelverkehrt; es schaut ein Buch von hinten nach vorne an, und die Kleinsten halten Bücher sogar »verkehrt herum«. Offenbar sehen sie die Bilder genauso gut, vielleicht sogar besser. Auffallenderweise halten nämlich alle Kleinkinder Bücher bevorzugt »verkehrt herum«. Die meisten Erwachsenen nehmen dem Kind das Buch dann aus der Hand und drehen es um – sie zwingen ihm die eigene Sichtweise auf und demonstrieren damit die eigene Unwissenheit und Intoleranz anderen Sichtweisen gegenüber. Das Kind hat das Recht, ein Buch auf seine Art und Weise zu betrachten. Wir sollten ihm zugestehen, dass es selbst am besten weiß, wie es sich die Abbildungen anschauen will. Versuchen wir ausnahmsweise einmal, an der Welt unserer Kinder teilzuhaben und das Buch ebenfalls »verkehrt herum« anzuschauen. So lernen wir, unsere festgefahrenen Formen zu lockern und andere Sichtweisen zuzulassen. Das alleine wird sich positiv auf das Zusammenleben mit unseren Kindern auswirken.

Sie halten das womöglich für eine Bagatelle. Ich gebe Ihnen völlig Recht: Es ist eine Bagatelle – das Zusammenleben besteht nun einmal aus Bagatellen, die zusammen das große Ganze bilden und die Grundstimmung unseres Zusammenlebens ausmachen.

Kleine Kinder arbeiten noch mit beiden Gehirnhälften, deshalb ist ihre Art, etwas anzusehen, vielschichtig und ungezwungen. Wir »Linkshirnigen« (deren Schwerpunkt auf den intellektuellen Kapazitäten liegt) können von Kindern lernen, unsere rechte Gehirnhälfte wieder mehr zu aktivieren.

Babymassage

Die Haut, ein sensibles Organ

»Mama – deine Hand ist so lieb,
warm und schön,
wenn du mich streichelst.«
Michèle

Die Haut als das flächenmäßig größte Organ umhüllt uns vollkommen. Sie ist das erste und sensitivste unserer Organe, das erste Medium unseres Austauschs mit der Welt und unser wirksamster Schutz vor ihr. Der unmittelbar mit der Haut verbundene Tastsinn, der Ursprung aller Empfindungen, wird vom menschlichen Embryo vor allen anderen Sinnen entwickelt. Ashley Montagu stellt in seinem Buch »Körperkontakt« fest, dass bei anderen Lebewesen »die Sensitivität der Haut während des vorgeburtlichen Stadiums sich offensichtlich früher und differenzierter als jede andere entwickelt« (Montagu 1995: 134). Ferner sei es ein allgemeines Gesetz der embryonalen Entwicklung, dass eine Funktion umso wichtiger ist, je früher sie auftritt. Tatsächlich sind die funktionalen Fähigkeiten der Haut von großer Bedeutung.

Bei der Geburt nimmt der Säugling seine allerersten Empfindungen über die Haut wahr. Diese ist noch sehr durchlässig, darunter liegen noch keine Fettpolster oder Muskeln, so steht die Haut in direktem Kontakt mit den darunter liegenden Organen und Knochen. Aus dem warmen Fruchtwasser entlassen, macht ihm die Kälte unserer Luft zu schaffen; deswegen ist er froh, wenn er so schnell wie möglich auf dem Bauch der Mutter liegen darf, die ihm wieder die gewohnte Wärme gibt. Auch hier wird er mit seiner Haut empfinden und aufnehmen, wie es sich anfühlt, auf ihrem Bauch zu liegen, ihre Haut zu spüren und ihre Hände wahrzunehmen, wie sie ihn liebevoll streicheln.

Die Augen sind Ausdruck unserer Seele, doch auch die Haut spiegelt unsere Gemütsverfassung wider. Sind wir freudig erregt, zeigt sich die Haut rosig; sind wir müde und abgespannt, erscheint sie aschfahl und grau; haben wir Kummer, legt sie sich in Falten; sind wir verärgert, reagiert sie auf entsprechende Weise. Viele Krankheiten äußern sich über die Haut, besonders Kinderkrankheiten. Und psychosomatische Hautkrankheiten – Allergien oder Pubertätspickel – zeigen nach außen, wie wir uns innerlich fühlen.

Babymassage ist deshalb Balsam für die kindliche Seele. Da sie nicht nur aus Streicheln und Liebkosen besteht, sondern dies mit einer Ganzkörpermassage verbindet, ist sie für Eltern ein vorzügliches Mittel, das Baby von Geburt an sehr gut kennen zu lernen. Für das Baby bedeutet sie auf der anderen Seite den bestmöglichen Start ins Leben. Körperteile, die es selbst noch nicht oder nur unzulänglich bewegen kann, werden tagtäglich von liebenden Händen massiert und gestreichelt. Nicht nur die inneren Organe, jedes Körperteil kommt so zu einer besseren Entfaltung und Entwicklung.

Der Geist wird sich in einem so geliebten und gehegten Säugling bald rundum wohl fühlen. Kontrollstudien belegen, dass massierte Säuglinge sich schneller und besser entwickeln als nicht massierte.

Der französische Arzt und Geburtshelfer Frédérick Leboyer, der in Indien Formen einer menschenwürdigeren und natürlicheren Geburt kennen lernte, setzte im Westen geradezu eine Revolution in Gang, indem er einer sanften Geburt zum Durchbruch verhalf. Auch die in Indien zur Tradition gehörende Babymassage wurde bei uns durch Leboyer populär gemacht. Er erkannte intuitiv, wie wichtig, ja lebenswichtig Berührung für ein Baby ist.

Sieh, wenn ein Baby erwacht und weint,
dann schreit es nicht vor Hunger.
Es schreit, weil es sich in einer so neuen,
unbekannten Lage wiederfindet.
Dieser Gegensatz:
das neue, furchtbare, nagende Ding innen,
und die leblose Stille außen.
Ein Baby-Magen ist hungrig.
Kein Zweifel.
Aber seine Haut ist mindestens genauso hungrig.
Seine Haut ist gierig,
sein Rücken,
seine Wirbelsäule,
gierig nach Berührung, gierig nach Empfindungen,
so gierig wie sein Magen,
der nach Milch verlangt.
Frédérick Leboyer

Schon nach einer Woche Massage bestätigen die meisten Mütter in meinen Kursen, dass ihr Baby sichtlich besser schläft. Die gezielte taktile Stimulation, die jeden Körperteil umfasst, trägt offensichtlich dazu bei, dass sich das Baby besser entspannt, gelöster wird, sich beruhigt und somit besser schläft und nachts weniger oft erwacht. Auch den Eltern ist dadurch mehr Erholung gegönnt.

Massage als bewährtes Hausmittel

Bei Kindern können sich Kränkungen der Seele wie mangelnde Aufmerksamkeit, Störungen im Familienleben, Streit usw. – kurz: psychischer Stress – in Krankheiten äußern. Damit fordern sie unbewusst mehr Zuwendung, Zärtlichkeit und

Streicheleinheiten. Auch bei Erwachsenen wären viele Arztbesuche sicher überflüssig, wenn sie zu Hause mehr Aufmerksamkeit und Zuwendung erhalten würden. Das vorenthaltene Verständnis sucht der Patient dann beim Arzt oder Therapeuten. Leider verstehen es die wenigsten Ärzte, die Symptome richtig zu deuten, und speisen den Patienten mit Arzneien ab, was diesen oft veranlasst, zum nächsten Arzt zu laufen.

Kinder lechzen nach Streicheleinheiten und man sollte sie damit überhäufen, nicht nur, weil sie sie in irgendeiner Form früher oder später wieder zurückgegeben werden, sondern auch, weil man sie dadurch befähigt, sie anderen Menschen weiterzugeben, nicht zuletzt ihren eigenen Kindern. Wir alle kennen ja die Bilder von sich gegenseitig lausenden Affen. Mittlerweile ist längst bekannt, dass das weniger der Fellpflege als vielmehr der sozialen Bindung dient.

In unserer Kultur haben gerade Säuglinge oft viel weniger Körperkontakt als Krabbelkinder. Der Säugling wird in seiner Unbeholfenheit von der Mutter in ein Bettchen oder eine Wiege gelegt und kann höchstens durch Schreien auf sich aufmerksam machen und mehr Körperkontakt fordern. Ob die Mutter dieses Schreien aber richtig interpretiert, ist fraglich. Von sich aus kann sich der Säugling – im Gegensatz zum Krabbelkind – nicht mehr Nähe und Körperkontakt holen.

Hat man sich erst einmal daran gewöhnt, sein Baby täglich zu massieren, wird es einem nicht schwerfallen, auch größeren Kindern Massagen anzubieten. Das Kind ist massagegewohnt und deshalb auch nicht besonders kitzlig, es kennt Ihre Hände und wird von Ihnen liebend gern Berührungen empfangen. Natürlich wird man ein größeres Kind nicht mehr täglich massieren, jedoch immer wieder zu bestimmten Zeiten: wenn das Kind besondere Probleme hat, wenn es Wachstumsschübe hat oder besonders aggressiv und unnahbar ist – immer dann, wenn es besondere Nähe und Zuwendung braucht.

Körperzüchtigung: ein untaugliches Mittel

Die einzigen taktilen Erfahrungen, die manche Kinder ab einem gewissen Alter machen, sind mit Schmerz verbunden. Viele Eltern, die sich in der Erziehung nicht mehr zu helfen wissen, greifen auf verschiedene Mittel der Körperzüchtigung zurück. Dass dieser Weg in eine Sackgasse führt, merken sie oft zu spät. Das Einzige, was sie mit dieser Methode erreichen, ist, dass sich das Kind mehr und mehr zurückzieht. Es wird verstockt, verunsichert, eingeschüchtert und störrisch. Dieses Verhalten reizt wiederum die Eltern noch mehr zum Schlagen. Dass sie das Wesen des Kindes damit zerschlagen, ist eine traurige Tatsache. Eltern sollten wissen, dass sie ihrem Kind nur helfen können, indem sie versuchen, es zu verstehen, ihm ihre Liebe und Zuneigung zeigen und es mit Streicheleinheiten verwöhnen. Tadeln, Anklagen, Beschimpfen, Drohen, Befehlen, Belehren, Moralisieren, Warnen, Vergleichen, Prophezeien, sarkastische, beschuldigende oder gar Angst einflößende Äußerungen sind allesamt schlechte Erziehungsmittel.

Die Zeiten, da der heilige Nikolaus erzieherisch auf die Kinder einwirken sollte, sind zum Glück in den meisten Familien vorbei, genauso wie Drohungen mit anderen erschrekkenden Fabelfiguren, die früher zu erzieherischen Zwecken auf Kinder losgelassen wurden.

Ein Baby kann mit Zärtlichkeiten nicht überfüttert werden. Im Gegenteil: Taktile Befriedigung ist in der ersten Lebenszeit von grundlegender Bedeutung und für eine gesunde Entwicklung absolut notwendig. Fehlen liebevolles Streicheln und Zärtlichkeiten im zarten Jugendalter, kann das zu schweren Verhaltensstörungen führen. Sollten Sie sich also einmal die Frage nach dem Verwöhnen stellen, denken Sie daran, dass ein Zuviel an Liebe nicht schaden kann, ein Zuwenig jedoch absolut.

Eifersucht

Wer kennt sie nicht, die Eifersucht, wie sie nagt und piekt. Sie ist nicht zu leugnen, denn sie gehört zu uns. Wenn sie uns überfällt, ist sie meist stärker als Hunger und Durst, stärker als Liebe und Verständnis. Wir fühlen uns gekränkt, hintergangen (obwohl es vielleicht gar nicht den Tatsachen entspricht), frustriert, gedemütigt, verwundet. Wir fühlen uns miserabel und unsere Gedanken kreisen immerfort um das gleiche leidige Thema. Wir gestehen uns solche Gefühle zu, wir denken nicht daran, sie zu ändern, nein, schließlich fühlen wir uns im Recht, und der andere soll gefälligst dafür sorgen, dass unser Leiden aufhört. Der andere ist schließlich schuld. Wäre er anders, würde er sich anders verhalten, würden wir uns besser fühlen.

Hand aufs Herz, wir sehen Eifersucht kaum als unser eigenes Problem an, das wir mit gleicher Vehemenz bekämpfen wie zum Beispiel unliebsame Fettleibigkeit. Nein, schließlich ist der andere schuld, der uns Grund zur Eifersucht gibt.

Aus der Sicht des Kindes würde das heißen: »Hätte ich kein Geschwisterchen, so bräuchte ich auch nicht eifersüchtig zu sein.« Und Recht hat es. Wenn ein Kind ein Geschwisterchen bekommt, sieht es nicht in erster Linie einen Spielgefährten, denn das ist ein Säugling nun wirklich nicht, sondern es sieht die ungeteilte Aufmerksamkeit, die es bisher von Seiten seiner Eltern erhalten hat, plötzlich nicht nur halbiert, sondern zum größten Teil im Schwinden begriffen.

Wer würde da nicht eifersüchtig reagieren? Wem würde nicht die Freude an dem Neuankömmling vergällt, wenn der dieser Eindringling die eigenen Eltern wegstiehlt. Nein, so etwas hatte man wirklich nie und nimmer erwartet. Davon war vorher nicht die Rede. »Denk ja nicht«, meint das erstgeborene Kind, »dass ich meinen Platz kampflos räume. Du schreiendes Ekel musst weg, so schnell wie möglich. Ich weiß gar nicht, wieso sich alle nur noch für einen Winzling wie dich interessieren … Bin ich denn niemand mehr?«

Verstehen und vorbereiten

Dass ein Kind in seiner Gefühlswelt aufgewühlt wird, wenn ein Geschwisterchen zur Welt kommt, ist nicht zu bezweifeln. Als Eltern müssen wir uns schon vor der Geburt des weiteren Kindes darüber im Klaren sein. Wir sollten also nicht erst die Eifersucht bekämpfen, wenn sie auftritt. Wichtig ist, dass wir uns zunächst einmal über unsere Gefühle Gedanken machen und uns der eigenen Eifersucht bewusst werden: Wann tritt sie auf? Wie fühlen wir uns in solchen Momenten? Und was unternehmen wir? Solche Gedanken werden uns auch weiterhelfen, wenn unser Kind von Eifersucht gepeinigt wird. Dann werden wir keine Verbote, Gebote und Ratschläge über das Kind ausschütten, sondern es im Innersten zu verstehen suchen. Damit ist schon ein wichtiger Schritt getan, um der kindlichen Eifersucht zu begegnen.

Um vorzubeugen, sollten wir das Kind vor der Geburt auf die anstehende Veränderung vorbereiten. Wenn wir dem Kind erklären, dass ein Geschwisterchen unterwegs ist, dass die Mutter bald viel zu tun haben wird, dass sie es an der Brust stillen wird, dass Windeln zu wechseln sind, dass das Kleine die Mutter rund um die Uhr beanspruchen wird, dann kann sich das Ältere darauf einstellen. Man kann mit ihm Fotos aus seiner Babyzeit anschauen, ihm erklären, dass die Mutter all das auch mit dem Geschwisterchen machen wird und sie dankbar sein wird, wenn das größere Kind ihr dabei hilft. Den Helferwillen im Kind anzusprechen ist sehr wichtig, denn Kinder sind gerne nützlich. Wenn sie merken, dass sie gebraucht werden, dass sie helfen können und nicht nur im Wege stehen, werden sie sich ihrer Wichtigkeit bewusst.

Dieses Gefühl hilft Ihnen, die Eifersucht in den Griff zu bekommen. Das Kind wird den Neuankömmling viel herzlicher aufnehmen, wenn es merkt, dass es etwas beitragen kann, dass man seiner Hilfe bedarf, es schätzt und es lobt. Auf Äußerungen des Babys wird es sehr sensibel reagieren und die Mutter auf dessen Bedürfnisse aufmerksam machen.

Nicht immer für alles verantwortlich sein

In den Ländern der so genannten Dritten Welt nehmen die Frauen, um der Eifersucht ihrer Sprösslinge vorzubeugen, häufig andere Kinder auf den Arm, schmusen und schäkern ein bisschen mit ihnen, sodass sich ihr Kind daran gewöhnt, seine Mutter hin und wieder zu teilen. Die Lebensformen und Wohnsituationen kommen diesem Verhalten natürlich entgegen, denn man lebt mehr zusammen, trifft sich auf Straßen und Plätzen, das Leben findet draußen statt. Die vielen Kinder werden nicht ausgegrenzt, sondern einbezogen, sie gehören dazu.

Unsere Klein- und Kleinstfamilien geben unseren Kindern dagegen kaum Möglichkeiten, sich mit anderen Kindern auseinanderzusetzen und zu messen. Vor allem müssen sie die Mutter mit niemandem teilen außer eventuell dem Vater. Also ist die Mutter voll und ganz auf ihr Kind eingestellt, ist ihm jederzeit »zu Diensten«, wenn möglich auch als Spielkameradin, und diese vollumfängliche Betreuung wird von niemandem gestört.

Ein Kind muss aber akzeptieren, dass die Mutter ihrer Arbeit nachgeht und es sich mit dem beschäftigt, was es gerade zum Spielen findet. Es muss sich auch daran gewöhnen, dass es die Mutter mit ihrer Arbeit und anderen Menschen zu teilen hat. Wenn das Kind frühzeitig lernt, wird es ihm auch leichter fallen, sich mit einem Geschwisterchen zu arrangieren.

Vergleichen Sie einmal, wie kleine Kinder bei uns zu quengeln anfangen, wenn die Mutter mit jemandem auf der Straße ein Gespräch anfängt, und wie sich die gleiche Szene in anderen Kulturen abspielt. So befindet sich in afrikanischen Ländern ein Kind zum Beispiel auf dem Arm der Mutter, ein anderes im Tragetuch, andere auf der Straße. Diesen Kindern käme es nie in den Sinn, die Mutter bei deren Gespräch mit einer Freundin, Nachbarin oder Kollegin zu stören und permanent Aufmerksamkeit einzufordern.

Im Alter von vier bis fünf Monaten kann man einem Kleinkind schon erste Frustrationen oder – wie Sie jetzt wissen – Anreize zumuten. Man kann ihm durchaus sagen, dass es einen Moment warten muss, da man noch etwas zu tun hat.

Im Schwimmbad konnte ich einmal folgende ungewöhnliche Szene beobachten: Drei farbige Frauen – Afrikanerinnen – saßen am Rande des Beckens. Ihre Beine hatten sie ins seichte Wasser gestreckt, während sie sich unterhielten. Ein paar Kinder spielten in ihrer Umgebung, aber die Frauen drehten sich weder nach ihnen um noch waren sie ständig hinter ihnen her. Ein kleines Mädchen, das ungefähr ein Jahr alt war, saß neben seiner Mutter. Plötzlich stand die Mutter auf und begab sich ins seichte Wasser, wo sie sich bäuchlings hinlegte, um sich abgestützt auf ihre Arme weiter mit ihren Freundinnen zu unterhalten. Das kleine Mädchen fing an zu weinen, ohne dass die Mutter Anstalten machte, darauf zu reagieren.

Diese Mutter nahm sich einfach die Freiheit und das Recht, ihren Bedürfnissen nachzugehen. Sie wusste, dass ihrem Kind nichts fehlte, dass es einfach ein wenig frustriert war wegen der vergrößerten Distanz. Sie gestand ihm kommentarlos zu, dass es weinte, unternahm aber nichts, weder physisch noch verbal, um das Kind zu beruhigen. Sie wusste, dass sie ihrem Kind dies nicht nur zumuten konnte, sondern es auch sollte. Denn das Kind baute durch sein Weinen die Frustration ab und lernte, dass die Mutter eine eigenständige Person ist, die nicht immer zur Verfügung steht.

Der Mensch ist das einzige Lebewesen, das lacht und weint. In der Biologie gibt es nichts Sinnloses – alles erfüllt einen Zweck. Lachen und Weinen gehören zum regulativen System, das uns hilft, mit Emotionen umzugehen und diese auch wieder zu entladen, damit wir zurück ins Gleichgewicht, in die Homöostase kommen. Also dient das Weinen hier dem Entladen von Spannungen und die Eltern sollten diesen Mechanismus nicht stören oder sogar verhindern. (Lesen Sie mehr dazu in meinem Buch: »Der kleine Homo sapiens kann's!«)

In der westlichen Welt wird selten so reagiert. Gewöhnlich weisen Eltern ihr Kind zurecht oder sie trösten es; die eine Reaktion ist so übertrieben und falsch wie die andere.

So schreibt Jean Liedloff: »Bei den Yequana ist die Haltung der Mutter bzw. Pflegeperson eines Babys entspannt. Gewöhnlich ist sie mit etwas anderem als Sich-um-das-Baby-Kümmern beschäftigt, aber jederzeit empfänglich für einen Besuch des krabbelnden oder kriechenden Abenteurers. Sie hört nicht auf mit Kochen oder anderer Arbeit, es sei denn, ihre volle Aufmerksamkeit wird erfordert. Sie öffnet dem kleinen Sucher nach Rückversicherung nicht ihre Arme, sondern erlaubt ihm in ihrer ruhigen, beschäftigten Art, von ihrer Person Gebrauch zu machen, oder gewährt ihm, wenn sie gerade umherläuft, einen durch einen Arm gestützten Ritt auf ihrer Hüfte.

Sie initiiert die Kontakte nicht, noch trägt sie – außer auf passive Art – zu ihnen bei. Das Baby selbst sucht sie auf und zeigt ihr durch sein Verhalten, was es will. Seine Wünsche erfüllt sie vollständig und bereitwillig, aber sie fügt nichts hinzu. In ihrem gesamten Verkehr miteinander ist das Baby der aktive, sie der passive Teil; es kommt zu ihr zum Schlafen, wenn es müde, und zum Gefüttertwerden, wenn es hungrig ist.«

In Liedloffs Beschreibung wird deutlich, dass sich die Yequana nicht speziell um ihren Nachwuchs kümmern. Dagegen wird in unserer Gesellschaft meiner Meinung nach den Kindern zu viel Zeit gewidmet. Hier wird des Guten zu viel getan. Eine Mutter ist nämlich nicht die Spielgefährtin ihres Kindes. Sie ist da, um das Kind zu versorgen, zu betreuen, bei Bedarf zu trösten, ihm helfend zur Seite zu stehen und vor allem, um es zu lieben. Als Spielgefährtin ist sie untauglich, da sie zu nachsichtig ist und ihrem Kind gegenüber nicht die gleichen Regeln befolgt wie andere Kinder. Außerdem lernt das Kind, dass die Mutter für seine Bedürfnisse da zu sein hat, und stellt bald unangemessen hohe Ansprüche. Die Mutter wird total in Beschlag genommen und gerät so in einen seelischen Konflikt, der sich zwischen Frustration und schlechtem Gewissen bewegt.

Stellen Sie sich die Frage: Was nützt und hilft meinem Kind im Leben weiter? Was heißt »Fürs Leben lernen«? Früher gab es den Spruch »Was mich nicht umbringt, macht mich stärker«, er hat einen wahren Kern. So muss ich Eltern oft eindringlich warnen, nicht einfach in eine Wohlfühlpädagogik zu verfallen und zu meinen, dies führe zu einem lieben Kind. Das Kind kennt nur seine Welt. Es hat keine Vergleichsmöglichkeiten und kein Wissen darüber, wie es wäre, wenn es geschlagen, eingesperrt oder vernachlässigt würde; deshalb empfindet es auch keine Dankbarkeit. Aber es schenkt viel Liebe! Die Welt ist so, wie das Kind sie erlebt, sie ist das, was das

Kind vernetzt und lernt. Der nächste Schritt im Lernprozess ist, dass es noch andere Menschen mit anderen Bedürfnissen gibt und dass sich das Kind letztlich diesen Bedürfnissen unterzuordnen hat. Denn die Welt richtet sich in der Regel nicht nach den Menschen, sondern umgekehrt. Also muss das Kind auch lernen, dass die Menschen sich nicht nach ihm richten, sondern umgekehrt. Das bedingungslose Eingehen auf die Bedürfnisse eines Säuglings sollte sich auf die ersten drei bis vier Lebensmonate beschränken – dann ist das Urvertrauen aufgebaut. Ab diesem Zeitpunkt muss das Kind auch die Bedürfnisse seiner Mitmenschen spüren und vor allem lernen, sich ein- und unterzuordnen. Solange Sie die richtigen Signale senden, wird das Kind dies ohne Strafe und Belohnung oder Machtgehabe tun.

Im Idealfall kann die berufstätige Mutter ihr Kind zum Arbeitsplatz mitnehmen. Sorgt eine andere Person für das Kind, kann sie diese in ihrem Sinn anweisen. Das Kind wird schnell lernen, zwischen den verschiedenen Personen zu unterscheiden und sich anzupassen. Kommt es in einen Hort, läuft es nicht Gefahr, überbehütet zu werden, und das Spielen mit anderen Kindern wird es schnell vergessen lassen, dass die Mutter abwesend ist.

In jedem Fall sollte die Mutter versuchen, ihren Tätigkeiten nachzugehen und ihre Bedürfnisse wahrzunehmen. Soweit es möglich ist, sollte das Kind dabei sein und zuschauen dürfen, nach Bedürfnis von der Mutter auf den Arm genommen und liebkost werden. Auf diese Weise wird das Kind viel lernen: Erstens erlebt es die Tätigkeiten der Mutter hautnah. Zweitens gewöhnt es sich daran, sich mit sich selbst zu beschäftigen. Es lernt die Mutter als eine Person kennen, die da ist, aber nicht uneingeschränkt zur Verfügung steht. So wird die Mutter zum ruhenden Pol, wo das Kind bei Bedarf Trost und Zuspruch findet. Es wird sich aber immer wieder der Anwesenheit der Mutter versichern und zu kleinen Zwiesprachen auf sie zukommen.

Es lohnt sich, sich über diese Dinge frühzeitig Gedanken zu machen und sie für sich selbst zu klären. Damit kann man dem Kind helfen, Eifersucht gar nicht erst aufkommen zu lassen, indem man ihr von Beginn an die Grundlagen entzieht. Ganz ohne Eifersucht wird es allerdings kaum abgehen; wenn sie sich aber in Grenzen hält, kann sie auch ein positives Gefühl sein. Wichtig ist nicht, Eifersucht an sich auszuschalten; vielmehr sollte man lernen, mit ihr umzugehen, sie als Gefühl zu akzeptieren und auch ihr konstruktives Potential zu erkennen und zu nutzen.

- ✓ *Machen Sie keine falschen Versprechungen.*
- ✓ *Fühlen Sie sich nicht permanent verantwortlich.*
- ✓ *Lassen Sie das Kind die Initiative zum Kontakt übernehmen.*
- ✓ *Das Kind ist nicht der Nabel der Welt. Es passt sich seiner Umwelt an, nicht umgekehrt.*

Aufmerksamkeit

Stellt man fest, dass Dritte am eigenen Partner Gefallen finden oder umgekehrt, kümmert man sich selbst oft wieder mehr um den umworbenen Menschen. Man bemüht sich, sein Interesse zu wecken, ihm zu zeigen, dass er einem nicht gleichgültig ist, dass man ihn liebt. Das wären die positiven Seiten von Eifersucht. Wenn ich mich aber verletzt und gekränkt fühle und anfange zu zetern und zu nörgeln, den Partner meinerseits zu verletzen und zu kränken versuche, dann erweist sich Eifersucht als Klumpfuß der eigenen Existenz, über den man unaufhörlich stolpern wird.

Gerade Kinder sind hierin wahre Künstler. Immer wieder versuchen sie, unser Interesse und unsere Aufmerksamkeit auf sich zu lenken; durch ihr Spiel, ihre Ausdrücke und ihre Späße bringen sie uns regelmäßig zum Lachen. Haben sie einmal etwas entdeckt, womit sie uns fesseln und erheitern können, wollen sie es unaufhörlich wiederholen. Dies hat auch mit Eifersucht – im guten Sinne – zu tun.

Reagiert das Kind nun eifersüchtig auf das Baby, müssen wir uns klar machen, dass das eine natürliche und selbstverständliche Reaktion ist, die wir zulassen und nicht unterdrükken sollten. Wir brauchen sie bloß in die richtigen Bahnen lenken.

Das Interesse, das dem Kleinen zuteil wird, beansprucht das ältere Kind für sich, es möchte also das Interesse auf sich lenken. Wenn es mit seiner Reaktion zeigt, dass es eifersüchtig ist, was sich in Schlagen, Quengeln oder einer anderen Reaktion äußert, die unsere Aufmerksamkeit verlangt, reagieren wir am besten gelassen. Sobald wir in Wut geraten und das Kind anfahren (»Siehst du nicht, dass ich ...«, »Jetzt hörst du aber auf, sonst ...«, »Lass mich endlich in Ruhe!«), können wir davon ausgehen, dass es alles Mögliche tun wird, um uns weiter in Beschlag zu nehmen.

Betrachten wir die Situation aus der Perspektive des Kindes. Es wird, wenn es ein Geschwisterchen bekommt, aus dem Zentrum gerückt, das jetzt der Neuankömmling besetzt. Dass das erste Kind dies nicht einfach hinnimmt, müsste allen Eltern klar sein – selbst wenn wir es gut vorbereitet haben. Das Kind kommt also mit der neuen Situation, die durch das Geschwisterchen entsteht, nicht zurecht. Es fühlt sich ohnmächtig und beginnt zu quengeln, zu schlagen usw. Wenn die Eltern nun auch noch schimpfen und das Kind bestrafen, werden sein Ohnmachtsgefühl und sein emotionales Durcheinander nur noch verstärkt. In gleichem Maße, wie die Ohnmacht steigt, wird auch der Widerwille gegen das kleine Wesen steigen. Abneigung und Hass nehmen zu, nur erfolgen die Schläge jetzt heimlich, um der Strafe der Mutter zu entgehen.

Was ist also zu tun? Trösten Sie kurz das Baby und wenden Sie sich dann gleich dem älteren Kind zu. Sie sagen: »Ich sehe, dir geht es nicht gut.« Diese Worte sagen Sie möglichst einfühlsam und ohne sarkastischen Unterton. Das Kind wird Sie mit großen Augen anschauen – in etwa so, wie Sie in diesem Augenblick, wenn Sie diese Zeilen lesen. Denn ich bin überzeugt, dass Sie einigermaßen verblüfft sind und nicht wissen, worauf ich hinaus will. Das Kind schaut Sie also erstaunt an und Sie sagen weiter: »Willst du wissen, wieso ich weiß, dass es dir nicht gut geht?« Das Kind wird Ihnen kaum eine Antwort geben, sondern wie ein Fragezeichen dastehen; im besten Fall schüttelt es den Kopf. Jetzt fahren Sie fort: »Ich sag es dir. Weißt du, wenn man jemand anderen schlägt, dann geht es einem selbst nicht gut. Deshalb weiß ich, dass du dich schlecht fühlst.« Dann kommt der nächste wichtige Schritt, indem Sie Ihr Kind auf seine Gefühle ansprechen. »Wenn es mir nicht gut geht, dann fühle ich das entweder hier im Bauch (Sie reiben sich den Bauch), hier im Herzen (Sie fassen sich ans Herz) oder hier im Kopf. Willst du mal schauen, wo sich das bei dir anfühlt?«

Auf diese Weise lernt das Kind, den Blick nach innen zu richten. Das, was es gemacht hat, indem es sein Geschwisterchen geschlagen oder gepiesakt hat, nennt man Projektion: Seine Eifersucht, Wut oder Frustration projizierte es nach außen auf sein Geschwisterchen. Indem wir den Blick nach innen richten, lehren wir schon kleine Kinder, dass diese Gefühle in uns sind und zu uns gehören – und eigentlich nichts mit den anderen Menschen zu tun haben. Es ist meine Wut, meine Eifersucht, meine Angst, mein Unvermögen usw. Und ich werde mit diesen Gefühlen in meinem Leben besser umgehen können, wenn ich schon von klein auf lerne, dass sie primär in mir sind und dass ich hier mit ihnen umgehen muss, anstatt sie an meinem Gegenüber auszulassen.

Die meisten Kinder werden auf den Bauch oder das Herz zeigen, die wenigsten auf den Kopf. Sagen Sie nun Ihrem Kind, dass Sie dieses Gefühl verstehen können. Dass Sie verstehen, dass es sein Geschwisterchen nicht immer lieb hat, weil der Kleine so viel schreit und die Mutter dauernd in Anspruch nimmt mit Stillen, Baden usw.

Jetzt haben Sie einen entscheidenden Schritt zu einer guten Kommunikation und harmonischen Beziehung unternommen. Das Kind hat etwas getan, das man nicht gutheißen kann, doch das müssen Sie ihm kein zweites Mal sagen. Warum? Weil es ihm von vornherein klar ist. Es schlägt ja, weil es wehtun will. Die Reaktion »Du tust dem Baby weh« ist also überflüssig, denn genau das ist ja seine Absicht – weil es dieses unerträgliche Gefühl im Bauch hat. Niemand wird gern geschlagen, das weiß auch das Kind. Es weiß, dass es etwas Schlechtes gemacht hat. Entsprechend verblüfft wird es sein, wenn Sie sich ihm aufmerksam und wohlwollend zuwenden.

Bis zur Lösung des Problems ist es nicht mehr weit, wenn Sie sich jetzt von Ihrem Kind erzählen oder zeigen lassen, wie sich sein schlechtes Gefühl anfühlt. Dabei können Sie ihm auf die Sprünge helfen, wenn ihm noch die richtigen Worte fehlen. Sie können Grimassen schneiden, das Gesicht verziehen, entsprechende Laute und Gesten machen – und dazu fragen: »Fühlt es sich so an?« Vielleicht holen Sie auch ein Blatt Papier und zeichnen ein Wirrwarr aufs Papier – und sagen: »Jetzt weiß ich, wie es sich anfühlt. Weißt du was? Ich kann gut verstehen, wie so ein Gefühl ist. Und wenn es das nächste Mal wiederkommt, dann sag es mir, dann singen wir gleich zusammen ein Lied oder schauen uns ein Bilderbuch an …« Vereinbaren Sie mit Ihrem Kind etwas Kurzes, das Sie dann zusammen machen. Vielleicht hilft es ihm, wenn Sie kleine »Wutbällchen« zeichnen, die Sie ausschneiden und in eine kleine Dose legen, wo sie das Kind nur holen und Ihnen überreichen braucht. Für Kinder ist so etwas manchmal einfacher, als sich verbal auszudrücken.

Wenn Sie die verschiedenen Punkte meistern, werden Sie einen »Engelskreis« in Bewegung setzen: Das Kind wird sich in diesem Moment, wenn sie ihm unerwartet einfühlsam begegnen, so sehr geliebt und verstanden fühlen, dass diese Liebe gleich zu Ihnen und dem Neuankömmling zurückfließen wird. Sie haben die Liebe Ihres Kindes gewonnen. Zudem sind Sie als Größere und Stärkere sein Vorbild, denn das Kind lernt, dass Größere und Stärkere verständnisvoll und verzeihend mit Schwächeren umgehen – selbst wenn der Schwächere das nicht unbedingt verdient hätte. Die Erfahrung, die es mit Ihnen gemacht hat, wird es gegenüber dem Baby nachahmen. – Wird das Kind aber gescholten und bestraft, dann wird es genau das an das Baby weitergeben.

Viele Frauen halten dagegen, man könne ein Kind, das sein kleines Geschwisterchen schlägt, doch nicht in die Arme nehmen, es streicheln und somit noch belohnen. Ich frage dann: »Willst du Frieden oder Gerechtigkeit?« Denn je nach Antwort muss anders vorgegangen werden. Was ist aber schon gerecht auf der Welt? Ist es gerecht, dass Kinder in eine Wohlstandsgesellschaft hineingeboren werden und andere verhungern? Wenden wir uns also lieber dem Frieden zu und tun das, was Frieden bringt. In diesem Zusammenhang erzähle ich gerne die Schokoladengeschichte: Stellen Sie sich vor, Sie gehen in einen Laden und stehlen eine Tafel Schokolade. Beim Ausgang wartet der Geschäftsführer. Er spricht Sie an und sagt: »Aha, wie ich sehe, mögen Sie Schokolade, dann nehmen Sie die hier doch auch gleich mit« – und überreicht Ihnen eine Tafel Schokolade. Denken Sie, dass Sie jemals wieder in diesem Laden etwas stehlen werden? Vermutlich nicht. Dem Kind geht es genauso. Begegnet man ihm friedlich, wird es seine Eifersucht nach und nach überwinden; das Resultat ist mehr Harmonie in der ganzen Familie. Was kümmert mich da noch Gerechtigkeit, wenn das Kind meine künftigen Vorschläge akzeptiert und gemeinsam mit mir die neue Situation angeht – freudig und enthusiastisch.

Und das Wichtigste: Durch diese Reaktion lernt es, sein Geschwisterchen zu lieben.

Wenn das ältere Kind auch wieder nach der Brust verlangt, haben Sie keine Hemmungen, sie ihm anzubieten. Die Angst, Sie hätten dann zwei Kinder am Busen, ist völlig unbegründet. Mir ist kein Fall bekannt, bei dem das Ältere am Busen »hängen« geblieben ist. Die Milch schmeckt ihnen gar nicht mehr, womit das Problem auch schon erledigt ist. Für das Kind ist es nur wichtig zu wissen, dass ihm nichts entzogen wird, sondern es allein seine Entscheidung war, nicht mehr an der Mutterbrust zu trinken.

Nachdem Sie dem Kind Empathie und Verständnis entgegengebracht haben, können Sie es motivieren, Ihnen mit dem Baby behilflich zu sein, etwa beim Windelwechseln, Baden oder bei der Babymassage. Wahrscheinlich wird das ältere Kind künftig voller Eifer und Hilfsbereitschaft bei den vorgeschlagenen Tätigkeiten behilflich sein.

Übertragen Sie dem Kind also eine gewisse Verantwortung, verschiedene Aufgaben und Pflichten.

Wichtig ist, dass Sie das Kind zu motivieren verstehen, die neuen Aufträge selbstständig und freiwillig auszuführen. Druck (»Weil du schon groß bist, musst du auf das Kleine aufpassen«) wäre kontraproduktiv, denn so wird das Kind in eine Position gedrängt, der es nicht gewachsen ist.

Wenn die Mutter dem Kind zu verstehen gibt, dass sie sein Verhalten weder begreift noch akzeptiert, kann es passieren, dass das seine Aggressionen gegen sich selbst richtet. So ist Skepsis geboten, wenn eine Mutter behauptet, ihr älteres Kind zeige überhaupt keine Eifersucht. Vermutlich gibt sie dem Kind bewusst oder unbewusst zu verstehen, dass sie Eifersucht nicht toleriert. Fragt man nach, stellt sich oft heraus, dass das Kind seine Eifersucht auf eine andere Ebene verlagert hat. Um nicht noch den Zorn und die Wut der Mutter auf sich zu richten, quält es sich möglicherweise selbst, indem es zum Beispiel anfängt, an seinen Fingernägeln zu kauen, zu stottern, einzunässen, einzukoten, oder in ein regressives Stadium zurückfällt und wieder nach der Flasche verlangt. Manche Kinder erkranken auch psychosomatisch, um mehr Zuwendung zu erhalten.

Erst wenn Eltern die wahren Hintergründe erkennen und verstehen, die solche Verhaltensweisen auslösen, können sie angemessen reagieren und das Kind unterstützen. Mit Liebe und Verständnis können sie ihm über seinen tiefen Unmut hinweghelfen.

- ✓ *Eifersucht ist Ausdruck geforderter Aufmerksamkeit.*
- ✓ *Versuchen Sie, dieses Gefühl zu verstehen und zu ergründen.*
- ✓ *Machen Sie sich ein möglichst gutes Bild von diesem Gefühl.*
- ✓ *Lassen Sie dann das Kind dieses Gefühl mimisch, akustisch und physisch ausdrücken.*
- ✓ *Übertragen Sie Ihrem Kind Aufgaben und Pflichten, die ihm zeigen, dass es gebraucht wird und wichtig ist.*

Kinder brauchen Grenzen

Grenzen geben Halt und Sicherheit

Kinder brauchen Grenzen. Sie suchen die Grenzen, und wir sind aufgefordert, sie ihnen klar zu setzen. Vor allem brauchen sie auch klare Regeln. Damit geben wir ihnen Halt und Sicherheit. Ein Kind muss in der Familie, im geschützten Rahmen lernen können, wie man sich verhält, um sich einmal draußen in der großen Welt bewähren zu können. Es muss lernen, mit Wut, Zorn und Aggressionen umzugehen. Wenn es das nicht daheim ausprobieren und üben kann, wo sonst?

Viele Eltern beziehen die Gefühlsausbrüche ihrer Sprösslinge auf sich. Sie reagieren sofort dagegen und haben das Gefühl, sie müssten sich wehren oder verteidigen, da sie sich solche Äußerungen niemals gefallen lassen dürften. Damit nehmen sie dem Kind aber die Möglichkeit, den Umgang mit seinen Gefühlen zu üben. Wenn ein Kind über sein eigenes Unvermögen in Wut gerät, über seine eigene Eifersucht stolpert, sollte uns bewusst werden, dass es in solchen Momenten Hilfe und keine Schelte braucht.

Es gehört zu seiner Entwicklung, dass das Kind im Streit mit seinen Geschwistern sich einzuordnen lernt, seine Sinne schärft, seine Kräfte misst und sich selbst schult. Es wäre falsch, wenn wir solche meist kleineren Streitereien immer zu unterbinden versuchten, weil wir sie nur nach unseren Maßstäben messen. Ein Kind braucht kleinere Reibereien, es lernt sich dabei zu bewähren und übt für die große Welt draußen. Denn dort verlangt man von ihm, dass es mit seinen Gefühlen umgehen kann, dort muss es bestehen. Die Familie ist dazu da, den Umgang mit Konflikten zu lernen.

Es ist also nur natürlich, wenn ein Kind Wut- und Zornausbrüche bekommt. Am besten sind Sie dann der Fels in Brandung und das Kind das quirlige Wasser um Sie herum. Die beste Reaktion ist meistens, gar nichts zu tun: Also weder Schelte noch Trost. Wenn wir ebenfalls wütend und zornig reagieren, kann es damit nichts anfangen, wird noch mehr in Bedrängnis geraten und sich allein gelassen fühlen.

Auch im Trotz sucht ein Kind Grenzen, die wie Wegweiser seines Lebens sind, nach denen es sich richten kann. Ein Kind, das keine Grenzen gesetzt bekommt, wird also richtungslos, es verliert sich, stürzt leicht und wird haltlos auf der Suche nach den Grenzen, die es nicht spürt.

Schon in der Gebärmutter spürt das kleine Wesen Grenzen. Nach der Geburt fühlt es sich geborgener in einem kleinen Bettchen, wo es Begrenzungen spüren kann. Nach und nach entdeckt es weitere Grenzen: die Hauswände, den Garten, den Zaun zum Nachbarsgrundstück. Und jeder Entwicklungsschritt hat mit der Überwindung von Grenzen zu tun. Erst die Erfahrung von Grenzen macht es möglich, sich selbst wahrzunehmen und Autonomie zu entwickeln. Das Kind sucht seine Grenzen ganz bewusst, und je klarer und bewusster wir sie setzen, umso orientierter und sicherer kann das Kind sich fühlen. Es kann seine Freiheit erst spüren und genießen, wenn es seine Grenzen kennt.

Kein geeignetes Modell: die partnerschaftliche Erziehung

Daraus geht auch hervor, dass wir unsere Kinder nicht in partner- oder kameradschaftlicher Weise erziehen sollten, wie es heutzutage der Wunsch vieler Eltern ist, die ihren eigenen Kindern ersparen möchten, was sie selbst erfahren haben.

Viele tolerante, offene Eltern erkennen, dass autoritäre Erziehung sich nicht bewährt hat, und suchen nach neuen Wegen, nachdem auch die antiautoritäre Erziehung deutliche Schwächen zeigte. Gewöhnlich fällt dann die Entscheidung für eine partnerschaftliche, kumpelhafte Erziehung, die scheinbar einen gangbaren Kompromiss darstellt. Vielleicht sieht man schon bei der Geburt vor seinem inneren Auge, wie man dereinst mit seinem Kind freundschaftlich unterwegs ist. Wer möchte aber seinen Freunden Grenzen aufzeigen oder Vorschriften machen?

Probleme sind also vorprogrammiert, und die Eltern werden irgendwann wieder auf autoritäre Erziehungsmuster zurückgreifen – jene Muster, die schon lange in ihnen schlummern –, doch für erzieherische Maßnahmen ist es zu diesem Zeitpunkt meistens zu spät. Was zurückbleibt, ist Frustration, das Gefühl, versagt zu haben, Resignation – bedauerlicherweise, denn solche Eltern wären bestimmt keine schlechten Eltern, wenn sie ein bisschen mehr über ihr Kind, über Erziehung und über Grenzen gewusst hätten.

Grenzen setze ich immer dort, wo ich als Mutter oder Vater etwas nicht länger hinnehmen kann oder will. Es gibt also keine allgemein gültigen Grenzen. Was bei den einen Eltern noch erlaubt ist, wird von anderen nicht mehr toleriert. Wichtig ist vor allem, dass Grenzen immer gleich gesetzt werden: Es sollte nicht einmal etwas erlaubt sein, was ein anderes Mal verboten ist. Nur konsequente Grenzen geben dem Kind den geforderten Halt.

Auch ganz kleinen Kindern kann man schon Grenzen setzen. Folgendes Beispiel soll dies illustrieren: Ein kleines Kind lässt von seinem Sitz den Löffel auf den Boden fallen, was für den kleinen Physiker ein interessantes Lernspiel in Sachen Schwerkraft ist. Das Kind lernt, dass der Löffel zu Boden fällt, wenn es die Hand öffnet, und dass er am Boden ein schepperndes Geräusch verursacht. Interessant ist auch, dass der Löffel nie an derselben Stelle liegen bleibt und immer ein bisschen anders scheppert. Weiter findet es das Kind spannend, dass er immer wieder zu ihm zurückfindet. Die Mutter bückt sich, hebt den Löffel auf und gibt ihn dem Kind wieder. Erhält es den Löffel einmal nicht prompt zurück, fängt es an zu quengeln, und siehe da, der Löffel erscheint wieder. Das Kind lernt nicht nur physikalische Gesetzmäßigkeiten, sondern auch Ursachen und Wirkungen kennen: Um den eigenen Willen durchzusetzen, kann man mit Quengeln andere Menschen zum Handeln bringen.

Grundsätzlich ist nichts gegen das Spiel und seinen Lernprozess einzuwenden. Jedes Kind spielt dieses Spiel, und man soll es ruhig mitmachen, aber nur so lange, wie man das selbst möchte. Ansonsten erklärt man dem Kind: »Schau, ich geb dir den Löffel noch dieses eine Mal und nachher nicht mehr.« Das Kind wird ihn bestimmt ein weiteres Mal fallen lassen, um zu überprüfen, ob Ihre Aussage auch stimmt. Dieses Mal lassen Sie den Löffel ohne Begründung oder Zurechtweisung einfach liegen und entfernen sich am besten vom Schauplatz, um zu demonstrieren, dass Sie wirklich nicht mehr mitspielen. Das Kind wird seinem Unmut Ausdruck geben und je nach Temperament und Willensstärke einen Anfall bekommen. Gestehen Sie ihm seinen Anfall zu, damit es seinen Frust abreagieren kann. Sie bleiben völlig ruhig. Nach einer Weile können Sie das Kind auf den Boden setzen, wo es sich vielleicht wieder den Löffel nimmt oder etwas anderes zum Spielen findet. Das nennt man Ablenkung und ist in diesem Alter eine sinnvolle Alternative. Denken Sie daran, dass man ein Kind nie abrupt aus einem Spiel reißen sollte. Kündigen Sie das Ende vorher an: »Noch einmal, dann ist Schluss«, anstatt »Jetzt ist Schluss«, damit Ihr Kind die Möglichkeit hat, sich auf das Ende vorzubereiten. Was hat das Kind gelernt? Erstens, dass man sich auf Ihr Wort verlassen kann. Zweitens, dass Quengeln ohne Erfolg bleibt. Außerdem hat es die Erfahrung gemacht, dass Sie immer noch die liebende und tröstende Mutter sind, in deren Armen es bei Bedarf Schutz bekommt.

Bei größeren Kindern (d. h. ab etwa fünf Jahren) kann man bei Auseinandersetzungen schon an deren Fähigkeiten zur Problemlösung anknüpfen und mit ihnen gemeinsam nach Lösungen suchen – eine echte Alternative zu den üblichen Sieg-Niederlage-Methoden. Die Vorgehensweise hat den entscheidenden Vorteil, dass es keine Gewinner und keine Verlierer gibt. Das Kind beteiligt sich aktiv an der Suche nach Lösungen, es fühlt sich ernst genommen und akzeptiert und wird sich bemühen, die besprochenen Lösungen freiwillig und selbstständig einzuhalten. Dagegen wird sich ein Kind, dem eine Lösung vorgeschrieben wird, als Verlierer fühlen und wenig Bereitschaft zeigen, die Lösung zu akzeptieren, sondern Gefühle wie Hass, Rache, Trotz, Schuld, Wertlosigkeit und Selbstmitleid entwickeln. Die »siegenden« Erwachsenen bezahlen einen hohen Preis für ihre Methode, denn sie verschwenden viel Zeit damit, sich mit Nörgeln, Erinnern und Drohen durchzusetzen, und enthalten dem Kind zugleich die Möglichkeit vor, sich aktiv an Problemlösungen zu beteiligen. Beachten Sie dazu das Kapitel »Führung markieren«.

- ✓ *Halten Sie Wort, seien Sie konsequent.*
- ✓ *Bleiben Sie jederzeit der liebende, schützende Hort.*
- ✓ *Quengeln und Schreien dürfen keine Mittel sein, den kindlichen Willen durchzusetzen.*

Konflikte ohne Verlierer

Kommt es zu Konflikten zwischen Ihnen und Ihrem (größeren) Kind oder haben Sie Probleme mit bestimmten Verhaltensweisen, so sollten Sie Ihr Kind bitten, sich an einer gemeinsamen Lösung des Problems zu beteiligen. Formulieren Sie Ihr Problem: »Es stört mich, dass deine Sachen immer herumliegen«; »Es ärgert mich, wenn du immer mit dreckigen Schuhen in der Wohnung herumläufst«; »Ich finde, dein Fahrrad gehört abends in die Garage« etc. Probleme lassen sich am besten durch so genannte Ich-Botschaften zur Sprache bringen. Machen Sie also keine Vorwürfe, sondern wählen Sie eine möglichst neutrale Formulierung.

Hat man das Problem schon öfters vergeblich debattiert, empfiehlt es sich, sofern die Kinder schon zur Schule gehen, das Problem schriftlich festzuhalten. So verstehen sie, dass die Angelegenheit Ihnen wirklich wichtig ist. Die Kinder sollen nun Vorschläge bringen, wie sie das Problem, das sie durch ihr Verhalten verursachen, aus der Welt schaffen wollen. Auch die Eltern machen Vorschläge, lassen die Kinder aber zuerst sagen, was sie denken. Die Vorschläge werden schriftlich festgehalten, anschließend wählt man einen für beide Parteien brauchbaren aus (mehr hierzu in meinem Buch »Zu stark für Gewalt«, Kapitel »Familienrat«).

Ein Beispiel: Sie stellen immer wieder fest, dass Ihre Kinder nicht Zähne geputzt haben, bevor sie ins Bett gehen. Eigentlich wollen Sie nicht immer hinter den Kindern her sein und sie kontrollieren. Andererseits wollen Sie aber auch nicht, dass sie ihre Zähne vernachlässigen. Was können Sie tun?

1. Beschreiben Sie das Problem: Die Zähne werden oft nicht geputzt.
2. Formulieren Sie Ihre Botschaft: »Ich möchte, dass ihr die Zähne putzt. Ich möchte nicht, dass ihr Löcher in die Zähne kriegt.«
3. Hören Sie Ihren Kindern zu: »Oft vergessen wir einfach, die Zähne zu putzen.«
4. Nun sind Vorschläge gefragt, die es den Kindern ermöglichen sollen, das Zähneputzen nicht zu vergessen.

Zum Beispiel könnte sich folgende Situation ergeben: Der Vorschlag, einen Zettel im Bad anzubringen, wird von den Kindern selbst gleich verworfen, weil sie das Badezimmer manchmal einfach auslassen. Dafür könnte man an der Zimmertür einen Zettel anbringen: »Zähne putzen!« Weil die Jüngere noch nicht lesen kann, verspricht die Ältere, ihn vorzulesen. Sie findet aber gleich eine noch bessere Lösung: »Nein, ich male ein Plakat, mit einem Glas, einer Zahnbürste, einem Waschbecken und einem Kind, das Zähne putzt.« Sie geht auch gleich an die Arbeit, und das Kunstwerk wird dann an die Zimmertüre gehängt – mit der beabsichtigten Wirkung.

Wenn Sie so an Probleme herangehen, werden Sie die Erfahrung machen, dass Kinder kooperativ sind und sich konstruktiv an das Lösen von Problemen machen. Vor allem erfahren Sie auch, warum Kinder nicht immer genau das tun, was die Erwachsenen von ihnen erwarten. Sie merken, dass Kinder meistens einen Grund für ihr Verhalten haben, dass sie aber durchaus bereit sind, sich anzupassen, wenn sie merken, dass die Eltern Probleme damit haben.

Ein Vater fragte mich um Rat: Seine dreijährigen Zwillinge würden jeden Abend Ramba-Zamba veranstalten. Er bringe sie jeweils ins Bett, und dann ginge es erst richtig los. Dabei möchte er auch ganz gern noch ein bisschen mit seiner Frau den Abend verbringen. Er fragte mich also, was zu tun sei. Ich zuckte mit den Schultern und sagte: »Das weiß ich nicht. Frag doch deine Kinder!« Er schaute mich irritiert an: »Du meinst …?« »Ja, du erzählst deinen Kindern genau das, was du mir gerade gesagt hast. Beschreibe ihnen deine Situation. Dann sagst du, ich gehe jetzt Zeitung lesen. In zehn Minuten komme ich wieder und schaue, welche Lösung ihr gefunden habt.« Der Vater folgte meinem Rat und wandte sich so an seine Zwillinge. Die Lösungen, die sie sich ausdachten, waren klar und simpel. Falls es nach der vereinbarten Zeit nicht ruhig sei, meinte der eine Zwilling, dann könne der Vater bei ihm den Radiorecorder abstellen. Der andere sagte: »Dann gebe ich dir meine Lieblingspuppe.« Die Kinder hatten sich also selbst sanktioniert. Was meinen Sie, war das Ergebnis? Der Vater erzählte mir voller Stolz, dass er die Sanktionen nie ausführen musste und die Kinder sich absolut an die Regeln hielten. Er meinte noch, er hätte nie gedacht, dass so kleine Kinder zu so etwas schon in der Lage wären.

Grenzenlos

Wenn ein Kind im Alter von vier Jahren im Wohnzimmer die Hosen runterlässt und in eine Ecke macht, wenn ein fünfjähriger Junge die Lieblingsvase seines Vaters nimmt und droht, sie vor seinen Füßen zu zerschmettern, wenn ein fünfzehnjähriger Jugendlicher nach Hause kommt und der Mutter droht, sie zu schlagen, falls sie kein Geld herausrückt, handelt es sich immer um Kinder, denen niemals oder fast nie Grenzen gesetzt wurden. Dass es auch ohne autoritäres Gehabe und ohne Drohfinger geht, zeigen die Beispiele von ausgeglichenen, zufriedenen, schöpferischen Kindern, die zwar eine stark grenzanzeigende, aber dafür liebevolle und verständige

Erziehung genossen haben. Wenn Kinder nur aus Angst vor Repressalien gehorchen, ist das vom erzieherischen Standpunkt her wertlos.

Grenzen geben dem Kind Halt und Vertrauen. Das Kind sucht danach, da es sich selbst spüren will und muss, und es wird in seinem Suchen immer dreister und verwegener, bis es endlich auf Grenzen stößt. Kinder sind im Prinzip sehr unglücklich, wenn ihnen keine Grenzen gesetzt werden. Sie steigern sich je länger desto mehr in eine psychische Krise, da ihnen notwendige Voraussetzungen für ihre Reifung und Entwicklung vorenthalten werden.

Verabschieden wir uns also von der falschen Vorstellung, das Kind seiner Freiheit zu berauben, wenn wir es in Bahnen lenken. Wir haben genügend Möglichkeiten, ihm seine wirkliche Freiheit zu lassen, indem wir es frühzeitig selbst essen lassen, es sein Büchlein so anschauen lassen, wie es das will, den Farbstift nach seinem Gutdünken in die Hand nehmen lassen, es nicht ins Laufgitter sperren, wenn es schon längst seine Umgebung auskundschaften möchte usw. Da ist es wichtig, dass wir dem Kind seinen Freiraum lassen. Wenn es hingegen seinen persönlichen Raum überschreitet und in meinen hereintritt, muss ich ihm klar zeigen, was ich zu akzeptieren bereit bin und was nicht.

Das ist im Tierreich nicht anders. Jedes Tier markiert sein Territorium, und wenn Grenzen überschritten werden, kommt es zu Auseinandersetzung oder Kampf, oder das Tier, das in ein fremdes Territorium eindringt, akzeptiert die Regeln, die dort gelten. Wenn ein Kind in mein Territorium eindringt, also grenzüberschreitend in mein Gefühlsleben tritt, muss ich ihm zeigen, welche Regeln hier walten. Zum Beispiel wenn es das Tischtuch zerschneidet, Möbel anschmiert, sich absichtlich schmutzig macht, den Teppich bekleckert, die schön gezogenen Blumen im Garten abreißt, absichtlich ins

Gemüsebeet springt, Bücher vollkritzelt, mich beschimpft, kratzt, beißt, um nur ein paar Möglichkeiten aus einer beliebig langen Liste zu nennen. Dann muss ich einschreiten und ihm klar machen, dass ich dieses Verhalten nicht akzeptiere.

Grenzen setzen, aber wie?

Wie setze ich nun diese Grenzen? Tobe ich, schreie ich, schlage ich, drohe ich, oder gibt es andere Möglichkeiten? Die aufgezählten Formen sind allesamt ziemlich untauglich und zeigen nur meine Schwächen. Natürlich kann es allen Erziehenden einmal passieren, dass sie die Beherrschung verlieren, jedoch müssen das immer Ausnahmen bleiben.

In der Regel sollte man ruhig bleiben, wobei ein Kind natürlich das Entsetzen über den beschmutzten Teppich, das zerschnittene Tischtuch oder die abgerissenen Blumen spüren darf. Wenn das Kind noch klein ist und sich seinem Alter entsprechend des angerichteten Schadens noch nicht völlig bewusst ist, erkläre ich ihm, aus welchen Gründen mir sein Verhalten nicht gefällt und warum ich es nicht akzeptieren will. Es versteht mich und wird sein Verhalten nicht wiederholen, wenn es keinen Grund dazu hat. Das Kind will mich ja nicht zornig machen, es ist in der Regel lieb und kooperativ. Gerade deshalb muss ich versuchen, das Verhalten meines Kindes zu analysieren und zu begreifen, weshalb es etwas Unrechtes getan hat.

Oft hilft es ganz einfach, das unerwünschte Verhalten zu ignorieren. Je weniger Aufmerksamkeit ich selbst dem unerwünschten Verhalten gebe, desto eher wird das Gehirn des Kindes dieses nicht zur Wiederholung empfehlen. Denn Kinder suchen immer wieder unsere Aufmerksamkeit. Bei ganz kleinen Kindern reicht es oft schon, wenn wir die Augen von ihm weg nehmen – keinen Augenkontakt herstellen. Bei größeren Kindern wendet man zusätzlich den Kopf ab oder geht sogar demonstrativ aus dem Raum. Das soziale Nervensystem des Kindes registriert solche Signale sofort und die Handlung wird nicht zur Wiederholung empfohlen.

Ein Vater von drei Kindern fragte mich, was er bei seinem Jüngsten, einem Jungen, tun solle. Er war damals knapp zwei Jahre alt. Er würde seinen Kopf so heftig auf den Boden schlagen, dass er Angst hätte, er würde sich eine Gehirnblutung holen. Sie hätten schon alles versucht, aber er würde nicht von seinem Tun lassen. Ich sagte dem Vater: »Das nächste Mal, wenn dein Sohn das tut, machst du sofort auf dem Absatz kehrt und verlässt demonstrativ den Raum!« Nach einer Woche stand der Vater mit einer Flasche Wein vor der Tür. Lakonisch sagte er: »Das hat sofort gewirkt – unglaublich!«

Kinder suchen oft kompromisslos unsere Aufmerksamkeit. Und wie sie das erreichen und was sie dafür einsetzen, übersteigt unser Vorstellungsvermögen. Also müssen Eltern auch schauen, dass sie in bestimmten Momenten ihrem Kind keine Aufmerksamkeit geben. Auch das ist wichtig für Eltern zu erkennen.

Kann ein Säugling gehorchen?

Hierzulande sitzt die Angst tief, Kinder könnten einem eines Tages über den Kopf wachsen. Darum kann man in den Augen der meisten Eltern kaum früh genug anfangen, das Kind »Mores« zu lehren. Leider ist das ein unsinniger Trugschluss. Die meisten Menschen glauben zwar, dass der Säugling sie versteht, sind sich aber zu wenig sicher und zweifeln insgeheim doch immer daran, vor allem weil ein Säugling anders reagiert als ein Erwachsener.

Der Säugling fängt an zu kriechen und die Welt um sich herum zu erobern. Dann tut das Kleine etwas, das von den Erwachsenen als unerwünschtes Tun eingestuft wird. Es hat zum Beispiel den Drang, die Blumenerde zu untersuchen, sie vielleicht sogar in den Mund zu stopfen, weil sie so herrlich riecht, oder es gibt ein Büchergestell, das man erreichen und ausräumen kann, oder die Blätter der Pflanzen lassen sich so lustig abreißen und auf dem Boden verstreuen. Ein anderes Mal ist es eine Schublade oder ein Küchenschrank, die unbedingt inspiziert werden müssen.

Die Mutter kommt dazu und fordert das Kind freundlich auf, den »Unfug« sein zu lassen. Das Kind lässt sich in seinem Tun aber nicht stören; der Drang, diese Sachen zu untersuchen, ist stärker. Es fährt also in aller Seelenruhe fort und hat nicht einmal ein schlechtes Gewissen. Die Mutter ist bei der zweiten Aufforderung schon nicht mehr so ruhig. Der Ton ist lauter geworden und fällt sehr dringlich aus. Dabei ignoriert sie, dass das Kind sie bestimmt schon beim ersten Mal verstanden hat, aber offenbar etwas anderes im Sinn hat als aufzuhören. Die Mutter ruft ein drittes oder viertes Mal, doch das Kind kümmert es nicht, sondern schaut sie nur interessiert an. Es registriert dabei haargenau, was die Mutter macht. Wie sie die Tonlage verändert. Wie sie strenger wird. Wie sie die Stirn in Falten legt. Bis ins kleinste Detail wird alles wahrgenommen: Die Mutter regt sich über das unfolgsame Kind auf, schreit vielleicht oder geht hin und haut dem Kleinen auf sein Händchen.

Der »Computer im Kind« hat wieder einmal überhaupt nichts verstanden, er blinkt nur noch, dass er darüber nichts finden kann. Das Einzige, was das Kind gelernt hat, ist, dass, wenn man wütend wird, man sich erst wiederholt, dabei lauter wird, die Stirn in Falten legt, einen strengen Gesichtsausdruck macht und dann zuschlägt. Kurz, dass man Konflikte mit

Schlägen löst. Das speichert das wissbegierige, nachahmungswillige, folgsame Geschöpf augenblicklich, da diese Erkenntnis ihm bisher fehlte.

Es hat aber nicht gelernt, von seinem Tun zu lassen, denn den Auftrag, seine Welt zu erforschen, hat es in seinen Genen mitbekommen. Es kann also in unserem Sinne gar nicht gehorchen, denn es hat nichts Falsches getan. Aber es hat wie zwei Zugpferde in seinem Kopf, die heißen Bindung versus Exploration. Auf der einen Seite soll und will es rausgehen und seine Welt erforschen, auf der anderen ist die Bindung, das heißt seine soziale Sicherheit, also die Eltern, von denen es erfahren will, wie es sich in dieser Welt verhalten soll – wie es in dieser Welt am besten zurechtkommt.

Verständnis und zugleich Führung heißt daher die Devise. Das eine schließt das andere nicht aus. Das Baby und Kleinkind will von uns geführt werden, es will wissen, wie es sich verhalten kann und darf. Sein Gehirn und sein soziales Nervensystem sind begierig, alle Regeln eines erfolgreichen Zusammenlebens zu erfahren. Aber diese Führung erfährt es nicht durch langes Predigen, nicht durch Schimpfen und Strafen, sondern durch entsprechendes Verhalten. Zuwendung wird im Gehirn des Kindes positiv bewertet – also wirkt es als verhaltensverstärkend. Abwendung wird negativ bewertet und heißt: Lass das besser sein. Es braucht folglich das richtige Verhalten im richtigen Moment. Eltern sollen auf sich selbst achten. Sie sollten ein Verhalten des Kleinkindes nicht einfach tolerieren, wenn sie es nicht gutheißen können. Aber sie sollten wissen, wie sie sich am besten verhalten, damit das archaisch aufgebaute Gehirn des Kleinkindes das auch interpretieren und verstehen kann.

Wenn wir also wir mit dem Kind reden und erklären, sprechen wir seine kognitiven Fähigkeiten an. Das bewusste Denken, die Kognition aber, ist der jüngste Gehirnteil und es braucht sehr viele Erfahrungen, damit wir kognitive Entscheide fällen können. Dazu ist das Kleinkind überhaupt noch nicht in der Lage. Wenn wir mit ihm sprechen, lernt es reden, aber kein Verhalten. Also müssen wir auf die Mittel von Zuwendung oder Abwendung (Ignorieren) zugreifen. Diese Signale versteht das Gehirn des Kleinkindes unmissverständlich und kann sie sofort lesen und interpretieren. Und das hat überhaupt nichts mit Liebesentzug zu tun. Indigene und traditionelle Kulturen, die einen äußerst liebevollen Umgang mit ihrem Nachwuchs pflegen, lenken ihn auf diese Weise. Man kann so von einem biologischen Weg in der Erziehung sprechen.

Renitenz macht im Grunde genommen in sozialen Systemen wie in der eigenen Familie ja keinen Sinn. Es ist unnötiger Energieverschleiß, den die Biologie für Besseres verwenden kann.

Das Prinzip ist, dass das Kind die Regeln aus sich heraus erkennt und als richtig befindet und nicht, weil es sich unter Androhung oder Ausführung von Maßnahmen dazu gezwungen fühlt. So habe ich meine Tochter Michèle, als sie vier Jahre alt war, gebeten, den Tisch zu decken. Michèle kam nicht. Das hat mich weder geärgert, noch habe ich mich wiederholt, noch aus der Küche gerufen: »Ich stehe jetzt schon eine Stunde in der Küche, und du bist zu faul, den Tisch zu decken!« Denn dieser Satz ist sehr verächtlich und ich würde mich selbst zum Opfer degradieren und mein Kind zum Täter machen. Wo das Kind ja nichts gemacht hat – noch nicht einmal den Tisch gedeckt. Dabei mache ich mich selbst zu einem verkappten Täter, was noch gemeiner ist, als wenn ich dem Kind gleich eine Ohrfeige verpasse. Dann ist klar: Ich bin der Täter. Zugleich wecke ich mit so einer Aussage Schuldgefühle. Und dennoch wird dieses von Selbstmitleid geprägte Muster in der Erziehung oft bedient.

Michèle kam also nicht. Und ich habe mir zu einem ganz normalen Kind gratuliert, denn dieses Verhalten wird auf der ganzen Welt beobachtet. Auf der anderen Seite war ich eine ganz normale Mutter und wollte, dass das Kind den Tisch deckt. Was war also zu tun? Wie konnte ich meinem Kind zeigen, dass es sinnvoll ist, den Tisch zu decken? Ich kochte fertig und deckte selbst den Tisch, aber ohne Michèle einen Teller hinzustellen. Dann rief ich zum Essen. Die ganze Familie kam an und Michèle schaute ganz verwundert (und absolut ohne schlechtes Gewissen) auf ihren Platz, wo kein Teller stand. Fragend blickte sie zu mir … Ich sah sie an und sagte: »Ach so, du willst Mittagessen? Du bist nicht zum Tischdekken gekommen, als ich dich gerufen habe, da habe ich gedacht, Michèle hat bestimmt keinen Hunger und kommt deswegen nicht. Dann hol dir jetzt ganz schnell einen Teller.« Das tat Michèle und der Lernprozess war sehr nachhaltig. Denn der Gedankengang war logisch: »Aha, wenn ich den Tisch nicht decke, heißt das für die Mutter, dass ich nicht mitessen will. Wenn ich also Hunger habe, dann komme ich besser zum Tischdecken.«

✓ *Lernen Sie aus der Logik der Konsequenz.*

Grenzen setzen beim Säugling heißt Ignorieren

Ein Baby braucht vorerst keine Grenzen. Es soll in seinem Vertrauen zu den Eltern wachsen. Es wird lernen, dass das Band der Liebe tragfähig und stark ist, dass es gehalten wird. Erst so ist es möglich, dass das Baby eine Bindung zu seinen Eltern eingeht, die durch nichts erschüttert wird. Bindung ist das emotionale Erleben von Zugehörigkeit zu einer Gemeinschaft. Nachweislich sind Babys, die eine starke sichere

Bindung eingehen durften, später unabhängigere, selbstständigere, selbstsicherere, intelligentere Dreijährige (Lickona 1989: 64).

Mit drei bis vier Monaten haben die vielen positiven Rückmeldungen Stabilität gegeben und eine starke Bindung wachsen lassen, die keine Unsicherheit gegenüber der Verlässlichkeit der Eltern mehr lässt. Ab dann kann und soll man anfangen, dem Säugling gewisse Frustrationen oder, wie ich es nenne, Anreize zuzumuten, und zwar möglichst ohne schlechtes Gewissen. Man kann so vorgehen, dass der Sprössling einmal ein paar Minuten auf sein Essen warten muss, wenn man nicht sofort auf Bedürfnisse reagieren kann.

Eine Möglichkeit, die auch indigene Völker nutzen, um ihre Kinder zum Gehorchen zu bewegen, ist, das Kind zu ignorieren. Das hat mit Liebesentzug nichts zu tun. Dennoch wird das Kind, das immer bestrebt ist und keine Mühe scheut, um Beachtung zu erlangen, sofort feststellen: Sein Verhalten hat dazu geführt, dass ihm diese entzogen wird. Denn auch negative Aufmerksamkeit (z. B. Schimpfen oder Mahnen) ist immer noch Aufmerksamkeit und bewirkt deshalb keine Veränderung im kindlichen Verhalten. Also, auch wenn Sie schreien, strafen oder moralisieren, geben Sie dem Kind eine geballte Ladung Aufmerksamkeit und bewirken damit, dass es in seinem Verhalten bestärkt wird. Wenden Sie sich hingegen kommentarlos vom Kind ab, gehen einer Beschäftigung nach, wird dies von ihm sofort als Signal gewertet, dass sein Verhalten nicht stimmig ist, und wird es ändern.

Gleiches gilt beispielsweise, wenn Ihr Kind Sie in die Backe kneift oder an den Haaren zieht. Sie haben ihm wahrscheinlich schon hundertmal gesagt, dass Ihnen das weh tut und dass Sie dies nicht möchten – leider ohne Erfolg. Dafür ist Ihr Sprössling umso erfolgreicher und quittiert dies mit einem strahlenden Lächeln, was Sie wiederum irritiert. Betrachten wir diese Situation einmal aus der Perspektive des Kindes: Es hat mit seinem Verhalten bei Ihnen eine Reaktion ausgelöst. Diese spannende Reaktion ist interessant, es wird neugierig, noch mehr darüber zu erfahren – alles Dinge, die es veranlassen, sein Verhalten beizubehalten, zumal es sich in diesem Alter noch nicht in Sie einfühlen kann. Es sieht in erster Linie sich selbst und sein Interesse, seine Neugier. Nehmen wir an, Sie sind Brillenträger (es kann auch eine Sonnenbrille sein). Babys sind fasziniert von Brillen. Sie fürchten aber um ihre Brille und wollen nicht, dass diese in den Händen Ihres Sprösslings ihr Ende findet – mit Recht! Sie geben ihm dies zu verstehen, indem Sie »Halt«, »Stopp«, »Das will ich nicht« oder sonst etwas sagen. Vermeiden Sie lange Sätze, Ausführungen und Erklärungen. Man muss nicht immer alles bis ins letzte Detail erklären und schon gar nicht bei Babys. Kurze klare Anweisungen sind oft besser. Es reicht vielleicht schon ein scharfes »Psssst«. Erwarten Sie nun aber ja nicht, dass das Baby Ihre Brille sein lässt. Es wird sie für einen kurzen Moment aufmerksam mustern, vielleicht sogar lächeln (das macht das Baby im Übrigen, um Sie freundlich zu stimmen, und hat mit den Spiegelneuronen zu tun), um dann gleich wieder zur Brille zu greifen. Sie haben aber kein unfolgsames Kind, sondern ein ganz normales, denn alle Babys, ob weiß, schwarz, rot oder gelb, handeln so. Sie können sich also getrost zu einem ganz normalen Kind gratulieren.

Aber – wie Sie jetzt handeln, unterscheidet sich in der Hautfarbe stark. Die Weißen haben oft das Gefühl, sie müssten sich wiederholen (weil sie offensichtlich davon ausgehen, das Kind hätte sie beim ersten Mal nicht richtig gehört), sie werden lauter, fangen an zu schimpfen, strafen, hauen oder fühlen sich ganz einfach hilflos. Dabei wäre Handeln angesagt: Sie wiederholen sich nicht – denn Kinder lernen sehr schnell. Sie müssen also nicht nochmals sagen, dass Sie das nicht wollen, sondern setzen Ihr Baby schnell, aber liebevoll auf den Boden. Jetzt sitzt es auf dem Boden und kann demzufolge Ihrer Brille nichts mehr anhaben. Es wird mit dieser veränderten Lage aber nicht zufrieden sein und lauthals schreien. Da dem Kind nichts fehlt und es nur seiner Frustration Luft macht, ist es am besten, nichts zu sagen oder zu kommentieren. Sie drehen sich um, singen ein Lied vor sich hin (das demonstriert Ihre Gelassenheit) und gehen einer Beschäftigung nach. Das heißt, sie ignorieren das Kind mitsamt seinem Geschrei.

Wenn Sie nun beim nächsten Mal Ihr Kind auf dem Arm haben und es wieder nach Ihrer Brille greift, wiederholen Sie das Absetzen auf den Boden sofort und kommentarlos. Spätestens beim dritten Mal hat Ihr Kind gelernt. Bereits an seinem Gesichtsausdruck sehen Sie, dass es sich an die letzten beiden Male erinnern kann und sein Händchen schnell wieder zurückzieht, weil es nicht wieder auf den Boden gesetzt werden will.

Diese Strategie heißt »Ignorieren« und ist bei kleinen Kindern äußerst wirksam. Demzufolge sollten Sie ihr Kind bei unerwünschtem Verhalten möglichst sofort ignorieren. Das löst bei ihm einen Impuls und Lernprozess aus, wonach dieses Verhalten als nicht erfolgreich zu taxieren und somit besser nicht zu wiederholen ist. Sie arbeiten dann mit den natürlich angelegten Entwicklungskräften des Kindes, die viel effizienter und erfolgversprechender sind, als wenn Sie es mit dem Einsatz der Sprache zum Gehorchen bringen möchten. Das heißt nun nicht, dass Sie dem Kind nicht sagen sollen, dass es Ihnen weh tut oder was Sie von ihm erwarten usw. Sie sollten sich aber nicht wiederholen. Gehen Sie davon aus, dass das Kind Sie beim ersten Mal schon gehört hat – aber es löst keinen Handlungsbedarf aus. Entsprechende Signalverhalten sind in diesem Alter sinnvoller und effizienter als Sprechen. Vor allem führen Sie keine langen Diskussionen, denn ein Kleinkind ist durch ausführliche Worte noch nicht erreichbar. Somit sind auch Moralpredigten völlig sinnlos (dies gilt auch für größere Kinder: Standpauken sind keine geeigneten Erziehungsmittel).

Es hat durch Aktion und Reaktion gelernt, was passiert, und entscheidet sich jetzt freiwillig, auf seine Aktion zu verzichten, da es nicht wieder auf dem Boden landen möchte. So einfach ist das. Was hier entscheidend ist: Es ist seine freiwillige Wahl, auf seine Aktion zu verzichten – nicht, weil es bestraft oder geschimpft wird.

Völlig mühsam ist es, müde Kinder erziehen zu wollen. Vermeiden Sie, sich mit müden Kindern auf ein Machtspiel einzulassen oder Erziehungsprinzipien durchexerzieren zu wollen. Es ist nicht nur anstrengend, sondern auch völlig nutzlos. Sie strapazieren nur unnötig sich und Ihr Kind. Schauen Sie, dass Sie es auf dem einfachsten und schnellsten Weg ins Bett bekommen. Ihr Kind braucht jetzt einzig und allein Schlaf, danach sieht die Welt wieder ganz anders aus.

Signale erkennen und deuten

Babys und Kleinkinder können sehr genau zu verstehen geben, wenn sie etwas wollen oder eben nicht wollen. Leider reagieren die Erwachsenen oft falsch auf diese Signale. Denn die Erwachsenen wollen meistens, dass das Baby oder Kind den Weg wählt, denn sie als den richtigen sehen. Damit verhalten sie sich aber falsch.

Beispiel: Sie füttern das Baby mit einem Löffelchen. Das Baby dreht den Kopf weg. Sie missachten dieses Signal. Die meisten Eltern rechnen nicht damit, dass das Baby klar anzeigen kann: »Ich will jetzt nicht mehr essen«, sondern versuchen weiter zu füttern. Der Säugling wird noch klarer: Er schlägt auf den Löffel. Noch immer versuchen viele Eltern das Baby dazu zu bringen, weiter zu essen. Dabei kennt es seine Bedürfnisse haargenau. Es weiß, wann es genug hat, und zeigt dies mit dem Kopfdrehen erstmals an, bevor es noch klarer wird. Am besten spiegeln Sie dem Kind schon beim ersten Kopfwegdrehen: »Oh, ich glaube, du hast genug?« Diesen Satz formulieren Sie fragend und schauen das Kind dabei forschend an. Wenn Sie in seinem Gesicht und Körperausdruck keine Verneinung sehen, heißt das »Ja«. Dann räumen Sie den Teller weg. Das Kind ist glücklich, weil Sie seine Signale lesen, erkennen und unmittelbar darauf reagieren. Es fühlt sich ernst genommen und respektiert. Geht es uns nicht gleich? Mögen Sie es, wenn Sie gerade erklärt haben, Sie hätten genug, und jemand Ihnen trotz dieser Bemerkung noch eine Ladung auf den Teller schöpft?

Das Gleiche gilt, wenn das Kind selbstständig isst. Sobald es mit dem Löffelchen in den Brei schlägt oder mit dem Essen zu spielen anfängt, sagen Sie unmittelbar: »Ah, ich sehe, du hast genug. Aber weißt du, mit dem Essen spielen wir nicht.« Sie nehmen den Teller und stellen ihn beiseite. Das heißt wiederum für das Kind: »Wenn ich anfange, mit dem Essen rumzualbern, dann ist das das Signal für die Eltern, dass ich satt bin.« Falls das Kind doch noch Hunger hatte, wird es in der Folge mit dem Rumalbern warten, bis es wirklich satt ist.

In meinen Kursen erlebe ich oft Babys oder Kleinkinder, die auf dem Behandlungstisch ihre Spielsachen runterwerfen. Die Mutter geht und hebt diese wieder auf. In solchen Fällen missachten die Eltern, dass das Spielzeug nicht zufällig runtergefallen ist, sondern dass das Baby es mit Absicht dahin befördert hat. Warum macht der Säugling das in diesem Moment? Es ist wichtig, dass sich Eltern diese Frage stellen. Denn damit nehmen sie ihr Kind erst richtig wahr und wirklich ernst. Das Kind tut es in diesem Moment aus Wut, Frustration, Ärger oder Widerwillen. Sie heben das Spielzeug auch nicht auf, denn es wird mit Sicherheit im nächsten Moment wieder unten landen. Es geht vor allem darum, dass das Kind Verantwortung für sein Handeln übernimmt: Es lernt: »Wenn ich das Ding runterschmeiße, dann bleibt es da.« Also geht es auch hier um Aktion und Reaktion. Das Kind begreift so viel schneller und nachhaltiger als durch Worte.

Zudem bin ich überzeugt, dass dieses typische Verhalten bei Kleinkindern in den Industrieländern eine Vorgeschichte hat. Schon die Kleinsten in unserer Gesellschaft haben gelernt, dass es die Großen sind, die wollen, dass sie mit diesem Spielzeug spielen, denn sie fuchteln damit so lange vor ihrer Nase herum und probieren es, dem Kleinkind auf jede Art und Weise schmackhaft zu machen. Das Kind kann sich deshalb an diesem Spielzeug gar nicht freuen. Es fühlt sich damit manipuliert und wirft es in hohem Bogen runter. Bei indigenen Kulturen ist dieses Verhalten unbekannt. Sie legen Spielzeug einfach hin. Nun ist es das Kind, welches das Spielzeug aus eigenem Antrieb erkunden will. Es freut sich an dem Gegenstand und wirft ihn deshalb nicht herab. Das heißt, es spielt. Man nennt das die intrinsische Motivation. Das andere, wenn Eltern dem Kind das Spielzeug schmackhaft machen wollen, nennt man extrinsische Steuerung. Wenn wir wollen, dass Kinder spielen, sollten wir diesen, jedem Lebewesen innewohnenden Impuls, aus sich selbst heraus etwas zu tun, nicht durch äußere Anreize zerstören.

Eltern wollen oft nicht böse sein. Ich meine, sie wollen nicht klar sein. Deshalb wiederholen sie sich. Beispiel: Die Mutter ist mit dem Kind in der Therapie und will gehen. Sie fordert das Kind auf, die Schuhe anzuziehen. Das Kind schaltet auf Durchzug. Es hat jetzt die ungeteilte Aufmerksamkeit seiner Mutter. Diese will sich keine Blöße geben und fordert das Kind geduldig auf, doch bitte seine Schuhe anzuziehen. Dieses Spiel hat Wiederholungscharakter und kann sich unendlich fortsetzen. Dabei wäre es geschickter, wenn die Mutter das Kind einmal auffordert, die Schuhe anzuziehen. Leistet das Kind keine Folge, sagt die Mutter ganz ohne Vorwurf oder Frustration (denn Sie wissen ja, Kinder verhalten sich so!): »Oh, ich sehe, du willst wohl lieber hier bleiben. Also dann tschüüüüß« und begibt sich zum Ausgang. Sie werden staunen, in welcher Rekordschnelle sich Ihr Kind die Schuhe angezogen hat.

Weiteres Beispiel: Autositz. Ihr Kind will nicht in den Autositz. Sie haben die Möglichkeit, Macht auszuüben, was den ungebremsten Widerstand ihres Sprösslings wecken und Ihnen einen Schweißausbruch bescheren wird. Sie können auch nicht klein beigeben und das Kind unangeschnallt auf den Rücksitz setzen, denn das ist zu gefährlich. Vermeiden Sie es auch, sich in Erklärungen und Erläuterungen, wieso sie dies jetzt tun müssen, zu verstricken. Sie sagen ganz einfach und klar: »Aha, ich verstehe, du willst lieber hier bleiben.« Dann nehmen Sie das Kind und je nach Alter bringen Sie es zurück in die Wohnung (wenn es noch nicht gehen kann) oder stellen es neben dem Auto hin, klettern hinters Lenkrad, starten den Motor und fahren vielleicht auch schon mal ein paar Meter weg. Hier kommt es immer auf das Alter und das Verhalten des Kindes an. Es reicht, so weit zu gehen, bis Sie merken, dass das Kind jetzt zur Kooperation bereit ist. Es darf also nie darum gehen, Angst einzujagen oder die eigene Frustration abzureagieren. Das Kind soll verstehen, dass es keine Macht über Sie ausübt, und lernen, dass Sie führen und es nachfolgt – nicht umgekehrt. Sie haben auch keine beleidigte Mine, keinen strafenden Blick, sondern machen dies in Liebe und mit einem Strahlen auf dem Gesicht: Denn es ist das Natürlichste und Beste, was Sie in diesem Moment tun können.

- ✓ *Erkennen Sie die Symptomatik: Aktion – Reaktion.*
- ✓ *Handeln Sie umgehend, statt auf Besserung zu warten.*

- ✓ *Widerstehen Sie dem Drang, immer eine weitere Chance geben zu wollen.*
- ✓ *Lernen Sie, die Signale Ihres Kindes zu deuten.*
- ✓ *Wiederholen Sie Ihre Wünsche und Ermahnungen nicht.*
- ✓ *Bleiben Sie möglichst guter Laune.*
- ✓ *Sie führen, das Kind folgt nach.*

Strafe muss nicht sein

Wenn Kinder schon größer sind und ihr destruktives Verhalten erfassen können, sollte man mit ihnen gemeinsam nach einer Lösung suchen. Sie können Ihre Machtstellung ausnützen und einfach eine Strafe aussprechen. Diese kann vom Streichen der Gutenachtgeschichte über Taschengeldentzug bis hin zum Entzug eines versprochenen Vergnügens wie Baden, Spielplatz, Fernsehen und vielen weiteren Maßnahmen gehen. Die Strafe muss unmittelbar ausgesprochen und in einem Verhältnis zum »Vergehen« stehen – zeitlich und natürlich auch in Bezug auf die Härte. Das Kind hat zu begreifen, dass sein Verhalten die Sanktion provoziert hat.

Besser als Bestrafung ist es, das Vergehen anzusprechen, sagen, dass das so nicht gut ist, und fragen, wie es das Kind anders, besser machen könnte. Dann kann man es animieren, die Sache wieder gutzumachen. Es soll möglichst von sich aus einen Vorschlag machen, wie es den Schaden beheben kann oder was es stattdessen tun möchte. Je nach Alter können die Eltern bei Lösungsvorschlägen behilflich sein. Wenn möglich, sollte man sich aber mit eigenen Vorschlägen zurückhalten und auf alle Fälle zuerst die Überlegungen des Kindes beachten. Es kann sich selbst einschätzen und sein guter Wille, die Sache wieder ins Lot zu bringen, sollte nicht ignoriert werden.

Strafen, dies haben Untersuchungen gezeigt, sind vom erzieherischen Standpunkt aus wertlos. Harte Strafen haben zur Folge, dass der Wille des Kindes gebrochen wird, dass es sich der Konsequenz zu entziehen sucht, aufgibt, starke Aggressionen entwickelt und zu wiederholtem Fehlverhalten neigt. Aber auch milde Strafen haben keine Besserung zur Folge, wie Thomas Gordon in seinem pädagogischen Standardwerk »Die neue Familienkonferenz« schreibt: »Nachweise für das Scheitern milder Strafen wurden 1986 in einer Studie von den Psychologen Thomas Power und M. Lynn Chapieski geliefert. Sie beobachteten sechzehn vierzehnmonatige Säuglinge beim Spiel mit ihren Müttern. Sie verzeichneten jedes Objekt, nach dem die Kleinen griffen, und wie die Mütter sie zu beschränken versuchten. Sowohl lang- wie kurzfristig hatte weder sofortige körperliche Disziplinierung (leichter Klaps auf die Hand) noch eine körperliche Strafe Erfolg, nachdem eine Ablenkung des Kindes gescheitert war. Die bestraften Babys griffen eher nach zerbrechlichen Gegenständen und fügten sich den Einschränkungen weniger. Bei einem Entwicklungstest sieben Monate später schnitten die bestraften Babys schlechter ab als diejenigen, die keine (oder wenig) Disziplinierungserfahrungen hatten« (Gordon 1989: 102f.).

Also anstatt zu strafen, sollte die Strategie des Ignorierens bei Kleinkindern anwenden. Das ist der bio-logische Weg, um Kleinkinder ohne Stress und Konflikte zu führen. Es ist die Sprache der Biologie.

Belohnungen: kein gutes Mittel

Belohnungen sind fast so fragwürdig wie Strafen. Wenn man nicht straft, sollte man auf der anderen Seite auch auf Belohnungen verzichten.

Diese Erkenntnis wird von den meisten Eltern zunächst mit Verwunderung aufgenommen, denn Belohnungen sind in unseren Breitengraden ein akzeptiertes Disziplinierungsmittel. Sie bezwecken jedoch, ein Kind zu anderem, »besserem« Verhalten anzuregen. Das heißt, dass das natürliche Verhalten des Kindes als verbesserungsfähig angesehen wird. Man nimmt also an, dass das Kind von sich aus nicht sein Bestes gibt, und ködert es mit Versprechungen und Belohnungen. Damit zerstört man die intrinsische Motivation zum Gutsein und in der Folge die Glücksfähigkeit. Denn diese beruht darauf, dass wir Dinge aus uns selbst heraus tun. Wenn wir ein uns selbst gestecktes Ziel erreicht haben, macht uns das glücklich, dann werden Glückshormone ausgeschüttet. Man sollte also immer davon ausgehen, dass das Kind von sich aus sein Bestes gibt. Entsprechend ist auch gutes und angepasstes Verhalten die Norm und sollte nicht besonders belohnt werden.

Gebe ich nun Belohnungen für gutes Verhalten, kann ich zwei Dinge verursachen: Zum Ersten kann das Kind die Belohnung gegen mich verwenden. Es bekommt ein Druckmittel in die Hand, um uns zu erpressen. Wenn es merkt, dass das von uns erwartete und erwünschte Handeln belohnt wird, wird es bald nichts mehr tun, ohne eine Belohnung einzufordern. Zweitens wirkt es wie eine Bestrafung, wenn die Belohnung einmal ausbleibt. Belohnen und Strafen sind also nicht voneinander zu trennen und sollten am besten gar nicht eingesetzt werden.

Drohungen

Drohungen sind wie Strafen und Belohnungen immer noch ein äußerst beliebtes Druckmittel in der Erziehung. Vollkommen ohne Drohungen in der Erziehung auszukommen ist in unseren Breitengraden wahrscheinlich illusorisch, man sollte sie jedoch sehr, sehr sparsam anwenden. Bei Kleinkindern sind sie sogar völlig fehl am Platz. Nehmen wir an, eine Mutter sagt ihrem Kind: »Wenn du jetzt schön spielst, kriegst du nachher Schokolade«, oder noch schlimmer: »Wenn du jetzt nicht schön spielst, kriegst du nachher keine Schokolade.«

Das Kind spielt vielleicht schön, weil es Freude an dem Spielzeug hat, weil das Spielzeug sein Interesse oder seine Neugier geweckt hat und es zum Spielen animiert. Es experimentiert mit dem Spielzeug und schaut, was sich alles damit anstellen lässt. Neugier und Interesse sind die beiden Eigenschaften, die ein Kind veranlassen zu spielen. Spielen ist nichts anderes, als diese Welt kennen zu lernen und sie sich verständlich zu machen.

Ein Kind kann aber nicht spielen, weil wir gerade unsere Ruhe brauchen und uns wünschen, dass es spielt. Im Gegenteil: Je mehr es merkt, dass wir es im Moment von uns fernhalten möchten, desto mehr wird es unsere Nähe suchen, denn es ist verunsichert und will sich unserer Gegenwart wieder versichern.

Wir können versuchen, sein Interesse an einem Spielzeug zu wecken, und hoffen, dass es eine Weile dabeibleibt. Für das Spielen eine Belohnung oder eine Drohung auszusetzen ist jedoch unsinnig, weil das Kind weder zu unserem Ärgernis noch zu unserer Freude spielt. Spielen ist ein Grundbedürfnis des Kindes, es lernt das Leben sozusagen spielerisch. Es wird von einem Spiel gefangen genommen, ist fasziniert und wird daher eine Weile spielen. Es kann das aber nicht wie wir zum Zeitvertreib tun. Wenn ich also davon ausgehe, dass das Kind alles, was es macht, aus einem inneren Antrieb tut, und nicht, weil es mich ärgern will, ist es völlig sinnlos, ihm zu drohen. Es kann diese Drohungen nicht verstehen und nicht umsetzen, sie sind daher kontraproduktiv. Das Kind lernt schlimmstenfalls, dass Drohungen eine Möglichkeit sind, die eigenen Bedürfnisse durchzusetzen und andere Menschen zu manipulieren. Auch hier spiegelt sich in den Sandkästen eins zu eins, was Kinder zu Hause mitbekommen.

Alternativen zu Drohungen: Lernen aus den Folgen

Wenn Drohungen ausgesprochen werden, müssen sie auch in die Tat umgesetzt werden können. Wenn ich einem Kind drohe, dass ich es in den Keller sperren werde, aber im Voraus weiß, dass ich eine solche Strafe nie ausführen würde, ist es dumm von mir, sie überhaupt auszusprechen. Das Kind merkt bald, dass ich meine Drohungen überspitze und sie nie in die Tat umsetze. Ich bin also für das Kind nicht mehr glaubwürdig, es verliert Respekt und weiß, dass ich nicht tue, was ich sage. Ich bin damit ein schlechtes Vorbild, das Kind kann sich nicht an mir orientieren.

Viel besser ist es, wenn ich so wenig wie möglich drohe und andere Wege suche, um das Kind zum Gehorchen zu bringen.

Nehmen wir das Thema Aufräumen, das immer wieder Anlass zu elterlichem Ärger bietet. Das Kind will einfach nicht aufräumen, und die Eltern sind es leid, die Sachen immer wieder selbst wegzuräumen. Liegen lassen möchten sie die Spielsachen auch nicht, sie fühlen sich in der eigenen Wohnung nicht mehr wohl.

Ich würde meinem Kind in diesem Fall Alternativen anbieten: Wenn es in seinem eigenen Zimmer spielt, darf es die Sachen dort liegen lassen, bis sie auch da aufgeräumt werden müssen, um das Zimmer zu putzen. Wenn es aber in meiner Nähe spielen will, was ja meistens der Fall ist, müssen die Spielsachen am Abend aufgeräumt werden. Einem kleinen Kind kann ich anbieten, dabei mitzuhelfen und vielleicht ein kleines Spiel daraus machen – dann ist das Aufräumen meistens kein Problem.

Wenn ich das nicht möchte und denke, das Kind sei alt genug, um es alleine zu tun, erkläre ich ihm, dass ich von ihm erwarte, dass es seine Spielsachen selbst aufräumt. Falls es dies nicht tut, müsse ich aufräumen und hätte dann keine Zeit mehr, um eine Gutenachtgeschichte zu erzählen, ein Spiel zu machen, ein Lied zu singen etc. Wählen Sie etwas, das Sie als Gutenachtritual üblicherweise mit Ihrem Kind machen. So kann es sich darauf einstellen und selbst entscheiden, was es lieber möchte.

Wenn es jetzt nicht aufräumt, verkneifen Sie sich große Worte, vermeiden Sie Mahnungen, machen Sie kein Geschrei und riskieren Sie keinen Aufstand: Das Kind hat sich ganz klar gegen das Gutenachtritual entschieden. Also reagieren Sie jetzt richtig, wenn Sie gelassen bleiben und das Kind wiederum ohne lange Vorträge, aber ruhig und bestimmt ins Bett bringen.

Das Kind wird sich wahrscheinlich dagegen wehren. Jetzt ist es an Ihnen, ruhig zu bleiben und sich nicht auf Diskussionen einzulassen. Das Kind wird die Konsequenz akzeptieren, denn es hat sich ja selbst dafür entschieden. Gestehen Sie ihm aber auch zu, dass es durch Weinen und eventuell Wüten seiner Frustration Luft verschafft. Lassen Sie sich durch diese Emotionen nicht umstimmen, sonst richten Sie mehr Schaden als Nutzen an. Der Respekt des Kindes vergrößert sich, wenn es merkt, dass Sie sicher sind und Konsequenzen, die Sie aussprechen, auch in die Tat umsetzen. Es braucht und sucht diese Grenzen ganz bewusst, es wird Ihnen gegenüber dankbar sein und entsprechend folgsam reagieren, denn Sie lassen keinen Zweifel an der Bestimmtheit der gesetzten Grenzen.

Es gibt noch eine weitere ganz einfache zielführende Taktik, wenn Ihr Kind nicht aufräumen will, nachdem Sie es dazu aufgefordert haben: Sie sagen in dem Moment gar nichts. Sie gehen gar nicht weiter darauf ein. Wenn Ihr Kind im Bett ist, nehmen Sie die Hälfte der Spielsachen, verpacken diese in eine Kiste, die Sie in den Keller stellen. Am nächsten Tag, wenn Ihr Kind spielen will, findet es seinen Lieblingshelikopter und viele andere Spielsachen nicht mehr. Es kommt zu Ihnen und fragt nach. Ein bisschen erstaunt schauen Sie Ihr Kind an und sagen: »Spielsachen? – Aha ja, die habe ich weggeräumt. Ich habe dir doch gesagt, du sollst sie aufräumen. Das hast du nicht gemacht. Da habe ich mir gedacht, wahrscheinlich sind es einfach zu viele und es ist so schwierig, wenn man so viele Spielsachen hat, diese alle wegzuräumen. Da wollte ich dir helfen, indem ich ein paar wegnehme, dann wird das Aufräumen für dich einfacher!« Das sagen Sie ohne Zorn und Vorwurf, auch in keiner Weise sarkastisch – ganz natürlich und drehen sich dann weg und Ihrer Arbeit zu.

Wenn Ihr Kind nun aufgebracht ist und tobt, lassen Sie es toben ohne ihm Aufmerksamkeit zu schenken. Trösten Sie nicht, schimpfen Sie nicht, gehen Sie nicht weiter darauf ein. Je weniger Aufmerksamkeit Sie diesem Gefühlsausbruch geben, desto schneller wird er vorbei sein und desto mehr wird Ihr Kind sich von Ihnen führen lassen. Schreiten Sie aber ein, wenn Ihr Kind anfängt, Gegenstände zu werfen oder das Mobiliar zu zerstören – dann müssen Sie das verhindern.

Lassen Sie sich auch nicht dazu verleiten, die weggeräumten Spielsachen gleich wieder hervorzuholen. Lassen Sie ein paar Tage verstreichen und fragen Sie dann Ihr Kind: »Meinst du, du schaffst das Aufräumen, wenn wieder ein paar Spielsachen dazukommen?« Wenn das funktioniert, können Sie diese nach und nach wieder hervorholen – aber nicht alle auf einmal.

Führung markieren – klar sein

Immer wieder erreichen mich Briefe wie der folgende. An diesem Beispiel möchte ich Ihnen aufzeigen, welche Fehler heute hauptsächlich gemacht werden.

Ich wende mich heute an Sie in der Hoffnung, dass Sie mir weiterhelfen können. Ich habe alle drei Bücher von Ihnen gelesen und teile Ihre Sichtweise in jeder Hinsicht. Besonders hat mich ihr Buch »Ihr Baby kann's!« beeindruckt. Es ist so liebevoll geschrieben und hat mir damals als junge Mutter sehr geholfen. Heute ist mein Sohn fast vier Jahre alt.

Heute Abend bin ich leider total aus meiner Haut gefahren. Mein Kind macht neuerdings jeden Abend ein Riesentheater. Nachdem er seine Lieblingssendung gesehen hat, gehen wir in sein Zimmer, wo er sich umziehen soll. Da fängt das Theater dann an: Er spielt mit anderen Dingen, legt sich auf den Boden und albert herum. Irgendwann nach Drohungen, Abzählen etc. ist er endlich umgezogen. Anschließend gehen wir ins Bad. Beim Zähneputzen geht es weiter, er spuckt die Zahnpasta sofort wieder aus, dann haut er sein Holzschwert an die Badewanne und erzählt etwas. Als ich ihn unterbreche und wegen seines Verhaltens rüge, wirft er mir vor, dass ich ihn nicht hätte ausreden lassen. Ich versuchte, es ihm zu erklären – leider vergebens. Ich habe mich dann mit ihm ins Bett gelegt, wo wir noch ein Märchen gelesen haben, und dann hat er mir von seinem Tag erzählt: Er sei von einem Kind geschubst worden und auf die Hand gefallen. Daraufhin habe er weinen müssen und die Erzieherin hätte ihn Heulsuse genannt, ohne ihn zu trösten. Mein Mann und ich werden morgen mit der Erzieherin reden. Dann meinte mein Kind, ich hätte ihn wieder nicht ausreden lassen. Er wurde richtig bockig, warf seine Kuscheltiere aus dem Bett und drehte sich von mir weg. Mir reichte es dann – so ging ich aus dem Zimmer. Da er Angst hatte, kam er weinend hinterher. Ich sprach dann mit ihm und sagte, dass es so nicht geht. Da fing er wieder an zu diskutieren und und und. Ich war dann so sauer auf alles, auf mich, die Erzieherin, sodass ich mein Kind, das wieder im Bett herumturnte, fester hinlegte. Er weinte darauf noch stärker, und was mache ich? Ich sage zu ihm, er solle ruhig sein! Ich muss schon wieder weinen – ich bin sonst nie eine so herzlose Mutter …

Jetzt sitze ich da und weiß nicht weiter. Ich habe Angst, dass sich so etwas wiederholt. Ich will, dass mein Kind, das ich nur ein paar Stunden sehe, einen wunderschönen Abend mit seiner Mama hat, die ausgeglichen auf ihn reagiert. Was heute Abend war, möchte ich nie wieder erleben. Ich hoffe sehr, dass Sie mir weiterhelfen können.

Sollte ich schon eher mit meinem Kind schlafen gehen, damit er noch spielen kann?

Sollte er abends gar nicht mehr spielen?

Sollte ich mit ihm zunächst mal in einem anderen Raum ohne Spielzeug schlafen?

Ich wäre Ihnen von Herzen dankbar, wenn Sie mir weiterhelfen könnten.

Mit freundlichen Grüßen

K. B.

Stellen Sie sich die Frage: Wollen Sie das Kind vor allen Herausforderungen, Überwindungen, Aufgaben und Pflichten beschützen oder wollen Sie es stark machen fürs Leben? Kinder müssen auch lernen, dass das Leben ein Ineinanderfließen von Geben und Nehmen ist. Es ist geprägt von Aufgaben und Pflichten, das ist normal und biologisch. Wenn ich mich einfach nur wohlfühlen will, stehe ich vielleicht nicht auf, gehe nicht zur Arbeit, koche kein Mittagessen und so weiter.

Trotz aller Liebe und allem Verständnis für das Kind braucht es Führung. Das Kind will einen ganz klaren Rahmen und diesen müssen die Eltern abstecken. Die reine Bedürfnisbefriedigung führt nicht zum Ziel! Ich sehe dann, dass ich oft falsch verstanden wurde. Ich will hier unmissverständlich nochmals klarmachen, dass die reine Bedürfnisbefriedigung eine sehr kurze Zeit dauert. Das sind vor allem die ersten drei Monate. Diese Zeit genügt, damit das Baby Vertrauen in sich, die Mutter und die Welt bekommt. Je mobiler das Baby wird, desto stärker tritt die reine Bedürfnisbefriedigung in den Hintergrund, müssen Frustrationen ausgehalten werden können und muss das Kind lernen sich anzupassen, ein- und unterzuordnen.

Der zitierte Brief steht stellvertretend für viele ähnlich gelagerte Erziehungsfehler. Ich sehe dergleichen häufig bei Müttern in meiner Praxis. Deshalb möchte ich hier nochmals in aller Deutlichkeit ein paar Dinge zur Sprache bringen: Kinder brauchen Halt und Führung! Kinder müssen sich ein- und unterordnen. Die partnerschaftliche Erziehung funktioniert nicht. »Der kindliche Nachfolgewille« lautet nicht umsonst die Überschrift eines früheren Kapitels. Einfach nur lieb sein, das funktioniert nicht. Nur Babys brauchen vollkommene Fürsorge, das permanente Umsorgtsein, die totale Bedürfnisbefriedigung. Schon mit drei Monaten kann ein Baby leichte Frustrationen aushalten, sodass man gewisse unerwünschte Verhaltensweisen bald ignorieren kann. Das Kind registriert das oder lernt am Erfolg. Wenn es mit Schreien zum Ziel kommt, wird es Schreien als Mittel einsetzen, was für uns bedeutet, dass wir klar unterscheiden müssen: Beim Baby reagieren wir auf Weinen und Schreien sofort, beim Kleinkind jedoch ignorieren wir das nach und nach. Dies ist ein sukzessiver Prozess, mit dem Ende des dritten Monats begonnen werden kann. Wir sagen dem Kind nicht einmal, dass es mit Schreien aufhören soll, denn somit erfährt es bereits Aufmerksamkeit. Am besten machen wir auf dem Absatz kehrt und wenden unser Gesicht und unsere Aufmerksamkeit spürbar etwas anderem zu. Dies können wir mit neun Monaten machen, denn da kann sich das Kleinkind schon anders als mit Schreien ausdrücken. Das machen Sie ganz neutral, ohne böse Miene oder gar mit Liebesentzug. Denn damit hat das nichts zu tun. Sie signalisieren dem Kind aber sofort, dass Sie nicht gewillt sind, auf seine Strategie einzugehen, und da spricht die Körpersprache tausendmal besser als irgendwelche Worte. Sie ist auch viel effizienter. Kinder achten viel mehr auf Signale als auf Worte. Wenn Sie sprechen, lernt das Kind vor allem die Sprache, aber nicht unbedingt Verhaltensweisen. Das Kind soll lernen, sich anders als durch Schreien mitzuteilen. Dies wird es sofort tun, wenn wir darauf nicht mehr reagieren. Wenn eine Strategie nicht mehr funktioniert, dann versucht das Kind eine neue. Insofern sind Kinder viel geschickter und lernfähiger als Eltern, von denen ich oft zu hören bekomme: »Ich habe es ihm schon hundert Mal gesagt!« Darauf antworte ich: »Dann hast du es neunundneunzig Mal zu viel gesagt. Ändere deine Strategie, wenn etwas nicht funktioniert und wiederhole dich nicht einfach.«

Ab jetzt geben wir die Aufmerksamkeit dort, wo wir ein Verhalten mögen, und entziehen die Aufmerksamkeit, wo wir etwas nicht wollen. Eine Lehrerin in Neuseeland hat das folgendermaßen gemacht: Sie sagte den kleinen Kindern, dass sie die Hand strecken sollen, wenn sie was sagen wollen. Die Kinder plauderten wie in der ganzen Welt frisch drauf los. Aber eines oder zwei der Kinder haben gehört, was die Lehrerin gesagt hat. Sie heben die Hand. Die Lehrerin reklamiert nicht das Verhalten der Kinder, sondern schaut eines der beiden Kinder nett an und sagt: »So schön, wie du die Hand streckst, komm, gib doch gleich die Antwort.« Die anderen

Kinder hören, wie das gewünschte Verhalten kommentiert wird, und beim nächsten Mal sind schon fast alle Hände oben.

Um auf den Brief zurückzukommen: Es ist ganz offensichtlich, dass das Kind die Mutter fest im Griff hat. Es ist sogar in der Lage, der Mutter Schuldgefühle zu machen, wenn diese nicht tut, was es will. Die Mutter macht alles, nur damit es ihrem Kind gut geht, bleibt dabei aber selbst auf der Strecke. Das Kind muss sich nach der Mutter richten und nicht umgekehrt. Die Mutter möchte einfach nur Liebe und Harmonie. Sie hat Angst, ihr Kind könnte Schaden nehmen, wenn sie es nicht in Watte hüllt. Aber das Leben besteht nun einmal nicht aus Watte, sondern häufig aus kämpfen, sich auseinandersetzen, sich überwinden, aushalten, einordnen, verstehen, lieben usw.

Die Welt da draußen rollt für Ihr Kind keinen roten Teppich aus. Ihre Aufgabe ist es, das Kind auf eine Welt vorzubereiten, die beileibe nicht immer friedlich ist. Letztlich geht es darum, sich selbst regulieren zu können; lernen, seine Bedürfnisse, seine Wünsche sowie seine Emotionen in den Griff zu bekommen. Das heißt aber auch, den anderen Menschen mit seinen Bedürfnissen, Wünschen und Emotionen zu sehen und ihm gegenüber ein Gleichgewicht zu finden. Dass die Bedürfnisbefriedigung den Schimpfnamen »Wohlfühl-Pädagogik« bekommen hat, rührt daher, dass viele Eltern die Bedürfnisbefriedigung nicht auf die Babyzeit beschränken und anschließend keine Führung übernehmen, die dem Kind einen sicheren Rahmen bietet. Also dreht sich der Spieß um: Das Kind übernimmt die Führung und wird dadurch renitent, weil etwas in ihm sagt, dass etwas nicht stimmt und falsch läuft. Es hat also Macht über die Eltern, was bedeutend schlimmer ist, als wenn Eltern Macht über ihre Kinder ausüben. Man nennt das auch Hierarchie-Umkehr.

Was müsste die Autorin des Briefes anders machen? Ich schlage vor, dass sie sich am nächsten Tag mit dem Kind hinsetzt und ein Blatt Papier nimmt. Dann sagt sie dem Kind, dass das ganze Gutenacht-Procedere gestern Abend sie wütend und nachdenklich gemacht hätte. Sie beschreibt ihre Gefühle – ohne die Bemerkung, das Kind habe sie traurig gemacht, denn damit würde sie Schuldgefühle wecken. Wenn es sie wirklich traurig gemacht hat, muss sie das mit sich selbst austragen. Denn das Verhalten des Kindes ist nicht außergewöhnlich und als Eltern sollte man damit rechnen, dass Kinder so reagieren. Traurigkeit ist da als Gefühl nicht angebracht. Die Mutter malt ein entsprechendes Gesicht aufs Blatt. »Was müssen wir jetzt machen, damit dieses Gesicht wieder lachen kann?«, fragt sie das Kind und malt einen Smiley auf das Papier, dann schaut sie das Kind fragend an. Dieses wird sie vermutlich verdutzt anblicken. Die Mutter gibt ihm Zeit, darüber nachzudenken. Dabei sagt sie: »Hmm, das scheint recht schwierig zu sein, oder?« Die Mutter kommt also nicht gleich mit Lösungen, sondern erforscht erst einmal, ob das Kind eventuell selbst einen Weg vorschlägt. Erst dann sagt sie: »Ich glaube, ich weiß, wie wir das machen.« Dann stellt sie ein Programm auf, wie das Abendritual zu erfolgen hat; was wann und wie gemacht wird. Das hält sie auf dem Blatt Papier mit Zeichnungen fest, daneben kann sie auch etwas schreiben und dem Kind sagen, was da steht. Das Kind wird sich sofort für das Geschriebene interessieren. Dann holt sie die Kooperationsbereitschaft beim ihm ab, indem sie sagt: »Gell, das machen wir ab jetzt so?« Das Kind wird damit einverstanden sein. Denn mit dieser Art und Weise reicht die Mutter ihrem Kind die Hand und führt es auf eine gute, nicht machtorientierte Weise, aber doch sehr bestimmt und klar. Sie gibt ihm zu verstehen, dass sie nicht mit sich spielen lässt.

Zum Schluss könnte sie sagen: »So, jetzt bin ich aber froh, dass wir das so gut hingekriegt haben! Jetzt müssen wir beide nur noch unterschreiben.« Sie nimmt etwas Farbe an ihren

Finger und macht einen Fingerabdruck aufs Papier und ihr Kind tut es ihr gleich. Damit verleihen beide dem Papier und dem, was draufsteht, noch mehr Gewicht – es ist wie ein Siegel und daher verbindlich. Das Papier wird gut sichtbar aufgehängt. Wenn es dann künftig Zeit ist, zu Bett zu gehen, kann die Mutter Schritt für Schritt genauso vorgehen, wie es schriftlich vereinbart worden ist. Das funktioniert!

Sollte sich das Kind nicht an die Abmachung halten, sollte die Mutter ihm Aufmerksamkeit und Zuwendung entziehen, es ignorieren – aber ohne jedes Schuldgefühl. Denn das Kind hat ja selbst entschieden, und sobald es sich an die Abmachung hält, kann es wieder mit Aufmerksamkeit rechnen. Aufmerksamkeitsentzug hat nichts zu tun mit Liebesentzug, denn die Mutter liebt ihr Kind nicht weniger als zuvor. Sie signalisiert es aber sofort, wenn sie mit seinem Verhalten nicht einverstanden ist. Und das Kind lernt sofort von Aktion zu Reaktion. Das hilft dem Kind sich künftig im Leben ein- und unterzuordnen.

Was die Reaktion der Erzieherin auf das Schubsen angeht – die Eltern wollen mit der Erzieherin sprechen, weil sie denken, diese hätte ihr Kind falsch behandelt: Erstens projiziert die Mutter ihre Wut auf die Erziehungsfachfrau. Die Eltern fühlen sich wieder dafür verantwortlich, jegliche Frustration von ihrem Kind fernzuhalten. Dass Kinder sich gegenseitig schubsen, ist in meinen Augen normal und ein typisches kindliches Verhalten. Sie sollten so etwas selbst regeln und dieser Meinung ist vermutlich auch die Erzieherin – entsprechend sieht sie keinen Grund, einzuschreiten oder sonst etwas zu unternehmen. Das Wort »Heulsuse« ist dennoch nicht angebracht. Vermutlich hat sie schon häufiger erfahren, dass der Junge sich gerne als Opfer sieht und entsprechend weinerlich reagiert.

- ✓ *Schenken Sie erwünschtem Verhalten Ihre Aufmerksamkeit.*
- ✓ *Entziehen Sie unerwünschtem Verhalten Ihre Aufmerksamkeit.*
- ✓ *Setzen Sie liebevoll klare Grenzen – einen klaren Rahmen.*

Wie man Grenzen setzt: das Einschlafproblem

Zwischen sieben und neun Monaten, also nach der so genannten zweiten, »extrauterinen« Schwangerschaft, kann man anfangen, einem Kind leichte Grenzen zu setzen. Dazu möchte ich ein typisches Beispiel bringen, das mit etwa zehn Monaten auftritt und heute in vielen Familien Probleme verursacht. Viele Kinder in diesem Alter wollen nicht alleine einschlafen, und die Mutter legt sich dann dazu. Kaum denkt sie, das Kleine schlafe, und steht auf, gibt das Kind zu verstehen, dass es nicht alleine bleiben will. Die Mutter legt sich also wieder dazu – sie möchte ja nichts falsch machen, und wenn das Kleine sie so sehr braucht, möchte sie ihm nicht ausgerechnet beim Einschlafen die Liebe vorenthalten. Mit der Zeit stellt sich heraus, dass es sich um keine Ausnahme handelt, sondern dass es Nacht für Nacht so weitergeht und zwar immer noch ein wenig länger und intensiver. Vielfach ist die Mutter vom Tagesgeschehen so müde, dass sie selbst beim Kind einschläft, bis ihr Mann sie liebevoll oder auch genervt aus dem Kinderbett holt.

Oft spitzt sich die Lage zu: Die Eltern fühlen sich um ihre wohlverdienten Abende gebracht, und der einzig Lachende in diesem Zirkus ist der Sprössling. Das ist unsinnig. Die Eltern müssen hier klar ihre Bedürfnisse wahrnehmen und durchsetzen: Nach einem anstrengenden Tag haben sie das Recht auf eine freie Stunde.

Wichtig ist, dass sich beim Zu-Bett-Gehen ein Rhythmus einpendelt und dass man sich an ein Schlafritual hält, welches sich jeden Abend zur selben Zeit ähnlich gestaltet. Wenn das Kind nun im Bett ist und wieder nach seiner Mutter verlangt – es kann natürlich auch der Vater sein –, kann sie hingehen und ihm klar zu verstehen geben, dass sie es ins Bett gebracht habe und dass es nun in aller Ruhe Zeit zum Schlafen sei. Sie muss dem Kind deutlich machen, dass sie nicht gewillt ist, noch länger am Bettchen zu bleiben.

Die Tür zum Schlafzimmer sollte offen bleiben – das Kind darf nicht das Gefühl haben, es werde ausgegrenzt oder eingesperrt. Am besten sagt man das dem Kind liebevoll, aber bestimmt. Man darf es ruhig noch ein bisschen streicheln und zärtlich mit ihm sein, denn es soll nicht das Gefühl bekommen, es habe etwas falsch gemacht und die Mutter sei jetzt sauer. Es soll lediglich das Bedürfnis der Eltern zur Kenntnis nehmen und respektieren.

Wahrscheinlich wird es im ersten Moment über diese Aussage nicht erfreut sein und versuchen, ob nicht doch mit Geschrei und Gebrüll etwas auszurichten ist. In solchen Momenten darf man das Kind ruhig einmal eine Weile schreien lassen. Nach etwa zehn Minuten geht man hin, zeigt sich am besten ein wenig erstaunt, dass der Sprössling noch nicht schlafen kann, streichelt ihm ein paarmal liebevoll über den Kopf und sagt mit sicherer Stimme: »Jetzt kannst du bestimmt gleich einschlafen», und verlässt den Raum am besten leise singend. So signalisieren Sie Ihrem Sprössling Ihre Sicherheit, dass alles bestens ist, aber auch, dass Sie jetzt nicht weiter konsumiert werden wollen.

In seltenen Fällen, wenn andere Muster schon zu lange und zu fest eingefahren sind, braucht es eine Wiederholung. Es ist äußerst wichtig, dass Sie von Ihrem Tun überzeugt und sicher auftreten. Ein Kind bemerkt Unsicherheit sofort und wird sie schamlos ausnützen. Es ist aber auch für das Kind wichtig, die Bedürfnisse seiner Mutter oder seines Vaters wahrzunehmen und sie zu akzeptieren und zu respektieren. Es ist für seine Weiterentwicklung wichtig zu merken, dass die Eltern eigene Persönlichkeiten sind und nicht permanent für die kindlichen Ansprüche und Bedürfnisse zur Verfügung stehen.

Meistens hängt der Hausfrieden schon ziemlich schief, wenn sich Mütter über dieses Problem beklagen. Fragt man sie nach ihren Gefühlen, wird deutlich, dass sie in diesen Momenten Aggressionen verspüren und sich dem Kind keineswegs freiwillig zuwenden. Es ist dann höchste Zeit, etwas zu unternehmen.

Warum verhält sich ein Kind so?

Ein Kind, das mit der Mutter neben sich einschläft, will sich immer wieder versichern, dass diese noch da ist. Wenn es aufwacht und merkt, dass sie weg ist, fängt es zu weinen an. Für ein Kind, das alleine in seinem Bettchen ruht, ist es von Vorteil, wenn es alleine einschläft. Dann ist es ihm auch nachts bewusst, dass die Mutter nicht neben ihm liegt. Es sucht gar nicht erst nach ihr und weint auch nicht, wenn es sie nicht findet.

Dasselbe kann auch für Säuglinge gelten, die man abends noch stillt und dann schlafend ins Bettchen legt. Manchen von ihnen macht dieses Vorgehen nichts aus. Hat man jedoch einen Säugling, der sich beim letzten Stillen wehrt, kaum an die Brust will, sich aufbäumt und den Rücken durchstreckt, ist es wichtig, dass man ihn wach ins Bettchen legt, sonst ist er frustriert, wenn er an der Brust einschläft und sich beim Erwachen allein in seinem Bettchen wiederfindet.

Dabei kann man sich ruhig überlegen, ob man den Säugling nicht ins eigene Bett nimmt, wo er die nötige Nestwärme genießt, die er braucht. Es besteht kein Grund zur Sorge, dass das Kind dann immer im elterlichen Bett bleiben will, denn je mehr seine elementaren Bedürfnisse nach Nähe, Liebe und Zärtlichkeit gedeckt sind, desto eher und sicherer wird es später in seinem eigenen Bettchen schlafen.

Auch bei jüngeren Babys im Alter von ein bis zwei Monaten führen Einschlafschwierigkeiten die Eltern oft an den Rand der Erschöpfung.

In manchen Familien spielt sich am Abend ein richtiges »Gutenachttheater« ab, welches aus der Sicht des Babys ungefähr so aussieht: Es erhält seine letzte Mahlzeit und wird ins Bett gebracht. Da Babys bei Veränderungen oft verunsichert sind und darauf mit Weinen reagieren, ist es nicht überraschend, wenn das Kind jetzt zu weinen anfängt. Es möchte nur wissen, ob es hier am richtigen Platz ist. Das heißt, es will wissen, ob die Eltern sich sicher sind.

Stattdessen wird es wieder hochgehoben und eine Serie von Ersatzbefriedigungen wird ihm vorgeführt, die es in Atem halten und staunen lassen über den Einfallsreichtum seiner Eltern. Es wird mit immer neuen Ideen konfrontiert, die es gewissenhaft einzuordnen versucht, und so schließt es: »Wenn ich ins Bettchen gelegt werde und weine, folgt: Schnuller oder Brust bekommen, Treppe rauf und runter tragen, spazieren fahren (oder was den Eltern in ihrer Verzweiflung sonst noch alles einfällt).« Es liegt auf der Hand, dass das Kind verunsichert ist, keine Ruhe findet und erst recht nicht einschläft.

Es hat alles Mögliche erlebt und erfahren, nur nicht die Geborgenheit und Sicherheit, nach denen es verlangte. Was kann man also tun?

Wenn Sie den Säugling schlafen legen und er zu weinen beginnt, geben Sie ihm die Sicherheit, dass er am richtigen Ort ist und dass er dort die Nacht ungestört und ruhig verbringen kann. Halten Sie, wenn möglich, einen festen Rhythmus ein. Auch das gibt dem Kind Sicherheit und es wird seine innere Uhr bald darauf einstellen.

Sobald sich das Baby wenden und drehen kann und beginnt, sich im Bettchen zu bewegen, empfiehlt es sich, es in einen Schlafsack zu legen. Dieser gibt ihm Geborgenheit, Sicherheit und Halt. Je mehr ein Säugling mit Händen und Füßen Halt erlebt, desto sicherer fühlt er sich. Das ist der Grund, wieso viele Kulturen »Wickelkinder« kennen – Säuglinge, die fest in Stoffbänder eingewickelt sind. Die Babys werden dadurch deutlich ruhiger.

Ihre Sicherheit ist also hier gefragt. Ihr Kind hat ja alles, was es braucht. Nehmen Sie ihr Kind deshalb nicht wieder auf, sondern streicheln es nur kurz nochmals über den Kopf und versichern ihm mit einem liebevollen Blick, dass es nun sicher schlafen könne, und verlassen sicher, singend, summend den Ort des Geschehens. Das wiederholen Sie so oft, bis der Sprössling gelernt hat: Streicheln, summen, schlafen. Spätestens am nächsten Abend ernten sie den Erfolg Ihres Handelns.

In Industrienationen wird Trotz oft als wichtiger Entwicklungsschritt beschrieben. Trotz muss in meinen Augen nicht unbedingt sein. Meiner Ansicht nach ist es ein Korrektiv des Kindes. Indigene Völker kennen keine »Trotzphase«. Da frage ich mich: Sind das andere Menschen? Wohl kaum. Also muss es der Umgang mit den kleinen Menschen sein, welcher den Trotz hervorruft. Dazu habe ich eine Theorie: Trotz ist ein Korrektiv des Kindes, das in sich spürt und artikuliert: »Hier läuft etwas falsch; ich muss selbst meine Entwicklung in die Hände nehmen.« Also will es selbst bestimmen, um sich optimal entwickeln zu können. Daher auch das ständige »Selber!« Dies ist als wichtiger Entwicklungsschritt insofern konsequent, weil vorher Fehler gemacht worden sind, die Irritationen auf das genetische Programm verursacht haben.

Meine Kinder kannten keine Trotzphase. Viele Eltern, die sich nach meinen Theorien der sensiblen Phasen richteten, gaben mir ebenfalls die Rückmeldung, dass ihre Kinder nicht getrotzt haben.

Wenn wir also den biologischen Entwicklungsplan wieder einhalten, entfällt Trotz, denn er ist biologisch gesehen ein unnötiger Energieverschleiß, den sich die Biologie nicht leisten kann oder will.

Konsequenz: das A und O

Ein weiteres leidiges Thema im Erziehungsalltag ist das ewige Verlangen nach Süßigkeiten. Viele Eltern haben ihnen den Kampf angesagt, auch wenn sie bei Spielgefährten und Freunden weit verbreitet sind.

Man kann Kindern ohne Weiteres erklären, dass es Zeiten mit Süßigkeiten gibt, aber auch solche ohne. Wenn das Gespräch auf Schleckereien kommt und man beschließt, dass es im Moment keine geben soll, sind wahrscheinlich die wenigsten Kinder mit dieser Entscheidung sofort zufrieden. Sie bohren und bohren, bis das Bohrloch vielleicht doch so groß ist, dass ein Bonbon herausfallen könnte. Man kann dieses Bohren im Keim ersticken, indem man ganz klar sagt: »Jetzt ist eh Schluss, aber dieses Quengeln …« – Sie machen eine Pause und verziehen Ihr Gesicht – »Hmmm, das mag ich auch nicht. Da kann ich euch auch morgen nichts Süßes geben.« Weiter sagen Sie nichts. Falls die Kinder weiter quengeln und sie anderntags für Süßigkeiten anstehen – zucken Sie nur mit den Schultern und sagen: »Oh, das tut mir jetzt aber leid – wisst ihr noch: gestern?« Mehr braucht es nicht. Sie können sicher sein, die Kinder haben die Lektion gelernt. Und Sie als liebende Mutter können sogar Mitgefühl zeigen. Und die Kinder wissen, sie können Sie beim Wort nehmen.

Konsequenz ist das A und O der Erziehung. Wenn Ihre

Kinder erfahren haben, dass Ihr Nein ein Nein bleibt und man nicht nach genügend Quengeln doch noch ein Ja herauspressen kann, werden Sie die verstärkte Drohung kaum wahrmachen müssen. Die Kinder wissen instinktiv, wann Grenzen erreicht sind. Gebe ich in solchen Fällen nach, erziehe ich das Kind geradezu zur Inkonsequenz und es weiß, dass ein Nein nicht unbedingt ein Nein sein muss, wenn man nur lange genug nörgelt. Kinder haben in diesen Dingen eine ausgesprochene Begabung und sind in ihrer Ausdauer kaum zu übertreffen. Nehmen Sie ihm also den Wind aus den Segeln und setzen Sie Ihrem Nein noch eins drauf. Das Kind begreift schnell, dass es sein Ziel so nicht erreichen, sondern sich nur weiteren »Schaden« zufügen kann.

Mit diesem Vorgehen kann man sich ersparen, dass man ein Nein zehnmal wiederholen muss und dabei schließlich ermüdet oder unglaubwürdig wird.

Was Kinder sonst noch brauchen

Die Bedeutung des Vaters

In der neurochemischen Forschung wird ein erhöhter Oxytocinwert mit Liebe, Vertrauen und Ruhe in Verbindung gebracht. Bei den Vätern wissen wir, dass auch hier das Oxytocin eine wichtige und entscheidende Rolle spielt: Das sich Kümmern um seine Partnerin und sein Kind erhöht seinen Oxytocinwert, wobei der Testosteronwert sinkt. Weiter vermindert Oxytocin bei Mensch und Tier Ängstlichkeit und steigert das Vertrauen in die Artgenossen. Es fördert also soziale Kontakte. Eine interessante Feststellung hat man bei monogamen Präriewühlmäusen und ihren genetisch eng verwandten polygamen Bergwühlmäusen gemacht. Die Präriewühlmäuse leben in lebenslangen Partnerschaften. Beide Elternteile kümmern sich in gleicher Weise um ihren Nachwuchs und sind monogam. Bergwühlmäuse hingegen sind polygam, gelten als aggressive EinzelgängerInnen und zeigen keine elterliche Fürsorge. Wenn den treuen Präriewühlmäusen jedoch ein Blocker verabreicht wird, der die Rezeptoren für Oxytocin ausschaltet, verändert sich ihr Verhalten drastisch und gleicht sich jenem der untreuen Bergwühlmäuse an. Auf der anderen Seite werden Bergwühlmäuse monogam und bleiben ein Leben lang treu, wenn ihrem Erbgut das Gen für Rezeptoren des Hormons Vasopressin – das dem Oxytocin sehr ähnlich ist – eingeschleust wird (vgl. Müller 2009: 147).

In diesem Sinne ist es also ganz entscheidend, wie sich der Vater einbringt. Man könnte sich jetzt fragen, was war zuerst da, das Huhn oder das Ei? Aber diese Diskussion ist müßig, denn wir werden es nie herausfinden. In der Natur steht alles immer in Wechselwirkung – sie ist ein reziprokes System: Das eine beeinflusst das andere und umgekehrt. Auf der einen Seite führt das Hormon Oxytocin dazu, dass Väter liebevoller, umsichtiger, zärtlicher, verständnisvoller mit ihrem Baby oder Kind umgehen. Auf der anderen Seite, wenn der Vater sich um sein Kind kümmert, es in den Arm nimmt, mit ihm Augenkontakt hat, es berührt, beruhigt, tröstet und spielt, wird vermehrt Oxytocin ausgeschüttet, was wiederum das Bemuttern (Bevatern) fördert. So entsteht ein wahrer Engelskreis. Also selbst Väter, die Mühe haben, mit ihrem Winzling etwas anzufangen, sollten es einfach einmal ausprobieren – der Rest ergibt sich dann von selbst.

Gehen Sie eine Beziehung zu ihrem Kind ein, und zwar nicht erst dann, wenn das Kind schon läuft und Fußball spielt. Die ersten Kontaktaufnahmen mit dem Vater sind genauso wichtig und prägend, wie sie es bei der Mutter sind, und wie gesagt vollziehen sie sich wechselwirksam. Die Bande, die hier geknüpft werden, halten ein Leben lang und wirken ebenso lange nach. Wenn sie schwach und brüchig sind oder nie gelegt wurden, wirkt sich auch das ein Leben lang aus. In Beziehung treten und in Beziehung sein wird in unserer Zeit immer wichtiger. Denn in die Augen meines Mitmenschen zu schauen, mit ihm Kontakt aufzunehmen, ihn zu sehen, ihn wahrzunehmen, ihn zu verstehen, seine Gefühle zu spiegeln, ist etwas ganz anderes als auf einen seelenlosen Bildschirm, ein iPhone, Smartphone oder was auch immer noch zu kommende Phones zu starren und so zu kommunizieren. Wir laufen heute Gefahr, mit der ganzen Welt in Verbindung zu stehen, aber unsere Nächsten nicht mehr zu sehen. Eine solche Welt verliert, wird arm und seelenlos.

Ich beobachte das je länger desto mehr in meinem nächsten Umfeld: Es gibt Mütter und Väter, die bringen mir ihr Baby oder Kind in die Therapie, dann setzen sie sich mit ihrem iPhone eine Stunde lang auf die Couch. Statt dass sie diese Zeit als wertvoll ansehen, um mit ihrem Kind in Kontakt zu sein, sind sie jetzt weit weg – irgendwo da draußen. Sie kommen ja mit ihrem Kind aus irgendeinem Grund zu mir, aber anstatt es in diesem Prozess zu begleiten, es zu beobachten, bei Bedarf zu beruhigen, ihm ein Büchlein vorzulesen, ein Liedchen zu summen oder ganz einfach präsent und da zu sein, entkoppeln sie sich und sind mental ganz woanders. Es ist, als hätten die Fortschritte ihres Kindes nichts mit ihnen zu tun. In meinen Augen sind die neuesten Medien die größte Herausforderung unserer und der kommenden Zeit: Diese wird sein, dass wir den Nächsten, den Mitmenschen nicht aus den Augen verlieren – und zwar im wortwörtlichen Sinn.

Wir alle kennen die Wechselwirkung und sind fasziniert, wie ein paar Tage altes Baby uns bereits imitiert. Wir strekken die Zunge raus, und schon streckt das Baby seine Zunge ebenfalls raus. Es beobachtet uns haargenau und versucht alles zu imitieren und zu interpretieren. Das geschieht schon vom ersten Tag an. Später sind die Babys davon fasziniert, wenn wir mit der Zunge schnalzen oder Geräusche durch die Lippen machen, und versuchen es sofort nachzumachen. Jede kleinste Regung im Gesicht wird studiert und interpretiert auch im Sinne: Welche Mimik zeugt von Liebe, Freude, Zuneigung – oder bedeuten Gefahr, Bedrohung, Schmerz? Denn solch feinste Zeichen zu lesen und zu erkennen könnte einmal lebenswichtig sein!

Kinder sind von Natur aus neugierig. Sie müssen alles erkunden und auskundschaften. Den Eltern geht das aber oft zu weit, ob zu Recht oder Unrecht, sei hier dahingestellt. Ein Krabbler weiß dabei sehr genau, dass die Stereoanlage, der Blumentopf, das Fernsehkabel oder sonst etwas Spannendes nicht für seinen Erkundungsgeist gedacht sind bzw. dass die Eltern verärgert reagieren, wenn sie diese Sachen zu Objekten ihrer geistigen Entfaltung machen wollen. Mit all ihren Künsten versuchen die Eltern nun das Kind von seinem Vorhaben abzubringen. Eventuell werden sie sogar ärgerlich, laut, schimpfen oder schlagen aufs Händchen. Und ich bekomme oft zu hören: »Er weiß das eigentlich ganz genau – und dann lacht er noch so frech!« Die Eltern empfinden dieses Lachen als Provokation, was eine völlig falsche Interpretation ist. Wenn ältere Kinder oder Erwachsene so reagieren, könnte es eine Provokation sein, meistens handelt es sich aber um Unsicherheit. Bei einem Kleinkind hat ein solches Lachen mit den Spiegelneuronen zu tun. Es merkt, dass seine Eltern frustriert, ärgerlich oder wütend sind, und möchte sie wieder friedlich und freundlich stimmen. Denn diese Stimmung behagt ihm viel mehr. Auf die gleiche Weise, wie es als Baby die Zunge rausstreckt, wenn die Eltern es ihm vormachen, möchte es in diesem Moment nachgeahmt werden. Es ist weit entfernt davon zu provozieren, sondern will die Eltern freundlich stimmen.

Auch andere Äußerungen von Babys und Kindern werden leicht falsch interpretiert. Und so sehen wir, dass unser Gegenüber immer etwas in uns auslöst und umgekehrt. Wie wichtig das ist, und wie verletzlich dieses System ist, wissen wir alle. Wir sind sofort irritiert, betroffen oder verletzt, wenn unser Gegenüber nicht adäquat widerspiegelt bzw. darauf reagiert. Dies passiert schon, wenn ich von meinem unmöglichen Chef erzähle und mein Kollege mich nur mitleidig angrinst, auf die Schulter klopft und sagt: »Ist doch alles halb so wild.« Solche Bemerkungen dienen in keiner Weise dazu, das Gegenüber zu beruhigen, sondern verstärken nur den Unmut.

Wir sehen also, wie wichtig es ist, dass Babys auch ihre Väter oft zu Gesicht bekommen: So lernen sie dieses Gesicht zu lesen. Übernimmt der Vater schon von Beginn an Verantwortung für das Baby, hegt und pflegt es, schmust mit ihm, spielt mit ihm, wirft es die Luft und fängt es strahlend wieder auf, so entsteht eine feste Bindung zwischen Kind und Vater auf einer guten, vertrauensvollen Basis. Der Hormonhaushalt des Vaters verändert sich und damit auch sein Umgang mit der Partnerin und den Kindern. Da in unserer Gesellschaft die Väter nicht mehr die Rolle des Verteidigers und Beschützers übernehmen müssen – nicht mehr Kämpfen angesagt ist –, können sie sich mehr dem Hegen und Pflegen des Nachwuchses widmen, was der Familie und somit der Gesellschaft auch besser dient. Je mehr Väter diesen Paradigmenwechsel mitmachen, umso besser. Denn die Familie mit ihren spezifischen Bedürfnissen tritt mehr und mehr in den Vordergrund, und so wird sich diesbezüglich auch politisch einiges ändern. Vielleicht führen verantwortungsvolle Väter sogar zu einem Rückgang der Scheidungsrate …

Der Mama-Papa-Stein

Immer wieder werde ich bei allen möglichen Problemen um Tipps und Hilfe angefragt. Eines davon ist: Wie bleibt mein Kind eher bei anderen Betreuungspersonen? Gibt es Möglichkeiten, es leichter zu bewegen, in die Spielgruppe oder in den Kindergarten zu gehen?

Ein bekanntes Problem von kleinen Kindern ist: Sie wollen Mama und Papa nicht entbehren. Wir wissen, dass sich Babys bei der Geburt binden (Bonding), in erster Linie an die Mutter. Auf natürliche Weise wird sie zur wichtigsten Person für das Baby. Sie ist dessen natürliche Lebensversicherung. Der

Vater folgt gleich darauf an zweiter Stelle. Aber niemand als die Mutter weiß besser um die Bedürfnisse des eigenen Kindes, und sie wird diese sicherstellen. Entsprechend ist sie von der Natur mit den nötigen Sensorien ausgerüstet, die durch Botenstoffe und Hormone gesteuert werden – im Einklang und in Resonanz mit ihrem Baby; die wichtigsten davon sind Oxytocin und Prolaktin. So sorgt die Natur auch dafür, dass das Kind sich an die Mutter bindet, damit sein Überleben gesichert ist. Sie sorgt auch dafür, dass sich die Milchproduktion immer wieder neu auf die Bedürfnisse des Säuglings einstellt. Solange er bei der Mutter ist, ist also die Mutter gewöhnlich der beste Garant, um sein Leben sicherzustellen. Aus biologischer Sicht ist sie für das Baby die wichtigste Person. So ist es auch natürlich, wenn das Kind fremdelt, wenn es andere Personen möglichst auf Distanz hält, weil es den Kontakt zur Mutter einfach nicht verlieren will – schließlich geht es um sein Überleben. Wie wir oben gesehen haben, kann der Vater viel tun, damit er von seinem Nachwuchs ähnlich intensiv akzeptiert und als »Lebensgarant« wahrgenommen wird.

Bei den Affen, unseren nächsten Verwandten, tragen die Affenmütter ihren Nachwuchs ein Jahr lang mit sich auf dem Rücken herum. Die Affenbabys klammern sich mit Händen und Füssen am Fell der Mutter fest. Verliert es einen der Haltegriffe, fängt es an zu schreien, damit die Mutter innehält und das Junge sich wieder festklammern kann.

In unsere Kultur erwartet man von Babys dagegen, dass sie diese evolutionären Muster und Prägungen einfach über Bord werfen, von allen möglichen Leuten betreut werden, und das Ganze möglichst ohne Geschrei. Wie oben beschrieben, hilft es, wenn das Kind schon von klein auf von verschiedenen Menschen betreut und umsorgt wird. Es sollten aber auch nicht mehr als vier Bezugspersonen sein, die auf die kindlichen Bedürfnisse liebevoll eingehen. Geschieht dies in der ersten Zeit aber ausschließlich durch die Mutter, so wird das Kind sicherlich Probleme bereiten, wenn diese nach einigen Monaten wieder arbeiten will, um dann einen Teil der Betreuung anderen Personen zu überlassen (siehe Kapitel »Die Entwicklung des Gehirns«).

Mit Ihrem Baby ist also nichts falsch, sollte es weinen, wenn es von anderen Leuten betreut wird. Ein guter Tipp: Nehmen Sie ein Tüchlein, das Sie selbst getragen haben und das Ihren Geruch aufgenommen hat, binden Sie es dem Baby um oder legen es zu ihm ins Bettchen. In dieser Weise sind Sie wenigstens auf der Geruchsebene für ihren Sprössling ein wenig anwesend. Das Gehirn registriert einen vertrauten lieben Geruch, was allein schon beruhigend wirken kann.

Ist das Kind ein bisschen größer, ein Jahr oder mehr, führen Sie den »Mapi-Stein« ein. Von Steinen geht eine Faszination aus, die wir alle kennen. Kinder lieben Steine, auch ganz gewöhnliche. Suchen Sie allein oder gemeinsam mit dem Kind nach einem flachen Stein, den man gut in der Hand halten kann. Auf diesen malen Sie dann in Gegenwart des Kindes mit einem wasserfesten Filzstift ein Bild von sich. Es muss kein Kunstwerk sein, es reicht, wenn es aussieht wie ein Gesicht mit Augen, Nase, Mund, Ohren und Haaren. Sie sagen: »Siehst du, das ist die Mama.« Für Ihr Kind ist klar: Das ist die Mama – auch wenn es Sie in diesem Moment zum ersten Mal gezeichnet sieht. In gleicher Weise malt der Vater sein Gesicht auf die Rückseite des Steins: Das ist der Papa – auch wenn er sich von Ihrem Gesicht nur wenig unterscheidet, wird es dennoch Unterschiede geben, die das Kind sofort registriert. In Gegenwart Ihres Kindes legen Sie den Stein in Ihre geschützten Hände, sprechen liebevoll zu ihm und singen ihm eventuell ein Lied vor. Machen Sie, was immer Sie möchten, was Ihnen dazu an Kreativem oder Fantasievollem einfällt. Das Kind bekommt alles mit. Sie stecken sich den Stein in die Tasche, tragen ihn während Ihrer Arbeit bei sich, eventuell bekommt er sogar einen Tropfen von Ihrem Parfum. Beim Essen legen Sie ihn in die Mitte des Tisches. Sie sprechen mit ihm und beziehen ihn in das tägliche Geschehen ein. Das Gleiche macht auch der Papa. Er nimmt ihn mit zur Arbeit, legt ihn auf seine Brust, erzählt ihm eine Geschichte usw.

Soll das Kind jetzt bei den Großeltern schlafen, von jemand anderem betreut werden oder in die Spielgruppe gehen, bekommt es den Mapi-Stein in die Hosentasche und weiß: Mama und Papa sind immer bei ihm. Das Kind hat etwas Konkretes, das es anfassen und anschauen kann. Es reicht, wenn es mit der Hand in die Hosentasche greift und schon spürt es seine Eltern. Es kann den Stein aber auch herausnehmen, ihn anschauen, mit ihm sprechen, ihn in sein Spiel integrieren. Der Stein wird es dem Kind leichter machen, loszulassen und doch nicht einsam zu sein.

Bei einer Familie war es sogar so, dass der Vater als Profisportler viel unterwegs und deshalb von der Familie getrennt war. Seine Tochter, die einen starken Bezug zum Vater hatte, wollte, dass er den Mapi-Stein auf seine Reisen mitnahm. Wenn er nach Hause kam, legte er ihn immer an dieselbe Stelle. Und wenn das Mädchen am Morgen erwachte, schaute es als Erstes nach, ob der Papi den Stein mitgenommen hatte. Als er ihn einmal vergessen hatte, war das eine richtige Tragödie für das Kind.

Der Stein spricht die Sinne des Kindes an und es bekommt ein Hilfsmittel in die Hand, mit dem es sein Leben besser ordnen und meistern kann. Diese Hilfe zur Selbsthilfe ist allemal besser als zu sagen: »Du musst keine Angst haben«, »Mami kommt dich wieder holen«, »Du bist jetzt schon ein großer Junge«, »Omi wird gut auf dich aufpassen«, »Ich bring dir nachher Schokolade mit« und was Eltern in solchen Situationen sonst noch so alles einfällt.

- ✓ *Sprechen Sie die Sinneswahrnehmung Ihres Kindes an.*
- ✓ *Geben Sie dem Kind Hilfe zur Selbsthilfe.*

Vorbilder

Gut sprechen, wohlklingend reden, wortgewandt sein, den richtigen Ton finden, schlagkräftig politisieren, ein Wortgefecht gewinnen: alles das sind Attribute, die heute gefragter sind denn je. Wer gut reden kann, ist eine gemachte Person, hat eine gute Position, ist gefragt bei seinen Mitmenschen, wird beachtet, bewundert. Dass das Reden eine so wichtige Stellung eingenommen hat, ist wohl nicht zuletzt unseren Medien zuzuschreiben, die weltweit jedes gesprochene Wort mit oder ohne Bild übertragen können. So sind Worte wichtiger als Taten geworden. Wer wohlklingende Versprechen zu machen versteht, hat gute Chancen, gewählt zu werden – ob er den Worten auch Taten folgen lässt, interessiert später kaum noch jemanden. Das ist schade, denn es täte uns gut, ab und zu mit weniger Worten auszukommen. Dann hätten wir mehr Zeit, in uns hineinzuhören, unsere innere Stimme wahrzunehmen, die oft genug von außen übertönt wird. Für diese Stimme bedarf es Ruhe und Stille, Einkehr und Muße, alles Dinge, die in unserer hektischen Welt keine Daseinsberechtigung mehr haben.

Wer mit Kindern zu tun hat, sollte sich selbst und den Kindern immer wieder Ruhe und Muße gönnen. Kinder müssen Zeit haben, sich immer wieder einzuordnen, sich zu sammeln, zu orientieren, ihren Weg zu finden und neu zu bestimmen. Dass sich unsere Kinder nicht mehr konzentrieren können, orientierungs- und haltlos sind, zeugt davon, dass sie keine Ruhe mehr finden, hektisch von einer Aktivität zur nächsten wechseln, Dauerberieselung brauchen. Man könnte auch sagen: Indem man sie von einem Programmpunkt zum nächsten hetzt, können sie keine Ruhe mehr finden, werden orientierungs- und haltlos und können sich nicht mehr konzentrieren. Wir tragen die Verantwortung für unsere Jugend, sie ist das Abbild unserer Gesellschaft. Und wenn wir die Missstände erkennen und begreifen, nützt es nichts, den Jugendlichen Vorhaltungen zu machen. Wir müssen ihnen andere Werte vermitteln, ihnen ein besseres Vorbild sein, wir müssen es ihnen vorleben.

Das Recht auf Selbstbestimmung

Wenn wir übliche Erziehungsformen analysieren, finden wir immer wieder ähnliche Muster: Wir nehmen Kindern ihre Selbstbestimmung, nützen unsere Machtposition aus und geben ihnen verbal zu verstehen, was sie zu tun oder zu lassen haben. Würden wir weniger reden und durch unser Handeln den Nachfolgeinstinkt des Kindes wecken, hätten wir weitaus weniger Probleme. Unsere Machtposition und die ständigen Befehle und Anordnungen wecken beim Kind erst den Gedanken, dass es sich falsch verhalten könnte, und führen zu Widerspruch. Es bockt, trotzt, wird widerspenstig. Wenn wir dann Gehorsam erzwingen wollen, haben wir die Rechnung ohne den Wirt gemacht. Der Wille eines Kindes ist sehr stark, und das ist eigentlich gut so, denn es zeugt von Lebenskraft. Wenn wir diesen Willen brechen, zerstören wir das Kind. Wir müssen Kindern also mehr Selbstbestimmung zugestehen und ihren Nachfolgewillen ansprechen.

Ein Beispiel soll zeigen, wie subtil die Frage der Selbstbestimmung sein kann und wie aufmerksam wir vorgehen sollten, um zu merken, wo überall wir dem Kind die Bestimmung überlassen dürfen und können. Wenn ein Kind in der Nacht weint und man aufstehen muss, um es zu beruhigen, empfiehlt es sich, es den Zeitpunkt bestimmen zu lassen, wann es sich beruhigt hat und man wieder zurück ins eigene Bett gehen darf. Man kann dem Kind also sagen: »Sag mir bitte, wenn du dich beruhigt hast und mich nicht mehr brauchst. Weißt du, ich bin auch müde und würde gern wieder zurück ins Bett gehen.«

Bestimmt man aber den Zeitpunkt selbst und handelt nach eigenem Gutdünken, nachdem man das Kind beruhigt hat, dauert es meistens nicht lange, bis es wieder weint und nach einem verlangt. Entschließt man sich dagegen, dem Kind zu vertrauen, kommt man meistens schneller zurück ins Bett und wird nicht schon nach zwei Minuten wieder gerufen.

Schon ein Säugling kann mit seinem Verhalten zeigen, wenn er keinen Trost mehr braucht. Erfahrungen von Müttern aus meinen Kursen haben das bestätigt. Das beschriebene Verhalten war sogar bei Kindern erfolgreich, die schon monatelang ihre Eltern Nacht für Nacht tyrannisiert hatten. Nachdem sie selbst bestimmen durften, schliefen sie plötzlich durch und holten ihre Eltern nicht mehr mehrere Male pro Nacht aus dem Bett.

Hat man schon dem Kleinkind seine Entscheidungen überlassen, es zur Selbstbestimmung herangeführt (ihm seine Selbstbestimmung nicht genommen), so wird es auch dem größeren Kind und dem Jugendlichen leichter fallen, Lösungen für seine Probleme zu finden.

Die Ziellosigkeit vieler Jugendlicher von heute rührt zu einem großen Teil daher, dass ihnen niemals eigene Aufgaben und Pflichten zugetraut wurden. Unsere Verpflichtung besteht auch darin, dass wir unsere Kinder ihre Aufgaben selbst lösen lassen. Aufgaben zu haben bedeutet, im Leben einen Sinn zu sehen, ausgefüllt, gefordert, gebraucht zu sein.

Viele alte Menschen verlieren ja ihren Lebenssinn, weil sie nicht mehr gebraucht werden. Wie viel mehr braucht ein junges aufstrebendes Leben Aufgaben, die seinem Leben Sinn geben! Es ist also falsch, Kindern alle Unannehmlichkeiten aus dem Weg zu räumen. Wie soll sie sich ausprobieren und mit Schwierigkeiten fertig werden, wenn sie einen frisch gepflasterten, ebenen Weg vorfinden, wo es nichts mehr zu entdecken, nichts mehr zum Darüberstolpern gibt? Ein Magazin titelte kürzlich: »Ein Recht auf Schrammen! Kinder müssen spielen, toben, Wagnisse eingehen – und sich manchmal blaue Flecken holen.« Nur so können sie sich psychisch und körperlich gesund entwickeln. Deshalb sollten Eltern ihre Kinder nicht in Watte packen.

Schon ein Kleinkind will, wenn es hinfällt, selbst aufstehen. Es mag es nicht, wenn man es aufhebt und wieder auf die Beine stellt. Erst was es aus eigener Kraft und eigenem Antrieb schafft, bereitet wirklich Befriedigung. Wir sollten wieder vermehrt lernen, unsere Kinder selbst auf die Beine kommen zu lassen – sie stehen nämlich von alleine auf –, anstatt ihnen im Wege zu stehen. Unseren eigenen Beschützerinstinkt und unsere eigene Überbesorgtheit müssen wir in den Griff bekommen, damit unsere Kinder lernen dürfen, sich selbst durchzusetzen, stark zu werden und vertrauensvoll in die Zukunft zu schauen.

Ein Kind lernt seine Stärken und Schwächen bestens kennen, wenn es erst die Möglichkeiten dazu erhält. Es ist robuster, als die meisten Erwachsenen denken, und wenn es einmal hinfällt, sich den Kopf anstößt, irgendwo hinunterstürzt, gehört das zur Schule des Lebens. Durch diese Erfahrungen lernt es seine Grenzen kennen. Schmerz darf nicht immer nur negativ gesehen werden, denn das Nervensystem, das uns Schmerzen vermittelt, sichert unser Überleben. Schmerzen sind auch Erfahrungen, die ein Kleinkind zu sammeln hat. Ohne sie wird es nicht durchs Leben kommen.

Eltern, die ihr Kind vor sämtlichen Schmerzen bewahren wollen, nehmen ihm die Chance, selber die entsprechenden

Erfahrungen zu machen. Sie schmälern sein Selbstvertrauen und bringen es geradezu in die Lage, dass es viel stolpert und hinfällt, weil es nicht gewohnt ist, sich eigenständig zu bewegen. Und das Kind stolpert nicht nur über seine Füße, es stolpert auch über die verschiedenen Anforderungen und Unebenheiten, die das Leben bereithält. Wir sind wie Bleikugeln an den Beinen unserer Kinder, solange wir unsere Ängste nicht in den Griff bekommen und unsere Kinder damit belasten.

Erst was ein Kind aus eigenen Kräften erreicht hat, wird zur echten Erfüllung. Man sollte Kindern nur helfen, wenn sie dies ausdrücklich selbst wünschen. Denn erst das Puzzle, das aus eigener Kraft fertiggestellt wurde, der Turm, bei dem man alle Klötze alleine aufeinander gestellt hat, die Bastelarbeit, bei der das Kind vom Schneiden und Kleben bis hin zum Anmalen alles ohne fremde Hilfe ausführen durfte, wird als echte Genugtuung erfahren. Man sollte also immer warten, bis das Kind von sich aus um Unterstützung bittet. Erst dann ist unser Eingreifen erwünscht und überhaupt angebracht.

Auch bei geistiger Arbeit ist es besser, das Kind selbst überlegen und seine Schlüsse ziehen zu lassen. Wir können ihm Denkanstöße und kleine Hilfen geben, aber keine fertigen Lösungen präsentieren. Kommt es selbst »dem Hasen auf die Spur«, ist das nicht nur viel interessanter und spannender, sondern auch für seine Entwicklung wirksamer: Das Kind wird diese – eigenständig geleistete – Arbeit so schnell nicht vergessen, und jeder dieser Denkprozesse stößt wiederum den nächsten an.

In der Regel ist es besser, bei einer Frage erst einmal eine Gegenfrage zu stellen, anstatt nur eine Antwort zu geben, die dann wieder eine Frage nach sich zieht – und danach wieder eine usw. Wenn Sie anders vorgehen, setzt sich das Kind wirklich mit seinem »Wissenwollen« auseinander und wir selbst hören aufmerksamer zu, anstatt nur stereotype Antworten zu geben, die das Kind ruhig stellen sollen.

Wenn ein Kind zum Beispiel fragt: »Du, Mama – stimmt es, dass die Erde rund ist?«, kann ich zurückfragen: »Was denkst du denn?« Das Kind hat sich bestimmt schon damit auseinander gesetzt, nur hat es Mühe mit der Vorstellung des runden Erdballs, weil die Menschen ja auf der anderen Seite herunterfallen würden. Je nach Alter wird das Kind dann vielleicht antworten: »Nein, ich glaube, sie ist flach.« Jetzt kann ich wieder fragen, warum es das meine. Es wird vielleicht sagen: »Sonst fallen die Menschen auf der anderen Seite herunter.« Dem Alter entsprechend kann ich dann, etwa mithilfe eines Balls erklären, dass sich jeder Mensch aus der entsprechenden Perspektive »unten« befinden müsste, gäbe es da nicht die Erdanziehungskraft. Lässt man das Kind dann aufspringen, merkt es von selbst, dass es von der Erde »angezogen« wird, wenn es gleich wieder zu Boden kommt. So kann sich ein Gespräch entspinnen, das Sie beide viel länger in Erinnerung haben werden, als wenn Sie nur einfach geantwortet hätten.

Das Recht auf Zeit

Für ein Kind gibt es keine Eile, es hat jede Menge Zeit, und es ist wichtig, dass man ihm diese Zeit auch zugesteht. Gerade Menschen, die im Berufsleben stecken und praktisch immer mit Blick auf die Uhr unterwegs sind, müssen ganz bewusst lernen, mit ihrer Zeit wieder anders umzugehen, sobald sie Kinder zu betreuen haben. Ein Kind braucht Zeit.

Wenn es ein Blümchen am Wegrand sieht und mit diesem Blümchen spricht, wenn es einer Schnecke zusieht, wie sie sich langsam fortbewegt, wenn eine Heuschrecke auf den Weg springt und das Kind sich hinhockt und wartet, bis sie weiterspringt, oder sie fangen und in die Hände nehmen will: Für all diese Sachen braucht das Kind Zeit. Es versteht nicht, dass die Mutter in Eile ist, dass in zehn Minuten der Bus fährt, dass sie schnell noch ein paar Sachen einkaufen muss, dass um zwölf Uhr das Mittagessen auf dem Tisch zu stehen hat.

Natürlich gibt es Momente, wo man das Kind in ein Tragetuch oder in den Kinderwagen packt, um schnell vorwärts zu kommen und das Nötigste zu erledigen. Dann muss man sich aber auch wieder Zeit nehmen, in der man keine Eile hat und nichts anderes ansteht, als seinem Kind Zeit zu geben, dessen Welt zu erforschen und kennen zu lernen.

Wenn man das schafft, sind diese Erlebnisse auch für den Erwachsenen sehr bereichernd. Plötzlich wieder die kleine Welt eines Kindes, die so beglückend und erfüllt ist, die so wenig zum Glücklichsein braucht. Ein Kind kann über ein vorbeifahrendes Postauto in Jubel ausbrechen, es kann verzückt sein, wenn es ein Marienkäferchen sieht. Dazu braucht es nichts als das Verständnis und die Zeit eines liebenden Menschen.

Wenn das Kind am Spielen ist, benötigt es hinterher Zeit, um aus seiner Spiel- und Fantasiewelt in unsere Welt zurückzukehren. Das bedeutet, dass wir das Kind rechtzeitig darauf aufmerksam machen müssen, dass es jetzt Mittagessen gibt, dass der Aufbruch vom Spielplatz ansteht, dass es sich bereitmachen muss zum Besuch bei den Großeltern. Es muss Zeit haben, um von seiner Welt in unsere zurückzufinden. Wenn wir das Kind unvermittelt aus seiner Spielwelt holen und erwarten, dass es im gleichen Moment zu spielen aufhört, um unseren Ansagen Folge zu leisten, nehmen wir das Kind und seine Tätigkeit zu wenig wichtig und müssen daher mit Protest rechnen.

Ernst nehmen wir das Kind erst, wenn wir ihm Zeit einräumen, sein Spiel zu beenden. Wer von uns würde es schließlich schätzen, alles liegen und stehen lassen zu müssen, um augenblicklich den Wünschen anderer zu folgen? Dasselbe gilt übrigens auch bei anderen Tätigkeiten, zum Beispiel beim Vorlesen. Wenn ich plötzlich mitten auf der Seite innehalte und sage: »So, jetzt ist Schluss, ab ins Bett!«, ist das Kind noch so in die Welt der Geschichte versunken, dass ein solch abrupter Abbruch sicher Unwillen heraufbeschwört. Wenn ich es aber darauf aufmerksam mache, dass ich noch bis zu diesem Bild oder jener Seite vorlesen werde, kann es sich darauf einstellen und wird nicht abrupt aus seiner Fantasie gerissen.

Nutzt man die Kleinkindzeit positiv, ohne etwas nachzutrauern – sei es der einstigen Freiheit, der Karriere, auf die man verzichtete, den Freunden, die sich zurückzogen, weil man mit Kind nicht mehr permanent verfügbar ist, dem größeren Ansehen, das man im Beruf meistens genießt –, dann kann sie zur beglückendsten Zeit des Lebens werden. Eine Zeit, die Sie die Aufgabe meistern lässt, der kommenden Generation auf die Beine zu helfen und starke Persönlichkeiten heranreifen zu lassen.

Nachwort

Seit dem ersten Erscheinen dieses Buches hat sich in Sachen »Windelfrei« einiges getan. Ich habe den Namen »Windelfrei« in *hello nappy* umgetauft. Ich kann mich gut erinnern, wie ich, als ich die Windelfrei-Theorie herausbrachte – damals sprach ich von »der frühen Reinlichkeit von Säuglingen« –, schräg angeschaut wurde. Niemand hat es mir geglaubt. Eine Ärztin gestand mir im Nachhinein, sie hätte, als sie mich bei einem Vortrag hörte, kein einziges Wort geglaubt, da sie es einfach nicht für möglich hielt, dass ein Neugeborenes so etwas schon kann. Damals war sie hochschwanger. Als sie ihre Tochter auf die Welt gebracht hatte, sei sie aber doch neugierig gewesen und habe die Kleine schon kurz nach der Geburt abgehalten. Als Ärztin hätte sie natürlich ganz genau hingeschaut, was passiert – und müsse mir jetzt in jedem Punkt Recht geben.

Die Eltern, die ich früh genug erreichen konnte und die damit begonnen haben, ihr Kind abzuhalten, gaben mir zwar Recht, kommunizierten die Windelfrei-Methode aber oft nicht mehr in ihrem Umfeld. Sie sagten mir, dass sie stark angefeindet würden und dass sie negativen Emotionen keinen Auftrieb geben wollten. Eine Mutter, die ihr Baby erfolgreich abhielt, berichtete dies ihrem Kinderarzt. Worauf dieser sie anschrie, sie solle mit »diesem Unsinn« aufhören. Die Mutter gehorchte, bereute dies aber im Nachhinein bitter. Als das

Kind ein Jahr alt war, wollte sie weinend von mir wissen, was sie jetzt tun könne, um ihr Kind wieder abzuhalten.

Festzuhalten ist: Die Windelfrei-Debatte löst heftige Emotionen aus. Entweder man ist dafür oder dagegen – es gibt kaum ein Dazwischen, was wiederum zeigt, dass dieses Thema tief in uns etwas anrührt. Wenn es um unsere Babys und Kinder geht, sind wir schnell emotional, verletzt und betroffen und alle werden zu Experten, die zu wissen meinen, was das Beste ist. Und bei der Reinlichkeit geht es letztlich um ein Tabuthema.

Viele Mütter haben mir trotz der überzeugenden Argumente und Fakten gesagt: »Ich habe es nicht wirklich geglaubt.« Ich denke, das größte Problem bei dieser Debatte ist, dass unsere Gesellschaft keine Bilder von abgehaltenen Säuglingen kennt. Uns fehlen schlicht und einfach die Vorbilder. Wir kennen nur windeltragende Babys, was nicht zuletzt ein Resultat der Windelwerbung ist. Da können die Argumente noch so überzeugend, die Fakten noch so stichhaltig sein, das Gehirn will es nicht verstehen. Das Bild des windeltragenden Babys ist in den Köpfen fest verankert und deshalb viel wirksamer. Die bisherige Debatte fragte ja vor allem: »Welche Windel?«, aber nicht: »Windel – ja oder nein?«

Allmählich löst sich das bisherige Bild aber auf. Viele Mütter probieren *hello nappy* aus und wollen einen neuen Weg beschreiten. Ein Paradigmenwechsel ist im Gange: Mütter wollen einen natürlicheren Weg, einen natürlicheren Erziehungsstil und vertrauen mehr und mehr ihrer Intuition. Sie gehen einen Schritt vorwärts und lassen etwas Vertrautes und daher Liebgewonnenes zurück. Ich kann jenen Müttern nur gratulieren, die dabei sind, ein Stück Selbstbestimmung zurückzuerobern für sich, für ihr Kind und für ihre Familie. Mich erinnert die Situation an Flussläufe, die man begradigt und untertunnelt hat im Bestreben, davon Nutzen zu haben.

Aber die Natur schlug zurück und machte die Neuerer zu Verlierern. Wo vorher denaturiert wurde, wird jetzt an vielen Orten wieder renaturiert. So haben auch viele Menschen einen Renaturierungsprozess eingeleitet.

Im deutschsprachigen Raum hat sich bereits einiges getan, und es gibt sogar schon entsprechende Kinderkleidung. In China tragen die Kinder keine Windeln, sondern »Kaidangku« (Schlitzhosen), die es den Eltern erlauben, schnell abzuhalten, ohne das Kind vorher umständlich »auszupacken«. Initiative Mütter sind auf diesem Gebiet sehr aktiv, sodass es auch bei uns schon einige Angebote gibt. In »*hello nappy*-foren« tauschen Mütter sich aus, geben sich gegenseitig Ratschläge und Tipps und schließen sich zu Interessengruppen zusammen. Es werden entsprechende Ausbildungen angeboten. Auch diese umfassende Studie an 19500 Kindern von 2019 aus China wird hoffentlich Einiges bewirken. Meine eigene Studie (siehe www.rita-messmer.ch; www.kleinerhomosapiens.ch/reinlichkeitsstudie) fand ein großes Presseecho. Man kann also sagen: Es tut sich was! *hello nappy* ist gesellschaftsfähig geworden. Man spricht nicht mehr hinter vorgehaltener Hand darüber.

Seit der Erstausgabe von »Ihr Baby kann's! « im Jahr 1997 haben viele Eltern die Methode ausprobiert und Erfolgserlebnisse gehabt. Sie haben gesehen, was ihr Neugeborenes bereits alles kann, wie problemlos es Gefahren meistert und wie sehr es schon in der Lage ist zu kommunizieren. Und das ist längst nicht alles. Das Kind ist neugierig auf die Welt – Wenn die Eltern ebenso neugierig auf die Welt des Kindes eingehen, ist das die beste Grundlage für eine gute Kommunikation und letztlich der wichtigste Baustein für ein fruchtbares Miteinander.

Zum Schluss

Wir müssen wieder lernen, mehr auf unsere Intuition zu hören. Die Natur ist so wunderbar eingerichtet, dass sich ein Kind im Grunde am besten entwickelt, je weniger wir uns einmischen. Ein Säugling teilt uns seine Bedürfnisse mit. Wer ihn also aufmerksam beobachtet, wird ihm genau das geben, was er braucht.

Je weniger ein Säugling in seinem Selbstvertrauen behindert wird, desto besser ist er in der Lage, Vertrauen in seine Umwelt zu entwickeln und Beziehungen zu knüpfen. Wenn wir uns dieser natürlichen Vorsehung wieder vertrauensvoll zuwenden und hingeben können, werden die meisten der heute verbreiteten Probleme mit Säuglingen und Kindern wie von selbst verschwinden. Das heißt, sie werden erst gar nicht auftreten, denn unsere Probleme sind zum größten Teil hausgemacht, weil wir die Absicht der Natur missachten.

Aber aufgepasst: Nicht der Säugling führt, sondern die Eltern. Von den Bedürfnissen des Kindes ist jenes, von den Eltern sicher geführt zu werden, immer noch das wichtigste.

Ich werde oft gefragt, was nun sei, wenn ein Kind trotzdem die giftige Pflanze am Boden isst, wenn es trotzdem die Keramikteller aus dem Küchenschrank auf den Boden schmeißt oder die Wände beschmiert? Das Misstrauen gegenüber Kindern sitzt außerordentlich tief, zu stark sind die negativen Eindrücke, denen man beim Besuch der Freundin, Kollegin, Nachbarin im Umgang mit Kindern ausgesetzt ist.

Dann liegt es daran, dass diese Eltern nicht klar geführt haben. Dies geschieht nicht durch Strafen, Schreien, Drohen usw., sondern durch klares Handeln. Das Kind steht nie im Mittelpunkt. Es ist nicht der Nabel der Welt. Es wird gelenkt durch Ignorieren und Aufmerksamkeit. Da wo die Eltern ein Verhalten fördern wollen, geben sie ihre Zuwendung. Wo ein

Verhalten unerwünscht ist, entziehen sie die Aufmerksamkeit, wenden sich ab – oder ignorieren es. So einfach ist das.

Das schafft eine gute Grundlage für einen kindlichen Weltbezug, der von Liebesfähigkeit, Intelligenz, Kreativität und Verständnis geprägt ist. So kann man das in allen indigenen Kulturen beobachten. Es sind keine Strafen, Verbote, Drohungen nötig. Kinder, die früh Geborgenheit, Liebe, Selbstbestimmung, Selbstverantwortung und Verständnis erfahren, spüren instinktiv, was erwünscht ist und was nicht. So tut das Kind intuitiv, was von ihm erwartet wird, und entwickelt sich zu einem sozialen, kooperativen Wesen.

Meiner Erfahrung nach bewirkt eine Erziehung, die Kindern ganz entspricht und ihre tiefsten Bedürfnisse deckt, ein soziales Verhalten, das keiner Worte mehr bedarf und keine Auflehnung oder Ablehnung hervorruft. Ein Kind will kooperativ und lieb sein. Erst wenn unser Verhalten nicht dem biologischen Entwicklungsplan entspricht, zwingen wir es, sich zu wehren, sich zu sträuben, sich aufzubäumen, um uns so auf unser Fehlverhalten aufmerksam zu machen. Es ist unser Verhalten, das das Kind zu einem asozialen, unkooperativen, gestörten Kindsein zwingt.

Wer Angst hat, seinen Säugling zu verwöhnen, schafft ihm und sich nur Frustrationen und führt das Kind in eine Welt, die von Angst, Neurosen, Apathie, Gewalttätigkeit, Lieblosigkeit und Macht geprägt ist. Unendlich ist die Liste der Menschen, die ihr Leben lang unter der Erwartungshaltung ihrer Eltern leiden, Erwartungen, die sie nicht erfüllen konnten oder wollten und die sie doch ein Leben lang in sich gespürt haben. Eltern sind oft der festen Überzeugung, dass sie nur zum Besten des Kindes handelten. Ein Kind wird sich aber selbst formen, sobald es die Gelegenheit dazu hat, und wird dann auch fähig sein, das wirklich Beste für sich herauszufinden und zu verwirklichen.

Lassen Sie sich von Ihrem Baby führen, verstehen Sie es, so werden Sie ihm und seinem Leben gerecht. Nur so decken Sie seine Bedürfnisse ab, geben ihm Ihre Liebe, Ihre Zeit, Ihr Verständnis. Denken Sie daran, dass Liebe Liebe erzeugt und Hass wiederum Hass hervorbringt. Aber vergessen Sie dabei nicht, sich selbst zu lieben. Ordnen Sie sich Ihrem Kind nicht unter, das ist damit nicht gemeint. Die Führung, die Hierarchie muss in Ihren Händen sein – sonst schaden Sie Ihrem Kind mehr als Sie nutzen. Bedenken Sie, die sichere Führung der Eltern ist das größte Bedürfnis eines Kindes. Sie sind und bleiben der Fels in der Brandung.

Meine Tochter Michèle erzählt mir, als sie fünf Jahre alt war: »Weißt du was, Mama? Je mehr ich Stefan streichele, umso mehr streichelt er mich!« Diese ganz einfache Weisheit sollten wir nie vergessen – besonders wenn unsere Hand zum Schlagen ausholen sollte –, damit wir die Würde des Kindes nicht verletzen und damit auch unsere eigene Würde.

Erkennen Sie das Göttliche in Ihrem Kind und staunen Sie über die göttliche Ordnung, die auch Ihrem Kind beschieden ist, wenn Sie seine Gedanken, seine Ordnung, seine Haltung achten. Es wird auch Ihre Gedanken, Ihre Ordnung, Ihre Haltung achten und die der anderen Mitmenschen. Ihr Kind ist ein eigenständiges Wesen und es wird sich auch als solches entwickeln, wenn Sie ihm nur die Chance dazu geben. Zollen Sie ihm Respekt, und es wird auch Sie respektieren.

Ich wünsche allen, die diesen Weg beschreiten, gutes Gelingen! Sie alle geben der Welt eine neue Chance ohne Gewalt, Hass, Drohungen, Vorwürfe, Geschrei und Macht. Dafür ebnen sie den Weg für Liebe, Verständnis, Verantwortung, Geborgenheit und Kommunikation.

Kinder nehmen uns so an, wie wir sind. Nehmen wir sie also auch so, wie sie sind.

Eure Kinder sind nicht eure Kinder.
Sie sind die Söhne und Töchter der Sehnsucht
des Lebens nach sich selbst.
Sie kommen durch euch, aber nicht von euch,
Und obwohl sie mit euch sind,
gehören sie euch doch nicht.
Ihr dürft ihnen eure Liebe geben,
aber nicht eure Gedanken.
Ihr dürft ihren Körpern ein Haus geben,
aber nicht ihren Seelen,
Denn ihre Seelen wohnen im Haus von morgen,
das ihr nicht besuchen könnt,
nicht einmal in euren Träumen.
Ihr dürft euch bemühen, wie sie zu sein,
aber versucht nicht, sie euch ähnlich zu machen.
Denn das Leben läuft nicht rückwärts,
noch verweilt es im Gestern …
Khalil Gibran: Der Prophet

Widmung und Dank

Ich möchte dieses Buch nicht mehr nur meinen drei Kindern Simone, Michèle und Stefan widmen, sondern ganz besonders nun auch meinen beiden Enkelkindern Lynn, Elin und allen Kindern dieser Welt. Mögen sie wieder in Würde aufwachsen dürfen. Mögen die Eltern auf dieses Reinlichkeitsbedürfnis ihrer Babys wieder eintreten. Meine beiden Enkelkinder haben mir auf eindrückliche Weise vor Augen geführt, wie gut Babys das können. Es war für mich unglaublich beglückend, sie bei diesem Entwicklungsschritt begleiten zu dürfen. Meine Kinder haben mir immer wieder neue Impulse und Anregungen gegeben. Sie dienten mir häufig als »Versuchskaninchen«, und hin und wieder musste ich gegen viele Widerstände ankämpfen, um meine Ideen durchzubringen. Tagtäglich hat mir ihr aufmunterndes Wesen, ihre liebevolle Art und ihr Verständnis Recht gegeben, weiterzumachen und mich in meiner Arbeit bestätigt. Ich danke ihnen für ihr Verständnis, dass sie ihre Mama oft mit dem Computer teilen mussten. Stefan hat viele Stunden bei mir am Schreibtisch oder auf dem Schoß gesessen und dafür gesorgt, dass ich während der Schreibstunden nicht auf die Liebe und die Wärme meines Kindes verzichten musste.

In meiner langjährigen Tätigkeit als Seminar- und Kursleiterin danke ich auch allen, die mir nicht nur durch ihre Fragen und Probleme mit ihren Kindern, sondern auch durch zahlreiche Feedbacks immer wieder neue Impulse gegeben haben. Die Freude an der Arbeit mit Kindern und Eltern ist mir geblieben. Meine eigenen Kinder sind mittlerweile reife Erwachsene. Nicht ohne Stolz und ein Schmunzeln kann ich hier sagen, was mir meine Kinder schon verraten haben: Sie werden es mit ihren Kindern genauso machen. Ein größeres Kompliment kann man wohl als Mutter nicht bekommen. Und mittlerweile durfte ich bei meinem beiden Enkeltöchtern auch erleben, wie unglaublich toll die Biologie die Reinlichkeit angelegt hat. Es ist noch viel einfacher und eindrücklicher, wie sie aufs Abhalten reagierten, als ich es mir vorgestellt habe.

Ein großes Dankeschön richte ich an mein liebevolles Elternhaus, in dem ich bedingungslose Liebe ohne Vorwürfe kennen lernen durfte und das es mir durch seine verständnisvolle und umsichtige Erziehung erst möglich gemacht hat, meine eigenen Schlüsse zu ziehen und zu persönlichen Erkenntnissen zu gelangen.

Einen ganz lieben Dank richte ich auch an meinen Mann, der mich in meiner Arbeit immer tatkräftig unterstützt und mit vollem Einsatz und unermüdlich meine Texte lektoriert.

Nicht zuletzt möchte ich Gott danken, dass er mir die Kraft und Zeit geschenkt hat, dieses Buch zu schreiben.

Zitierte Literatur

Bauer, Joachim (2005): *Warum ich fühle, was du fühlst. Intuitive Kommunikation und das Geheimnis der Spiegelneurone*. Hamburg: Hoffmann und Campe

Blum, Deborah (2010): *Die Entdeckung der Mutterliebe. Die legendären Affenexperimente des Harry Harlow*. Weinheim und Basel: Beltz

Dibbern, Julia (2006): *Geborgene Babys. Beziehung statt Erziehung*. Leipzig Anahita

Duong, T.H./Jansson, U.B./Hellström, A.L. (2012): Vietnamese mothers' experiences with potty training prodedure for children from birth to 2 years of age, in: *Journal of Pediatric Urology* (Nov. 2012)

Gibran, Khalil (1995): *Der Prophet*. Zürich: Walter

Gordon, Thomas (1989): *Die Neue Familienkonferenz. Kinder erziehen ohne zu strafen*. München: Heyne, S. 102f.

Grünebaum, Gabriele (2012): *Bettnässen: Zahlen, Daten, Fakten. Gefunden auf*: http://www.initiative-trockene-nacht.de/bettnaessen/statistiken.html, 11.03.2012

Herschkowitz, Norbert (2006): *Klug, neugierig und fit für die Welt. Gehirn- und Persönlichkeitsentwicklung in den ersten sechs Lebensjahren*. Freiburg i. Br.: Herder Spektrum

Hilsberg, Regina (1992): *Körpergefühl. Die Wurzeln der Kommunikation zwischen Eltern und Kind*. Reinbek: Rowohlt

Hug, Doris (1990): *Die Betroffenheit des ungeborenen Kindes*. Hamburg (Dissertation)

Krull, Marianne (1990): *Die Geburt ist nicht der Anfang. Die ersten Kapitel unseres Lebens neu erzählt.* Stuttgart: Klett-Cotta

Kübler-Ross, Elisabeth (1994): *Verstehen, was Sterbende sagen wollen.* Stuttgart: Kreuz

Leboyer, Frédérick (1996): *Sanfte Hände. Die traditionelle Kunst der indischen Babymassage*. München: Kösel

La Leche League (Hrsg.) (1986): *Handbuch für die stillende Mutter.* Kilchberg: La Leche League

Lickona, Thomas (1989): *Wie man gute Kinder erzieht. Die moralische Erziehung des Kindes von der Geburt bis zum Jugendalter und was Sie dazu beitragen können.* München: Kindt

Liedloff, Jean (1995): *Auf der Suche nach dem verlorenen Glück.* München: Beck

Meierhofer, Marie (1989): *Frühe Prägung der Persönlichkeit. Psychologie des Kindesalters.* Bern: Huber

Messmer, Rita (2005): *Mit kleinen Kindern lernen lernen*. So fördern Sie Ihr Kind fürs Leben. Weinheim und Basel: Beltz

Messmer, Rita (2009): *Zu stark für Gewalt. Wie Kinder zu achtsamen Menschen werden*. Weinheim und Basel: Beltz

Messmer, Rita (2018): *Der kleine Homo sapiens kann's! Die natürliche Kompetenz und Selbstständigkeit von Kindern stärken.* Weinheim und Basel: Beltz

Müller, Jeanette Hedwig (2009): *Vertrauen und Kreativität. Zur Bedeutung von Vertrauen für diversive AkteurInnen in Innovationsnetzwerken.* Frankfurt a. M. u. a.: Peter Lang (Europäische Hochschulschriften)

Montagu, Ashley (1995): *Körperkontakt. Die Bedeutung der Haut für die Entwicklung des Menschen.* Stuttgart: Klett-Cotta

Nilsson, Lennart (1990): *Ein Kind entsteht.* München: Mosaik

Prekop, Jirina/Schweizer, Christel (1990): *Kinder sind Gäste, die nach dem Weg fragen.* München: Kösel

Renggli, Franz (1985): *Angst und Geborgenheit. Soziokulturelle Folgen der Mutter-Kind-Beziehung im ersten Lebensjahr.* Reinbek: Rowohlt

Solter, Aletha J. (1996): *Warum Babys weinen. Die Gefühle von Kleinkindern.* München: Kösel

Spitzer, Manfred (2006): *Nervenkitzel. Neue Geschichten vom Gehirn.* Frankfurt a. M.: Suhrkamp

Vester, Frederic (1996): *Denken, Lernen, Vergessen.* München: Deutscher Taschenbuch Verlag

Wang, Xi Zheng/Wen, Yi Bo et al. (2019): The influence of delay elimination communication on the prevalence of primary nocturnal enuresis –a survey from Mainland China. In: *Neurourology and Urodynamics* 2019, Jun; 38(5):1423–1429

Wenger, Nadine (2013): *Natürliche Wege zum Babyglück. Freudige Geburt, gutes Stillen, geborgen auf Erden.* Saarbrücken: Neue Erde